COLLECTION GÉNÉRALE

DES

LOIS ET DÉCRETS

Du Gouvernement Français

A PARTIR DU 4 SEPTEMBRE 1870

Avec compte-rendu analytique de la discussion sur chaque loi,
Renvois et deux Tables, à la fin de chaque volume,
l'une chronologique, l'autre alphabétique,

PAR FÉLIX CHARRIAUT

PREMIER VOLUME :

GOUVERNEMENT DE LA DÉFENSE NATIONALE

(**Du 4 Septembre 1870, au 11 Février 1871**)

BORDEAUX
De LAPORTE, éditeur. — LIBRAIRIE CENTRALE
8, Allées de Tourny, 8.

1871

COLLECTION GÉNÉRALE

DES LOIS ET DÉCRETS DU GOUVERNEMENT FRANÇAIS

A PARTIR DU 4 SEPTEMBRE 1870.

RECUEIL

DES

LOIS ET DÉCRETS

DU

GOUVERNEMENT DE LA DÉFENSE NATIONALE

DE PARIS

Et de la Délégation de Tours et de Bordeaux

RÉPUBLIQUE FRANÇAISE.

N° 1. — *Décret qui accorde une amnistie à tous les condamnés pour crimes et délits politiques.*

LE GOUVERNEMENT DE LA DÉFENSE NATIONALE,

DÉCRÈTE :

Amnistie pleine et entière est accordée à tous les condamnés pour crimes et délits politiques et pour délits de presse depuis le 3 décembre 1852 jusqu'au 3 septembre 1870.

Tous les condamnés encore détenus, soit que les jugements aient été rendus par les tribunaux correctionnels, soit par les cours d'assises, soit par les conseils de guerre, seront mis immédiatement en liberté.

Paris, 4 septembre 1870.

Signé : EMMANUEL ARAGO, GLAIS-BIZOIN, CRÉMIEUX, PELLETAN, JULES FAVRE, PICARD, FERRY, ROCHEFORT, GAMBETTA, JULES SIMON, GARNIER-PAGÈS, général TROCHU.

N° 2. — *Décret relatif à la fabrication, au commerce et à la vente des armes.*

LE GOUVERNEMENT DE LA DÉFENSE NATIONALE,

DÉCRÈTE :

La fabrication, le commerce et la vente des armes sont absolument libres (1).

Paris, 4 septembre 1870.

Signé : Général TROCHU, J. FAVRE, EMMANUEL ARAGO, CRÉMIEUX, GARNIER-PAGÈS, GLAIS-BIZOIN, EUGÈNE PELLETAN, ROCHEFORT.

N° 3. — *Décret qui abolit l'impôt du Timbre sur les Journaux et autres publications.*

LE GOUVERNEMENT DE LA DÉFENSE NATIONALE,

DÉCRÈTE :

L'impôt du timbre sur les journaux et autres publications est aboli,

Paris, 5 septembre 1870.

Signé : Général TROCHU, J. FAVRE, EMMANUEL ARAGO, J. FERRY, CRÉMIEUX, GAMBETTA, GARNIER-PAGÈS, GLAIS-BIZOIN, E. PICARD, PELLETAN, ROCHEFORT, JULES SIMON.

N° 4. — *Décret relatif à la profession de boucher.*

LE GOUVERNEMENT DE LA DÉFENSE NATIONALE,

Sur le rapport du ministre de l'agriculture et du commerce ;
Vu l'art. 4 du décret du 24 février 1858 sur l'exercice de la profession de boucher dans la ville de Paris, ledit article ainsi conçu :
« Le colportage en quête d'acheteurs des viandes de boucherie est interdit dans Paris, »

---

(1) V. Loi du 24 mai 1834. — Décret du 22 décembre 1852. — Loi du 14 avril 1860.

DÉCRÈTE :

Art. 1er. L'art. 4 du décret du 24 février 1858 est abrogé.

Art. 2. Le ministre de l'agriculture et du commerce est chargé de l'exécution du présent décret.

Signé : Général TROCHU, AD. CRÉMIEUX, GAMBETTA, E. PICARD, J. SIMON, GARNIER-PAGÈS, EMM. ARAGO, JULES FERRY, GLAIS-BIZOIN, J. FAVRE, PELLETAN, ROCHEFORT.

N° 5. — *Décret qui abolit le Serment politique.*

LE GOUVERNEMENT DE LA DÉFENSE NATIONALE,

DÉCRÈTE :

Les fonctionnaires publics de l'ordre civil, administratif, militaire et judiciaire sont déliés de leur serment.

Le serment politique est aboli.

Paris, 5 septembre 1870.

Signé : Général TROCHU, J. FAVRE, EMM. ARAGO, CRÉMIEUX, J. FERRY, GAMBETTA, GARNIER-PAGÈS, GLAIS-BIZOIN, E. PELLETAN, ROCHEFORT, J. SIMON, PICARD.

N° 6. — *Décret qui réunit la division des Beaux-Arts et les Musées au ministère de l'instruction publique.*

LE GOUVERNEMENT DE LA DÉFENSE NATIONALE,

DÉCRÈTE :

La division des Beaux-Arts et les Musées sont réunis au ministère de l'instruction publique.

Le ministre de l'instruction publique est chargé de l'exécution du présent décret.

Signé : Général TROCHU, EMM. ARAGO, CRÉMIEUX, J. FAVRE J. FERRY, GAMBETTA, GARNIER-PAGÈS, GLAIS-BIZOIN, PELLETAN, PICARD, ROCHEFORT, J. SIMON.

N° 7. — *Décret qui réunit les Manufactures de Sèvres et de Beauvais au ministère du commerce.*

LE GOUVERNEMENT DE LA DÉFENSE NATIONALE,

DÉCRÈTE :

Les Manufactures de Sèvres, de Beauvais sont réunies au ministère du commerce.

Le ministre de l'agriculture et du commerce est chargé de l'exécution du présent décret.

Signé : Général TROCHU, EMM. ARAGO, CRÉMIEUX, J. FAVRE, J. FERRY, GAMBETTA, GARNIER-PAGÈS, GLAIS-BIZOIN, PELLETAN, E. PICARD, ROCHEFORT, J. SIMON.

N° 8. — *Décret qui réunit les bâtiments de la couronne au ministère des finances.*

LE GOUVERNEMENT DE LA DÉFENSE NATIONALE,

DÉCRÈTE :

Les bâtiments de la couronne, le mobilier de la couronne, les bâtiments et établissements agricoles de la couronne sont réunis au ministère des finances.

Le ministre des finances est chargé de l'exécution du présent décret.

Signé : EMM. ARAGO, CRÉMIEUX, J. FAVRE, J. FERRY, GAMBETTA, GARNIER-PAGÈS, GLAIS-BIZOIN, PELLETAN, ROCHEFORT, PICARD, J. SIMON, Général TROCHU.

N° 9. — *Décret qui accorde au Ministre des finances un crédit de 760,000 fr. sur l'exercice de 1870.*

LE GOUVERNEMENT DE LA DÉFENSE NATIONALE,

DÉCRÈTE :

Art. 1er. Il est accordé au ministre des finances sur l'exercice de 1870, au-delà des crédits ouverts par la loi des finances du

8 mai 1869, sur le budget de cet exercice, un crédit de sept cent soixante mille francs applicables au chapitre 26 *(Dépenses administratives du Corps-Législatif et indemnités aux députés.)*

Art. 2. Le ministre des finances est chargé de l'exécution du présent décret.

Fait à Paris, le 5 septembre 1870.

(Suivent les signatures.)

N° 10. — *Décret qui autorise la ville de Paris à prélever une somme de cinq millions, pour faire face aux dépenses occasionnées par la guerre.*

LE GOUVERNEMENT DE LA DÉFENSE NATIONALE,

DÉCRÈTE :

Article unique. La ville de Paris est autorisée à prélever une somme de cinq millions sur celle de soixante-trois millions que l'article 3 de la loi du 23 juillet 1870 l'a autorisée à se procurer au moyen de l'émission des bons de la caisse municipale pour l'exécution des travaux neufs, et à employer ladite somme de cinq millions aux dépenses faites et à faire par suite de la guerre, et consistant en travaux de diverse nature à exécuter d'urgence pour la défense de Paris, et se rattachant aux approvisionnements, aux ambulances, au casernement, etc.

Fait à Paris, le 5 septembre 1870.

(Suivent les signatures.)

N° 11.— *Décret relatif à la formule exécutoire des arrêts, jugements, mandats de police, contrats et autres actes.*

LE GOUVERNEMENT DE LA DÉFENSE NATIONALE,

DÉCRÈTE :

Les Tribunaux rendront la justice au nom du Peuple Français.

Les expéditions des arrêts, jugements, mandats de justice, ainsi que les grosses et expéditions des contrats et de tous autres actes susceptibles d'exécution forcée seront intitulés ainsi qu'il suit :

RÉPUBLIQUE FRANÇAISE

Au nom du peuple Français.

Pour les arrêts et jugements :

La Cour d'appel ou le Tribunal de....... a rendu.

(Copier l'arrêt ou le jugement.)

Pour les actes notariés et autres, transcrire la teneur de l'acte.

Lesdits arrêts, jugements, mandats de justice et autres actes seront terminés ainsi :

En conséquence, la République mande et ordonne à tous huissiers sur ce requis de mettre ledit jugement ou arrêt à exécution; aux procureurs généraux et aux commissaires du gouvernement près les Tribunaux de première instance d'y tenir la main; à tous commandants et officiers de la force publique de prêter main forte, lorsqu'ils en seront légalement requis.

En foi de quoi, le présent jugement ou arrêt a été signé par......., etc.

Les porteurs d'expédition des jugements et arrêts et des grosses et expéditions des actes, délivrés avant l'ère républicaine, qui voudraient les faire mettre à exécution, devront préalablement les présenter aux greffiers des Cours et Tribunaux pour les arrêts et jugements, ou à un notaire pour les actes, afin d'ajouter la formule ci-dessus indiquée à celle dont elles étaient précédemment revêtues.

Ces additions seront faites sans frais.

Fait à Paris, le 5 septembre 1870.

(Suivent les signatures.)

N° 12 — *Décret qui supprime le ministère de la Maison de l'Empereur.*

LE GOUVERNEMENT DE LA DÉFENSE NATIONALE,

DÉCRÈTE :

Art. 1er. Le ministère de la maison de l'Empereur est supprimé.

Art. 2. Tous les biens, meubles et immeubles, désignés sous le nom de biens de la liste civile, feront retour au domaine de l'Etat.

Art. 3. Les biens désignés sous le nom de biens du domaine privé seront administrés sous séquestre, sans préjudice des droits de l'État et des droits des tiers,

Art. 4. Il sera nommé par le ministre des finances une commission chargée de la liquidation des biens de l'ancienne liste civile et du domaine privé, ainsi que de l'administration pendant la durée de la liquidation desdits biens autres que ceux déjà réunis aux ministères du commerce, de l'instruction publique et de l'intérieur.

Art. 5. Toutes dispositions contraires au présent décret sont abrogées.

Fait à Paris, le 6 septembre 1870.

(*Suivent les signatures.*)

N° 13. — *Décret concernant la publication de celui relatif à l'abolition des droits de timbre sur les journaux.*

LE GOUVERNEMENT DE LA DÉFENSE NATIONALE,

Vu le décret du 5 septembre 1870, relatif à l'abolition du timbre sur les journaux et autres publications;

Vu les ordonnances des 27 novembre 1816 et 18 janvier 1817, concernant la promulgation des lois,

DÉCRÈTE

Art. 1er. La publication du décret du 5 septembre 1870 susvisé et relatif à l'abolition des droits de timbre sur les journaux et autres publications sera faite conformément aux ordonnances des 27 novembre 1816 et 18 janvier 1817.

Art. 2. Le ministre de la justice est chargé de l'exécution du présent décret.

Fait à Paris, le 6 septembre 1870.

(*Suivent les signatures.*)

N° 14. — *Décret relatif à la réhabilitation.*

LE GOUVERNEMENT DE LA DÉFENSE NATIONALE,

DÉCRÈTE :

En matière de réhabilitation, il sera statué par une décision rendue par le ministre de la justice, après communication au Conseil des ministres.

En matière de grâce, excepté aux colonies, il sera statué par le ministre de la justice, quelle que soit la juridiction qui ait condamné. En conséquence, les départements desquels relèvent les Tribunaux de répression transmettront au ministre de la justice les propositions qui leur paraîtraient opportunes et les demandes individuelles qui leur seraient adressées.

En matière de délits ou contraventions relatifs à la pêche fluviale ou maritime ou à la grande voirie, les Administrations de la marine ou des ponts et chaussées, représentées par les ministres ou les agents par eux désignés, auront respectivement le droit de transiger avec les justiciables des Tribunaux ordinaires, ou des Conseils de préfecture, dans les conditions prévues pour les délits forestiers par la loi du 18 juin 1849, et le règlement d'administration publique du 21 décembre 1859.

Fait à Paris, le 7 septembre 1870,

(Suivent les signatures.)

N°17. — *Décret qui déclare l'art. 1244, § 2 du Cod. Civ. applicable pendant la durée de la guerre à toute contestation entre locataire et propriétaire.*

LE GOUVERNEMENT DE LA DÉFENSE NATIONALE,

DÉCRÈTE :

L'article 1244 du Code civil, § 2, est applicable, pendant la durée de la guerre, à toute contestation entre locataire et propriétaire, relative au paiement des loyers et aux poursuites ou exécutions en toute matière. Les Tribunaux peuvent, selon les circonstances, accorder un délai, suspendre toute exécution ou poursuite. En cas d'urgence, le président du Tribunal statue par ordonnance de référé exécutoire nonobstant appel (1).

Fait à Paris, le 7 septembre 1870.

(Suivent les signatures.)

N° 16 — *Décret qui admet les faillis concordataires à faire partie de la garde nationale.*

LE GOUVERNEMENT DE LA DÉFENSE NATIONALE,

DÉCRÈTE :

Art. 1er. Les faillis concordataires, ceux dont la faillite a été clôturée par insuffisance d'actif et les faillis déclarés excusables, sont admis à faire partie de la garde nationale. Toute disposition contraire est annulée.

Art. 2. Les suspensions ou cessations de paiements survenues depuis le 10 juillet dernier, en France ou en Algérie, ou qui surviendront pendant la durée de la guerre et pendant le mois qui suivra les hostilités, bien que réglées par les dispositions du Code de commerce, ne recevront la qualification de faillite que dans le cas où le tribunal refuserait d'homologuer le concordat, ou en l'homologuant ne déclarerait pas le débiteur affranchi de la qualification de failli.

Art. 3. Le tribunal de commerce aura la faculté, si un arrangement amiable est déjà consenti entre le débiteur et la moitié en nombre de ses créanciers représentant les trois quarts en somme, de dispenser le débiteur de l'apposition des scellés et de l'inventaire judiciaire.

Dans ce cas, le débiteur conservera l'administration de ses affaires et procédera à leur liquidation, concurremment avec les syndics régulièrement nommés, et sous la surveillance d'un juge commis par le tribunal, mais sans pouvoir créer de nouvelles dettes.

Art. 4. Les dispositions du Code de commerce relatives à la vérification des créances, au concordat, aux opérations qui le

---

(1) V. Cod. procéd. civ., art. 122, — 125, — 127.

précèdent ou qui le suivent, et aux conséquences de la faillite dont le débiteur n'est pas affranchi par l'art. 2 de la présente loi, continueront de recevoir leur application.

Art. 5. Les art. 2 et 3 ne pourront être appliqués ni aux débiteurs qui n'auront pas déposé leur bilan conformément à la loi, ni aux suspensions ou cessations de paiements qui auraient des causes antérieures à la guerre.

Art. 6. Le tribunal de commerce pourra même d'office, sur le rapport du juge-commissaire, donner la qualification de faillite aux cessations de paiements qui auraient été à tort qualifiées de liquidations judiciaires.

Fait à Paris, le 7 septembre 1870.

(*Suivent les signatures.*)

N° 17 — *Décret qui autorise la ville de Limoges à emprunter 400,000 fr.*

LE GOUVERNEMENT DE LA DÉFENSE NATIONALE,

DÉCRÈTE :

Article unique. La ville de Limoges (Haute-Vienne), est autorisée, suivant le vote émis par le conseil municipal, dans sa délibération du 7 septembre 1870, à emprunter à un taux d'intérêt qui n'excède pas cinq pour cent, une somme de quatre cent mille francs, remboursable sur ses revenus, et destinée à venir en aide à la population ouvrière.

L'emprunt pourra être réalisé, soit avec publicité et concurrence, soit par voie de souscription, soit de gré à gré, avec faculté d'émettre des obligations au porteur ou transmissibles par voie d'endossement, soit directement de la Caisse des dépôts et consignations, aux conditions de cet établissement.

Fait à Paris, le 8 septembre 1870.

(*Suivent les signatures.*)

N° 18 — *Décret qui autorise le ministre de la justice à transférer la chambre criminelle de la Cour de cassation à Tours.*

LE GOUVERNEMENT DE LA DÉFENSE NATIONALE,

DÉCRÈTE :

Le membre du gouvernement de la défense nationale, garde des sceaux, ministre de la justice, est autorisé à transférer la chambre criminelle de la Cour de cassation dans la ville de Tours.

Fait à Paris, le 9 septembre 1870,

(*Suivent les signatures.*)

N° 19 — *Décret qui met une somme de 40,000 fr. à la disposition du ministre de l'instruction publique.*

LE GOUVERNEMENT DE LA DÉFENSE NATIONALE,

DÉCRÈTE :

Une somme de quarante mille francs est mise à la disposition du ministre de l'instruction publique pour les besoins de la commission scientifique de la défense nationale.

(*Suivent les signatures.*)

N° 20. — *Décret qui suspend pendant la durée de la guerre les prescriptions et péremptions au profit de certaines personnes.*

LE GOUVERNEMENT DE LA DÉFENSE NATIONALE,

DÉCRÈTE :

Art. 1er. Toutes prescriptions et péremptions en matière civile, tous les délais impartis pour attaquer ou signifier les décisions des tribunaux judiciaires ou administratifs, sont suspendus pendant la durée de la guerre :

1° Au profit de ceux qui résident dans un département investi ou occupé par l'ennemi, alors même que l'occupation ne s'étendrait pas à tout le département ;

2° Au profit de ceux dont l'action doit être exercée dans ce même département contre des personnes qui y résident.

Art. 2. A dater de la cessation de l'occupation, un nouveau délai égal au délai ordinaire courra au profit des personnes qui se trouveront dans le cas de l'article précédent.

Fait à Paris, le 9 septembre 1870.

(*Suivent les signatures*).

N° 21. — *Décret du 10 septembre relatif aux effets de commerce.*

LE GOUVERNEMENT DE LA DÉFENSE NATIONALE,

DÉCRÈTE :

Art. 1er. — La prorogation de délais accordée par la loi du 13 août dernier, relative aux effets de commerce, est augmenté de 30 jours à compter du 14 septembre courant.

Art. 2. Toutes les autres dispositions de la loi du 13 août sont maintenues.

Fait à Paris, le 10 septembre 1870.

(*Suivent les signatures.*)

N° 22. — *Arrêté qui supprime les commissaires de police cantonaux.*

LE MINISTRE DE L'INTÉRIEUR,

Considérant que l'institution des commissaires de police, dits commissaires cantonaux, porte une atteinte grave aux droits de la commune,

ARRÊTE :

Aricle unique. Les art. 7, 8 et 9 du décret du 28 mars 1852 sont abrogés, et les commissaires de police cantonaux sont et demeurent supprimés à partir de ce jour.

Fait à Paris, le 11 septembre 1870.

Le ministre de l'intérieur,

Signé : GAMBETTA.

N° 23 — *Décret qui accorde un délai aux inventeurs brevetés.*

LE GOUVERNEMENT DE LA DÉFENSE NATIONALE,

Attendu les circonstances de force majeure qui, depuis le 25 août 1870, ont empêché les inventeurs brevetés d'acquitter les annuités de leurs brevets arrivés à échéance.

Sur le rapport du ministre du commerce,

DÉCRÈTE :

Les inventeurs brevetés qui, depuis le 25 août 1870, n'auront pu acquitter les annuités de leurs brevets dans le délai légal, seront relevés de la déchéance encourue, en justifiant de l'acquittement de ces annuités avant une époque qui sera fixée ultérieurement (1).

Fait à Paris, le 11 septembre 1870.

(*Suivent les signatures.*)

N° 24. — *Décret qui déclare libres les professions d'imprimeur et de libraire.*

LE GOUVERNEMENT DE LA DÉFENSE NATIONALE,

DÉCRÈTE :

Art. 1er. Les professions d'imprimeur et de libraire sont libres.

Art. 2. Toute personne qui voudra exercer l'une ou l'autre de ces professions sera tenue à une simple déclaration faite au ministère de l'intérieur.

Art. 3. Toute publication portera le nom de l'imprimeur.

Art. 4. Il sera ultérieurement statué sur les conséquences du présent décret à l'égard des titulaires actuels de brevets (2).

Fait à Paris, le 11 septembre 1870.

(*Suivent les signatures.*)

---

(1) V. Loi du 5 juillet 1844 sur les brevets d'invention.

(2) Décret du 3 février 1810. — Loi du 21 octobre 1814. — Décret du 17 février 1852 (art. 24). — Loi du 11 mai 1868 (art. 14).

N° 25. — *Rectification apportée au décret du 10 septembre, relatif aux effets de commerce.*

Le décret du 10 septembre 1870, relatif à l'augmentation du délai de prorogation pour les effets de commerce, doit être rétabli et complété de la manière suivante :

Art. 1er. La prorogation de délais accordée par la loi du 13 août dernier, relative aux effets de commerce, est augmentée de 30 jours à compter du 14 septembre courant.

Cette disposition est applicable aux valeurs souscrites postérieurement à la loi du 13 août 1870.

Art. 2. Toutes les autres dispositions de la loi du 13 août sont maintenues.

Art. 3. Le présent décret est applicable à l'Algérie (1).

Fait à Paris, le 11 septembre 1870.

Le ministre de la justice,
Signé : CRÉMIEUX.

N° 26. — *Décret qui délègue M. Crémieux, ministre de la justice, pour représenter le gouvernement et en exercer les pouvoirs.*

LE GOUVERNEMENT DE LA DÉFENSE NATIONALE,

Considérant qu'il est indispensable, en cas d'investissement de Paris, que le Gouvernement conserve sa complète liberté d'action pour organiser la défense dans les départements et maintenir l'administration,

DÉCRÈTE :

Art. 1er. M. Crémieux, membre du Gouvernement de la défense nationale, garde des sceaux, ministre de la justice, est délégué pour représenter le Gouvernement et en exercer les pouvoirs.

Art. 3. Le membre du Gouvernement de la défense nationale aura son siége à Tours et pourra le transporter partout où l'exigeront les nécessités de la défense.

---

(1) Voir à la fin du volume, sous la note *a*, la loi du 10 août 1870, sur les effets de commerce.

Art. 4. Les pouvoirs conférés par le présent décret cesseront quand les relations avec Paris redeviendront libres.

Art. 5. Chacun des ministres est chargé de l'exécution du présent décret, en ce qui concerne son département respectif.

Fait à l'Hôtel-de-Ville de Paris, le 12 septembre 1870.

(Suivent les signatures.)

N° 27. — *Décret créant un Conseil de révision par arrondissement pour statuer sur les réclamations des gardes mobiles.*

LE GOUVERNEMENT DE LA DÉFENSE NATIONALE,

Considérant que des réclamations nombreuses et fondées se produisent dans tous les départements contre les exemptions abusives accordées par les conseils de révision dans le recrutement des gardes nationales mobiles;

Considérant que toute exemption non justifiée doit être annulée,

DÉCRÈTE :

Art. 1er. Un conseil de révision par arrondissement procédera à la révision de toutes les dispenses accordées jusqu'à ce jour aux gardes nationaux mobiles à titre de soutiens de famille.

Il se composera du Préfet ou de son délégué, d'un membre du conseil général et d'un membre du conseil d'arrondissement désignés par le Préfet.

Art. 2. Le conseil désignera pour chaque canton, jusqu'à concurrence de 14 0/0, les jeunes gens qui auront le plus de titres à la dispense.

Art. 3. Les jeunes gens dont le titre de soutien de famille ne serait pas confirmé devront immédiatement rejoindre leur corps.

Fait à Paris, le 13 septembre 1870.

(Suivent les signatures.)

N° 28. — *Décret portant ouverture d'un crédit de* 10.000,000f.

LE GOUVERNEMENT DE LA DÉFENSE NATIONALE,

Vu le décret du 10 septembre 1870, qui institue la commission de l'armement national par le concours de l'industrie privée;

Vu l'opportunité d'assurer le fonctionnement à la fois expéditif et régulier des opérations proposées par la commission ;

DÉCRÈTE :

1° Le ministre des travaux public est spécialement commis pour en prendre connaissance, les contrôler et leur donner force d'exécution.

2° Un crédit de dix millions de francs lui est ouvert à cet effet.

Fait à Paris, le 13 septembre 1870.

(Suivent les signatures.)

N° 29 — *Décret portant création d'une indemnité aux gardes nationaux.*

LE GOUVERNEMENT DE LA DÉFENSE NATIONALE,

DÉCRÈTE :

Les gardes nationaux réunis à Paris pendant le siége, pour concourir à la défense de la ville, et qui n'ont d'autres ressources que leur travail, recevront, quand ils en feront la demande, une indemnité de 1 fr. 50 par jour.

Cette indemnité leur tiendra lieu de toutes les prestations en nature qui leur étaient attribuées par l'arrêté du 11 septembre 1870.

Le Gouvernement de la défense nationale est persuadé que les citoyens comprendront la gravité des charges qui peuvent résulter pour les finances du pays de la disposition qui précède, et qu'aucun des défenseurs de la Cité ne réclamera l'indemnité ci-dessus fixée qu'en cas de nécessité.

Les maires des arrondissements de Paris seront chargés de payer l'indemnité dont il s'agit, sur états fournis par les capitaines des compagnies, contrôlés par les chefs de bataillon, visés par les officiers généraux commandant les sections de la défense.

Il en sera référé au général commandant en chef la garde nationale de Paris pour les détails d'exécution.

Le ministre de l'intérieur est chargé de l'exécution du présent décret.

Fait à Paris, le 12 septembre 1870.

(Suivent les signatures.)

N° 30. — *Décret qui autorise le ministre de la justice à statuer sur les demandes de naturalisation sans prendre l'avis du conseil d'Etat.*

LE GOUVERNEMENT DE LA DÉFENSE NATIONALE,

DÉCRÈTE :

Art. 1er. Le ministre de la justice est provisoirement autorisé à statuer, sans prendre l'avis du conseil d'Etat, sur les demandes de naturalisation formées par les étrangers qui ont obtenu l'autorisation d'établir leur domicile en France, conformément aux dispositions de l'article 13 du Code civil, ou qui auront fait, antérieurement à la promulgation de la loi du 3 décembre 1849, la déclaration prescrite par l'article 3 de la Constitution de l'an VIII.

Art. 2. Les dispositions des lois du 3 décembre 1849 et du 29 juin 1867 sont maintenues en tout ce qui n'est pas contraire au présent décret.

Art. 3. Le payement des droits établis dans l'intérêt du Trésor national, par l'ordonnance du 8 octobre 1814 et par l'ordonnance du 28 avril 1816 continuera d'être opéré.

Est également maintenue la disposition de l'ordonnance du 8 octobre 1814, qui autorise à remettre lesdits droits en tout ou partie.

Art. 4. Le présent décret sera publié et inséré au *Bulletin des lois*.

Fait à Paris, le 12 septembre 1870.

(Suivent les signatures.)

N° 31. — *Décret sur la Chasse.*

LE GOUVERNEMENT DE LA DÉFENSE NATIONALE,

Sur la proposition du ministre de l'intérieur ;

Considérant que les circonstances actuelles exigent que l'exercice du droit de chasse soit momentanément suspendu,

DÉCRÈTE :

Art. 1er. Dans un délai de dix jours à compter de la publication du présent décret, la chasse sera fermée dans tous les départements où elle est ouverte depuis le 16 août.

Art. 2. Indépendamment des peines édictées par la loi du 3 mai 1844 pour les cas délictueux qu'elle a prévus, une amende extraordinaire de 100 francs à 500 francs sera prononcée contre tout individu convaincu d'avoir chassé ou d'avoir colporté, vendu ou mis en vente du gibier pendant le temps de la clôture de la chasse.

Art. 3. Le produit des amendes dont il s'agit sera versé à la caisse des secours pour les familles des soldats blessés.

Art. 4. Le ministre de l'intérieur et le ministre de la justice sont chargés, chacun en ce qui le concerne, de l'exécution du présent décret.

Fait à Paris, le 13 septembre 1870.

(*Suivent les signatures.*)

N° 32. — *Décret relatif au budget de 1871.*

AU NOM DU PEUPLE FRANÇAIS,

LE GOUVERNEMENT DE LA DÉFENSE NATIONALE,

Vu la loi du 18 juillet 1870 ;

Considérant qu'il est urgent de pourvoir à la répartition des contingents des contributions foncière, personnelle mobilière et des portes et fenêtres pour l'année 1871 ; de fixer le nombre des centimes additionnels aux contributions directes de ladite année, de suppléer en un mot à l'action des conseils généraux et des conseils d'arrondissements,

DÉCRÈTE :

Art. 1er. Les contingents assignés pour 1871 aux départements, en vertu de la loi de finances du 27 juillet 1870, dans les contributions foncière, personnelle-mobilière et des portes et fenêtres, seront répartis par les Préfets, entre les arrondissements et les communes, d'après les bases de la répartition de l'année 1870, sauf les modifications à apporter dans les contingents en vertu des lois.

Art. 2. Les centimes additionnels pour dépenses du budget départemental ordinaire seront maintenus, en 1871, aux mêmes chiffres qu'en 1870. Il en sera de même des centimes pour dépenses départementales extraordinaires, votés dans la limite du maximum fixé par la loi du 8 mai 1869. Seront également imposés dans les rôles de 1871 les centimes pour dépenses extraordinaires d'utilité départementale, autorisées pour ladite année par des lois spéciales.

Art. 3. Sera maintenu, pour 1871, le maximum du nombre des centimes pour dépenses extraordinaires d'utilité communale fixé par les conseils généraux, en vertu de l'article 4 de la loi du 18 juillet 1866, en leur session de 1869.

Art. 4. Les valeurs de chaque journée de travail qui doivent servir de base à la taxe personnelle et à la taxe des prestations, conformément à l'article 10 de la loi du 21 avril 1832 et à l'article 4 de loi du 21 avril 1836, seront établies pour 1871 au même taux que pour 1870.

Art. 5. Seront également maintenus, pour 1871, les tarifs appliqués en 1870 dans chaque commune pour l'établissement de la taxe municipale sur les chiens.

Art. 6. Les ministres de l'intérieur et des finances sont chargés, chacun en ce qui le concerne, de l'exécution du présent décret.

Fait à Paris, le 13 septembre 1870.

(Suivent les signatures.)

N° 33.— *Décret qui autorise les gouverneurs et commandants des colonies françaises à y rendre applicables les lois et décrets sur les effets de commerce.*

LE GOUVERNEMENT DE LA DÉFENSE NATIONALE,

Vu la loi du 13 août et le décret du 10 septembre 1870, relatifs aux effets de commerce.

Sur le rapport du ministre de la marine et des colonies,

DÉCRÈTE :

Art. 1er. Les gouverneurs et commandants des colonies françaises sont autorisés à y rendre applicables les délais déterminés par les dispositions de la loi du 13 août et du décret du 10 septembre 1870, relatifs aux effets de commmerce.

Art. 2. Le ministre de la marine et des colonies est chargé de l'exécution du présent décret, qui sera inséré au *Bulletin des lois* et au *Bulletin officiel de la marine.*

Fait à Paris, le 13 septembre 1870,

(Suivent les signatures.

N° 34. — *Décret qui supprime la présidence du conseil de préfecture de la Seine.*

LE GOUVERNEMENT DE LA DÉFENSE NATIONALE,

DÉCRÈTE :

La présidence du conseil de préfecture de la Seine est supprimée.

Le conseil sera présidé, jusqu'à la réorganisation, par le plus ancien président de section.

Fait à l'Hôtel-de-Ville de Paris, le 14 septembre 1870.

(*Suivent les signatures.*)

N° 35. — *Décret qui suspend les membres du conseil d'Etat et décide que les affaires administratives ou contentieuses urgentes seront expédiées par une commission provisoire.*

LE GOUVERNEMENT DE LA DÉFENSE NATIONALE,

DÉCRÈTE :

Art. 1er. En attendant la réorganisation du conseil d'Etat par 'Assemblée constituante, les membres actuels du conseil d'Etat sont suspendus de leurs fonctions à dater de ce jour.

Art. 2. Les affaires administratives ou contentieuses urgentes seront expédiées par une commission provisoire composée de huit conseillers d'Etat, dix maîtres des requêtes et douze auditeurs.

Les conseillers d'Etat et les maîtres des requêtes seront nommés par le Gouvernement, sur la proposition du ministre de la justice. Les membres ainsi nommés désigneront les auditeurs.

Fait à l'Hôtel de-Ville de Paris, le 15 septembre 1870.

(*Suivent les signatures.*)

N° 36. — *Décret qui autorise la ville de Lyon à prélever 60,000 fr. sur l'emprunt de 4,600,000 fr.*

LE GOUVERNEMENT DE LA DÉFENSE NATIONALE,

DÉCRÈTE :

Article unique. La ville de Lyon (Rhône) est autorisée à prélever, sur l'emprunt de 4,600,000 fr., approuvé par la loi du

26 juin 1861, une somme de soixante mille francs (60,000 fr.) pour les travaux de défense de la ville.

Fait à Paris, le 15 septembre 1870.

Pour le Gouvernement :

Le ministre de l'intérieur,

Léon GAMBETTA.

N° 37. — *Décret relatif aux élections municipales.*

LE GOUVERNEMENT DE LA DÉFENSE NATIONALE,

DÉCRÈTE :

Ar. 1er. Il sera procédé dans toutes les communes de France à une nouvelle élection des conseils municipaux.

Art. 2. Le nombre des conseillers à élire et le mode de l'élection sont réglés par la législation existante.

Art. 3. Le premier tour de scrutin aura lieu le dimanche 25 septembre ; le second tour le mercredi 28.

Art. 4. Les conseils municipaux élus nommeront leurs maires et adjoints le jeudi 29.

Art. 5. Les élections pour l'Assemblée constituante sont avancées au dimanche 2 octobre.

Elles auront lieu conformément aux dispositions du décret du 15 septembre.

Nota. — Un décret règlera demain les élections municipales de Paris et de Lyon.

Paris, 16 septembre 1870.

(Suivent les signatures.)

N° 38. — *Décret qui déclare que les impositions votées par les conseils municipaux pour faire face aux dépenses facultatives annuelles de 1871, seront autorisées par les Préfets.*

LE MEMBRE DU GOUVERNEMENT DE LA DÉFENSE NATIONALE, garde des sceaux, ministre de la justice, — délégué pour représenter le Gouvernement et en exercer les pouvoirs ;

Vu le décret du 12 septembre 1870 ;
Vu la loi du 18 juillet 1837 ;

Vu la loi du 24 juillet 1867;

Considérant qu'il est urgent de procéder à la collection et à la mise en recouvrement des rôles généraux des contributions directes de l'exercice 1871,

DÉCRÈTE :

Art. 1er. Les impositions votées par les conseils municipaux pour faire face, par suite de l'insuffisance de leurs secours, aux dépenses facultatives annuelles de l'exercice 1871, seront autorisées par les Préfets.

Art. 2. Les Préfets pourront également maintenir en 1871 les impositions votées pour 1870 par les conseils municipaux, pour dépenses obligatoires ou facultatives annuelles, dans les communes qui n'auront pas pourvu au payement de ces dépenses, avant le 1er octobre 1870.

Les ministres de l'intérieur et des finances sont chargés, chacun en ce qui le concerne, de l'exécution du présent décret.

Fait à Tours, le 16 septembre 1870.

Ad. CRÉMIEUX.

N° 39. — *Décret relatif à l'élection des officiers de la garde mobile.*

LE GOUVERNEMENT DE LA DÉFENSE NATIONALE,

Vu la loi du 28 janvier 1868 (Art. 8);

Considérant que les circonstances dans lesquelles a eu lieu la nomination des officiers de la garde nationale mobile rendent nécessaire l'élection des officiers.

DÉCRÈTE :

Art. 1er. Les bataillons de la garde mobile actuellement armés et réunis à Paris sont appelés à élire leurs officiers.

Art. 2. Les élections auront lieu le lundi 19 septembre, par les soins du chef de bataillon en exercice.

Art. 3. Le ministre de la guerre est chargé de l'exécution du présent décret.

Fait à Paris, le 17 septembre 1870,

(Suivent les signatures.)

N° 40. — *Décret relatif aux demandes de remboursement de fonds des caisses d'épargne.*

LE GOUVERNEMENT DE LA DÉFENSE NATIONALE,

En présence des empêchements de force majeure qui se produisent, et subissant la nécessité que lui a léguée le gouvernement impérial,

DÉCRÈTE :

Les demandes de remboursements de fonds des caisses d'épargne, exigibles à partir du 22 septembre, ne seront provisoirement acquittées en espèces que jusqu'à concurrence de 50 fr. par livret. Pour le surplus, les déposants auront droit, s'ils le demandent, à un bon du Trésor à trois mois d'échéance, et portant 5 0/0 d'intérêt du jour de la demande.

Fait à Paris, le 17 septembre 1870.

(*Suivent les signatures.*)

N° 41. — *Décret qui soumet certains locaux à une taxe graduée d'après la valeur locative.*

LE GOUVERNEMENT DE LA DÉFENSE NATIONALE,

Considérant qu'un grand nombre d'habitants se sont éloignés de Paris, qu'il ne serait pas juste qu'ils fussent affranchis des charges qui résultent de l'état de siége,

DÉCRÈTE :

Art. 1er. Les locaux dont les habitants se sont éloignés de Paris pour toute autre cause que pour un service public, seront soumis, à partir du 10 septembre courant, à une taxe graduée suivant la valeur locative desdits locaux.

Au-dessous de 600 fr. lesdits locaux ne supporteront aucune taxe.

A partir de 600 fr. la taxe sera réglée de la manière suivante :

De 600 à 1,000 fr.	20 fr.	par mois.
De 1,001 à 2,000 fr.	60	—
De 2,001 à 3,500 fr.	120	—
De 3,501 à 6,000 fr.	180	—
De 6,001 à 10,000 fr.	240	—
De 10,001 à 20,000 fr. . . .	300	—
De 20,001 et au-dessus. . . .	500	—

La taxe cessera à partir de la levée de l'état de siége.

Art. 2. Les rôles comprenant cette taxe seront dressés et arrêtés par le maire de Paris sur la proposition d'une commission constituée par lui.

Le recouvrement en sera effectué par les receveurs-percepteurs des contributions directes.

La taxe mensuelle devra être acquittée en une seule fois et dans le délai de quinze jours à partir de la notification.

Art. 3. Les réclamations auxquelles cette taxe pourrait donner lieu devront être présentées dans le même délai de quinze jours et seront jugées par le maire de Paris, sur l'avis de la commission constituée par l'art. 2 ci-dessus.

Art. 4. Le maire de Paris est chargé de l'exécution du présent décret.

Fait à Paris, le 17 septembre 1870,

Signé : Général Trochu, Jules Favre, Emmanuel Arago, Jules Ferry, L. Gambetta, Garnier-Pagès, E. Pelletan, E. Picard, H. Rochefort, Jules Simon.

N° 42. — *Décret qui institue une commission d'organisation judiciaire.*

LE GOUVERNEMENT DE LA DÉFENSE NATIONALE,

Considérant qu'il y a lieu d'étudier les principes constitutifs de l'organisation judiciaire actuelle et de préparer sur cet objet un travail qui sera soumis à l'Assemblée constituante,

DÉCRÈTE :

Une commission d'organisation judiciaire est instituée.

Elle se compose de :

MM. Crémieux, garde des sceaux, ministre de la justice, membre du Gouvernement, président.

Emmanuel Arago, membre du Gouvernement, vice-président.

Faustin-Hélie, conseiller à la cour de cassation.

Marc-Dufraisse, ancien représentant.

Valette, ancien représentant, membre de l'Institut, professeur à la Faculté de droit de Paris.

G. Chaudey, avocat à la Cour d'appel de Paris.

MM. R. Dareste, avocat au conseil d'Etat et à la Cour de cassation.

F. Hérold, secrétaire général du ministère de la justice, secrétaire.

Fait à l'Hôtel-de-Ville de Paris, le 18 septembre 1870.

(Suivent les signatures.)

N° 43. — *Décret relatif à l'organisation municipale de Paris.*

LE GOUVERNEMENT DE LA DÉFENSE NATIONALE,

Considérant qu'il importe de régler provisoirement, et conformément à notre droit public, la situation municipale de Paris en attendant son organisation définitive par l'Assemblée constituante,

DÉCRÈTE :

Art. 1er. La ville de Paris procédera le mercredi, 28 septembre, à l'élection de son conseil municipal, dont les attributions seront les mêmes que celles des autres conseils municipaux de la République.

Partout où il y aura lieu à un second tour, il y sera procédé le jeudi 29.

Art. 2. Ce conseil sera composé de 80 membres nommés par circonscriptions correspondant aux arrondissements. Chaque arrondissement élira quatre membres au scrutin de liste.

Le conseil élu nommera son président, quatre vice-présidents et six secrétaires.

Art. 3. A raison des circonstances, les élections se feront sur les listes existantes. Néanmoins, tout garde national sera admis au vote sur un certificat délivré par la commission d'armement de son arrondissement constatant qu'il a justifié des conditions de l'électorat.

Art. 4. Il sera statué ultérieurement sur la nomination du maire de Paris et de ses adjoints, et sur celle des maires et adjoints d'arrondissements.

Provisoirement, les maires et adjoints de Paris et les maires et adjoints d'arrondissements resteront en fonctions. Ils sont éligibles au conseil municipal.

Fait à Paris, le 18 septembre 1870.

(Suivent les signatures.)

N° 44. — *Décret qui ouvre un crédit de 600,000 fr. au ministre des travaux publics pour la construction de mitrailleuses.*

LE GOUVERNEMENT DE LA DÉFENSE NATIONALE,

Considérant qu'une commission instituée par le ministre des travaux publics au Conservatoire des arts et métiers et composée d'ingénieurs constructeurs et d'ingénieurs civils a reconnu la supériorité d'un modèle de mitrailleuse qui doit être exécuté rapidement pour être employé à la défense de Paris,

DÉCRÈTE :

Un crédit de 600,000 fr. est ouvert au ministre des travaux publics pour la construction de mitrailleuses conformes au modèle dont il est question ci-dessus.

Le ministre des finances et le ministre des travaux publics sont chargés, chacun en ce qui le concerne, de l'exécution du présent décret.

Fait à Paris, le 18 septembre 1870.

(Suivent les signatures.)

N° 45. — *Décret qui abroge l'art. 75 de la Constitution de l'an VIII.*

LE GOUVERNEMENT DE LA DÉFENSE NATIONALE,

DÉCRÈTE :

Art. 1er. L'article 75 de la Constitution de l'an VIII est abrogé.

Sont également abrogées toutes les autres dispositions des lois générales ou spéciales ayant pour objet d'entraver les poursuites dirigées contre des fonctionnaires publics de tout ordre.

Art. 2. Il sera ultérieurement statué sur les peines civiles qu'il peut y avoir lieu d'édicter, dans l'intérêt public, contre les particuliers qui auraient dirigé des poursuites téméraires contre des fonctionnaires.

Fait à l'Hôtel-de-Ville de Paris, le 19 septembre 1870.

(Suivent les signatures.)

N° 46. — *Décret qui ouvre au budget municipal de la ville de Paris, un crédit supplémentaire de 40,700 fr.*

LE GOUVERNEMENT DE LA DÉFENSE NATIONALE,

DÉCRÈTE :

Art. 1er. Il est ouvert au budget municipal de la ville de Paris un crédit supplémentaire de 40,700 fr. au chapitre de la préfecture de police, pour l'organisation d'un service d'inspection générale de l'affichage public. Ce crédit sera ainsi réparti :

Art. 1er. Personnel. . . . . , .	40,000 fr.
Art. 2. Matériel.	700
Total.	40,700 fr.

Art. 2. Les différents ministères qui font apposer des affiches contribueront dans ce crédit pour leur quote-part, qui sera réglée, à la fin de chaque année, par une commission composée des secrétaires généraux des divers ministères, et remboursée à la ville de Paris.

Fait à l'Hôtel-de-Ville de Paris, le 21 septembre 1870.

(Suivent les signatures.)

N° 47. — *Arrêté qui rétablit à Paris la taxe du pain.*

LE MAIRE DE PARIS,

Vu la loi des 19-22 juillet 1791 ;

Vu le décret du 7 août 1870, qui a déclaré l'état de siége dans le département de la Seine;

Vu la délibération du conseil municipal en date du 30 août dernier,

ARRÊTE :

Art. 1er. La taxe du pain est provisoirement rétablie à Paris, à partir du 23 septembre courant.

Art. 2. Cette taxe sera faite tous les huit jours par les soins d'une commission spéciale nommée par le maire de Paris.

Art. 3. Il est défendu aux boulangers de vendre le kilog. de pain au-dessus du prix fixé par la taxe.

A cet effet, ils devront afficher la taxe du pain dans leurs boutiques de la manière la plus apparente.

Art. 4. Ne sont point soumis à la taxe :

1° Tout pain du poids d'un kilogramme ou d'un poids inférieur ;

2° Tout pain de première qualité du poids de deux kilogrammes dont la longueur excéderait soixante-dix centimètres.

Le prix du kilogramme de ces espèces de pain sera réglé entre le vendeur et l'acheteur.

Art. 5. Le présent arrêté sera publié, affiché et inséré au *Recueil des actes administratifs* de la Mairie de Paris.

Art. 6. Ampliation du présent arrêté sera adressée au Préfet de police, chargé d'assurer la fidélité du débit.

Fait à Paris, le 21 septembre 1870.

Le maire de Paris,
Etienne ARAGO.

N° 48. — *Décret qui recule l'époque des élections municipales de Paris et des communes du département de la Seine.*

LE GOUVERNEMENT DE LA DÉFENSE NATIONALE.

Considérant les obstacles matériels que les événements militaires apportent en ce moment à l'exercice des droits électoraux,

DÉCRÈTE :

Art. 1er. Les élections municipales de Paris, fixées au 28 septembre, n'auront pas lieu à cette date.

Les nouvelles élections municipales des communes du département de la Seine sont également ajournées.

Fai à Paris, le 23 septembre 1870.

(*Suivent les signatures.*)

N° 49. — *Décret qui déclare d'utilité publique l'établissement du chemin de fer de St-Bonnet-le-Château à Bouson.*

LE GARDE DES SCEAUX, ministre de la justice, membre et représentant du Gouvernement de la défense nationale,

Agissant en vertu des pouvoirs à lui conférés par le décret du 12 septembre 1870 ;

Vu l'avant-projet présenté pour l'établissement d'un chemin de fer d'intérêt local, de Saint-Bonnet-du-Château à Bouson, sur la ligne de Saint-Etienne à Montbrison ;

Vu le dossier de l'enquête d'utilité publique, à laquelle cet avant-projet a été soumis dans le département de la Loire, et notamment le procès-verbal de la commission d'enquête instituée dans ce département ;

Vu la délibération du conseil général du département de la Loire, relative à l'établissement dudit chemin de fer;

Vu le traité passé entre M. le Préfet de la Loire et une compagnie concessionnaire, pour la construction et l'exploitation dudit chemin de fer, ensemble le cahier des charges y annexé;

Vu l'avis du conseil général des ponts et chaussées;

Vu la lettre de M. le ministre de l'intérieur en date du 23 septembre 1870;

Vu la loi du 3 mai 1841, sur l'expropriation pour cause d'utilité publique;

Vu la loi du 12 juillet 1865, sur les chemins de fer d'intérêt local;

DÉCRÈTE :

Art. 1er. Est déclaré d'utilité publique l'établissement du chemin de fer d'intérêt local de Saint-Bonnet-le-Château à Bouson, sur la ligne de Saint-Etienne à Montbrison.

Art. 2. Le département de la Loire est autorisé à pourvoir à l'exécution de ce chemin, comme chemin de fer d'intérêt local, suivant les dispositions de la loi du 12 juillet 1865, et conformément au traité passé avec la compagnie concessionnaire et au cahier des charges annexé à ce traité.

Des copies certifiées desdits traité et cahier des charges resteront annexées au présent décret.

Art. 3. Les ministres de l'intérieur et des travaux publics sont chargés, chacun en ce qui le concerne, de l'exécution du présent décret.

Fait à Tours, le 24 septembre 1870.

Ad. CRÉMIEUX.

N° 50. — *Décret qui supprime les dépenses secrètes de sûreté publique.*

LE MINISTRE DE L'INTÉRIEUR,

DÉCRÈTE :

Art. 1er. Les dépenses secrètes de sûreté publique sont supprimées à partir du 1er septembre 1870.

Art. 2. L'emploi des fonds ouverts au budget ordinaire du ministère de l'intérieur (chapitre XIII) sera désormais soumis au contrôle de l'Assemblée nationale.

Fait à Paris, le 24 septembre 1870.

Le ministre de l'intérieur,
Léon GAMBETTA.

N° 51.—*Décret relatif au sceau de l'Etat et aux sceaux, timbres, cachets des Cours, Tribunaux, Justices de paix et notaires.*

LE GOUVERNEMENT DE LA DÉFENSE NATIONALE,

DÉCRÈTE :

Art. 1er. A l'avenir, le sceau de l'Etat portera, d'un côté, pour type, la figure de la Liberté, et pour légende, *Au nom du Peuple français;* de l'autre côté, une couronne de chêne et d'olivier, liée par une gerbe de blé ; au milieu de la couronne, *République française, démocratique, une et indivisible,* et pour légende, *Liberté, Egalité, Fraternité.*

Art. 2. Les sceaux, timbres et cachets des Cours, Tribunaux, Justices de paix et notaires, porteront, pour type, la figure de la Liberté, telle qu'elle est déterminée par l'article 1er pour le sceau de l'Etat ; pour exergue, *République française,* et pour légende le titre des autorités ou officiers publics par lesquels ils seront employés.

Art. 3. Le garde des sceaux, ministre de la justice, est chargé de l'exécution du présent décret.

Fait à l'Hôtel-de-Ville de Paris, le 25 septembre 1870.

(*Suivent les signatures.*)

N° 52.— *Décret qui supprime la direction générale de l'assistance publique et qui confie le service des secours à l'autorité municipale.*

LE GOUVERNEMENT DE LA DÉFENSE NATIONALE,

Considérant qu'il importe de réorganiser l'administration de l'assistance publique à Paris et dans le département de la Seine sur la base d'un contrôle sérieux, en restituant aux représentants de la science et des intérêts municipaux leur légitime influence,

DÉCRÈTE :

Art. 1er. La direction générale de l'assistance publique est supprimée.

Art. 2. Le service des secours à domicile est exclusivement confié à l'autorité municipale,

Art. 3. Le service des hôpitaux et hospices civils constitue une administration distincte placée sous l'autorité d'un conseil d'administration qui prendra le titre de : *Conseil général des hospices du département de la Seine.*

Art. 4. Le conseil général des hospices a la direction des hôpitaux et hospices civils du département de la Seine et l'administration de leurs biens ; il fixe, sous l'approbation du ministre de l'intérieur, les recettes et dépenses de tous genres ; il représente en justice les établissements hospitaliers ; il a la tutelle des enfants trouvés, abandonnés et orphelins et la tutelle des aliénés ; il règle par des arrêtés soumis à l'approbation du ministre de l'intérieur tout ce qui concerne le service des hospices et la gestion de leurs revenus.

Art. 5. Un agent général des hospices est chargé de l'exécution des arrêtés du conseil général.

Il est nommé par le ministre de l'intérieur sur une liste de présentation de trois candidats désignés par le conseil.

Art. 6. L'agent général nomme et révoque les employés simples gagistes. Tous les autres fonctionnaires sont nommés sur la présentation du conseil général.

Art. 7. Le conseil général des hospices nomme son président, deux vice-présidents et un secrétaire, à la majorité absolue des suffrages.

Art. 8. Le conseil général des hospices est ainsi composé :

MM. Etienne Arago, maire de Paris ;
Laurent Pichat, publiciste ;
André Cochut, publiciste ;
Bertillon, président du comité d'hygiène du 5e arrondissement, etc., etc.

Art. 9. Le conseil général des hospices a mission de préparer, dans le plus bref délai, un projet d'organisation définitive, dont le principe électif sera la base.

Art. 10. Le membre du Gouvernement délégué par l'administration du département de la Seine est chargé de l'exécution du présent décret.

Fait à l'Hôtel-de-Ville de Paris, le 29 septembre 1870.

(Suivent les signatures.)

N° 53. — *Décret relatif aux juges de paix des cantons du département de la Seine et des départements circonvoisins qui se sont retirés à Paris et aux notaires des mêmes départements qui ont transféré leurs minutes à Paris.*

LE GOUVERNEMENT DE LA DÉFENSE NATIONALE,

DÉCRÈTE :

Pendant la durée du siége et jusqu'à ce qu'il en soit autrement ordonné :

Art. 1er. Les juges de paix des cantons du département de la Seine ou des départements circonvoisins envahis par l'ennemi qui se sont retirés à Paris, sont autorisés à exercer leurs fonctions à l'égard de leurs justiciables qui se trouvent à Paris.

Ils tiendront leurs audiences dans les locaux affectés provisoirement aux Mairies de leurs chefs-lieux de canton respectifs.

Art. 2. Les notaires des mêmes départements qui ont transféré leurs minutes à Paris pourront également y exercer leurs fonctions pour tous les actes concernant les personnes domiciliées dans le ressort de leur ancienne résidence, et actuellement à Paris.

Les dispositions des articles 4 et 6 de la loi du 25 ventôse an XI sont, en ce qui les concerne, provisoirement suspendues.

Fait à Paris, le 29 septembre 1870.

(Suivent les signatures.)

N° 54. — *Décret relatif à la réquisition des blés et farines dans la ville de Paris.*

LE GOUVERNEMENT DE LA DÉFENSE NATIONALE,

DÉCRÈTE :

Art 1er. Réquisition est faite, au nom du Gouvernement de la défense nationale, de tous les blés et farines qui existent actuellement dans l'enceinte de la ville de Paris. Ne sont exceptés que les blés et farines ayant le caractère de provisions de ménage.

Art. 2. Le prix des blés et farines sera payé aux détenteurs, suivant qualité, en prenant pour base le prix moyen résultant des mercuriales de la première quinzaine de septembre.

Art. 3. Le ministre du commerce est chargé de l'exécution du présent décret.

Fait à Paris, le 29 septembre 1870.

(Suivent les signatures.)

N° 55. — *Arrêté qui supprime la division de la presse.*

LE MINISTRE DE L'INTÉRIEUR,

Considérant que la division de la presse telle qu'elle a été constituée sous le gouvernement déchu demeure aujourd'hui sans objet, au moins dans ses principaux services;

Considérant que dès-lors, la division de la presse doit être supprimée, sauf en ce qui touche la statistique, les archives et la collection de la presse parisienne et départementale, la traduction, les archives et les collections de la presse étrangère, afin de maintenir le ministère de l'intérieur et le Gouvernement en rapports constants avec l'opinion publique, dont la presse est l'organe;

ARRÊTE :

Art. 1er. La division de la presse est et demeure supprimée à partir du 1er octobre 1870.

Art. 2. Un bureau spécial, placé dans les attributions du directeur général du personnel et désigné sous le nom de bureau de la publicité, sera constitué avec mission de s'occuper de la statistique, des archives et des collections de la presse parisienne et départementale, des communications relatives à la publicité avec les différents journaux de Paris et des départements, de la traduction, de la statistique, des archives et des collections de la presse étrangère.

Fait à Paris, le 29 septembre 1870.

Le ministre de l'intérieur,
GAMBETTA.

N° 56. — *Décret qui supprime la commission d'examen des ouvrages dramatiques.*

LE GOUVERNEMENT DE LA DÉFENSE NATIONALE,

DÉCRÈTE :

La commission d'examen des ouvrages dramatiques est et demeure supprimée.

Paris, 30 septembre 1870.

(Suivent les signatures.)

N° 57. — *Décret qui autorise les présidents de la cour dassise de la Seine à prononcer la miseen liberté provisoire des accusés.*

LE GOUVERNEMENT DE LA DÉFENSE NATIONALE,

DÉCRÈTE :

Pendant la suspension des assises du département de la Seine, les présidents de la cour d'assises sont autorisés à prononcer, après examen et le ministère public entendu, la mise en liberté provisoire des accusés renvoyés devant ladite cour.

Paris, 30 septembre 1870.

(*Suivent les signatures.*)

N° 58. — *Décret qui accorde un délai de trois mois aux locataires habitant le département de la Seine.*

LE GOUVERNEMENT DE LA DÉFENSE NATIONALE,

Considérant que l'investissement de Paris a interrompu les relations commerciales, suspendu le travail, et par là même tari la source des salaires et des revenus ;

Considérant que les citoyens qui se consacrent entièrement à la défense de la Patrie doivent être provisoirement affranchis de poursuites ruineuses et inutiles,

DÉCRÈTE :

Art. 1er. Un délai de trois mois est accordé aux locataires, habitant le département de la Seine, qui déclareront être dans la nécessité d'y recourir pour le payement du terme de leur loyer échéant le 1er octobre prochain, et des termes précédemment échus qui ne seraient pas encore acquittés.

Art. 2. Le même délai est accordé aux locataires en garni pour tout payement de loyer courant ou en retard.

Art. 3. Les ministres de la justice et de l'intérieur sont chargés, chacun en ce qui le concerne, de l'exécution du présent décret.

Paris, le 30 septembre 1870.

(*Suivent les signatures.*)

N° 59. — *Décret ordonnant la restitution aux déposants de certains objets engagés au Mont-de-Piétépour un prêt n'excédant pas 15 fr..*

LE GOUVERNEMENT DE LA DÉFENSE NATIONALE

DÉCRÈTE :

Les objets engagés au Mont-de-Piété depuis le 19 juillet 1870, consistant en vêtements, sommiers, matelas, couvertures, pour un prêt n'excédant pas 15 fr., seront rendus aux déposants.

Le ministre des finances est chargé de pourvoir à la dépense qu'occasionnera l'exécution du présent décret.

Paris, 1er octobre 1870.

(*Suivent les signatures*)

N° 60. — *Décret qui déclare que les réquisitions ne pourront être faites que par le gouverneur de Paris ou par le ministre compétent sous la surveillance et le contrôle du gouvernement de la défense nationale.*

LE GOUVERNEMENT DE LA DÉFENSE NATIONALE,

Vu le décret de la convention nationale du 19 brumaire an III ;

Le décret du 15 décembre 1813 ;

Le décret du 29 septembre 1870 ;

L'arrêté du ministre de l'Intérieur du même jour, spécial aux réquisitions adressés à la compagnie des omnibus ;

Vu l'article 484 du Code pénal ;

Considérant qu'il importe essentiellement de régulariser les réquisitions portant sur les objets de première nécessité, afin de rassurer les citoyens contre les abus qui pourraient être commis par des particuliers sans mandat, et de leur donner un titre au moyen duquel ils pourront être payés de leurs fournitures faites dans un intérêt public ;

DÉCRÈTE :

Art. 1er. Les réquisitions ne pourront être faites que par le gouverneur de Paris ou par le ministre compétent sous la surveillance et le contrôle du Gouvernement de la défense nationale.

Art. 2. Un double des états de toutes les réquisitions sera remis au Gouvernement.

Art. 3. Dans le cas d'urgence extrême, les maires des vingt arrondissements ou les commandants des secteurs pourront requérir ce qui sera nécessaire, à charge d'envoyer, dans un délai qui ne pourra excéder douze heures, copie de leurs réquisitions à l'Hôtel-de-Ville et au ministre de l'intérieur.

Art. 4. Dans tous les cas où il y aura lieu à réquisition, il sera désigné un commissaire qui, sous sa responsabilité, surveillera la remise de la prestation acquise et fournira le récépissé dûment timbré, signé et daté, qui servira de titre au contribuable.

Fait à Paris, le 1er octobre 1870.

(Suivent les signatures,)

N° 61. — *Décret qui déclare que les jugements rendus par les cours martiales pourront être attaqués par la voie du recours en révision.*

LE GOUVERNEMENT DE LA DÉFENSE NATIONALE,

Vu l'arrêté, en date du 26 septembre 1870, pris par le président du Gouvernement, gouverneur de Paris, ledit arrêté portant institution de cours martiales à Saint-Denis, à Vincennes et dans les 13e et 14e corps d'armée,

DÉCRÈTE :

Art. 1er. Les jugements rendus par les cours martiales pourront être attaqués par la voie du pourvoi en révision.

Art. 2. Les conseils de révision siégeront au même lieu que les cours martiales. Ils seront composés d'un officier général et de deux officiers supérieurs, ou, à défaut, des officiers présents les plus élevés en grade.

Le conseil nommera lui-même le commissaire de la République.

Art. 3. Le conseil de révision sera immédiatement saisi et statuera sans aucun délai.

Art. 4. En cas d'annulation par le conseil de révision, l'inculpé sera renvoyé devant une nouvelle cour martiale, qui statuera sans désemparer et sans nouveau recours possible.

En cas de rejet, il sera immédiatement procédé à l'exécution.

Art. 5. L'arrêté sus-visé reste exécutoire en toutes ses parties non modifiés par les dispositions précédentes.

Fait à Paris, le 2 octobre 1870.

(Suivent les signatures.

N° 62. — *Décret qui remplace les conseils de guerre par des cours martiales.*

LE GOUVERNEMENT DE LA DÉFENSE NATIONALE,

Considérant que du maintien ou du rétablissement de la discipline dépendent la dignité et la force des armées ;

Considérant que la législation et les réglements actuels ne contiennent pas des dispositions qui permettent de réprimer immédiatement les crimes et délits commis par les militaires en campagne,

DÉCRÈTE :

Art. 1er. A partir du jour de la promulgation du présent décret, des cours martiales sont établies, pour remplacer les conseils de guerre, jusqu'à la cessation des hostilités, dans les divisions actives et dans les corps de troupe détachés de la force d'un bataillon au moins, qui marchent isolément.

Art. 2. Il n'y aura lieu ni à révision, ni à cassation des sentences rendues par les cours martiales.

Art. 3. La plainte dressée par l'autorité qui aura constaté le délit ou le crime, et portant le nom des témoins, sera transmise, dès l'arrivée au gîte du soir, à l'officier du grade le plus élevé. Celui-ci donnera l'ordre de la convocation immédiate de la cour martiale, qui se réunira aussitôt au lieu indiqué par son président.

Le président donnera lecture de la plainte en présence de l'accusé, le conseil entendra les témoins présents de l'accusation, puis l'accusé et les témoins à décharge qu'il appellera et s'ils sont présents ; l'accusé aura la parole le dernier. Il n'y aura pas de plaidoirie par avocat, pour ou contre.

Le président fera sortir l'accusé, résumera les dépositions faites en faveur de l'accusé et celles faites contre lui. Il posera en ces termes une question unique aux membres du conseil, en commençant par le moins élevé en grade :

AU NOM DE LA PATRIE ENVAHIE.

Le nommé « un tel » est-il coupable d'avoir « brisé son arme, maraudé, insulté son supérieur», etc., etc. ?

Il sera répondu par oui ou par non.

La majorité simple décidera de la culpabilité.

Le greffier rédigera, séance tenante, le procès-verbal, et le président faisant rentrer l'accusé, lui lira la sentence qui le condamne ou qui l'acquitte.

En cas de condamnation, la sentence sera exécutée le lendemain matin, avant le départ des troupes, en présence du bataillon auquel appartient le coupable.

Art. 4. Pour les soldats, caporaux, brigadiers et sous-officiers, la cour martiale de la division se composera d'un chef de bataillon président, de deux capitaines, d'un lieutenant ou d'un sous-lieutenant, qui resteront tous en fonctions pendant quinze jours, sans être renouvelés, et d'un sous-officier qui appartiendra toujours à la compagnie de l'accusé. Un sergent-major remplira les fonctions de greffier sans voix délibérative.

Pour toute fraction constituée de la division, en marche isolément, de la force d'un bataillon, la cour martiale se composera de deux capitaines, dont le plus ancien présidera, d'un lieutenant ou sous-lieutenant, et deux sous-officiers, dont l'un appartiendra toujours à la compagnie de l'accusé ; un sergent-major remplira les fonctions de greffier.

Les membres de la cour martiales seront pris, par rang d'ancienneté, jusqu'à épuisement de la liste des officiers, sans qu'aucun d'eux puisse décliner cette fonction, sous peine de réforme.

Les cours martiales des fractions isolées cesseront de fonctionner aussitôt qu'elles seront revenues au campement de la division ; partout ailleurs elles fonctionneront.

Art. 5. La composition des cours martiales pour les officiers, sera la même que celle des conseils de guerre concernant les officiers ; mais la procédure sera la même que celle suivie à l'égard des soldats, caporaux, brigadiers et sous-officiers.

Art. 6. Seront punis de mort les crimes et délits suivants :

Assassinat ; — meurtre ; — désertion ; — embauchage pour commettre un des faits punis de mort par le présent décret; — complicité dans un de ces faits. — espionnage ; — vol ; — maraudage ; — pillage avec ou sans armes ; — refus de service à un supérieur, avec ou sans menaces ou injures; — inexécutions d'ordres compris et réitérés avec intention d'opposer de l'inertie; — injures, menaces, voies de fait envers un supérieur ; — provocations en paroles à la révolte ou à l'indiscipline ; — bris d'armes ; — perte volontaire d'armes, afin de ne pas marcher au feu ; — destruction de munitions dans le même but, faite en présence ou non de l'ennemi, par lâcheté.

Au feu, tout officier ou sous-officier est autorisé à tuer l'homme qui fait une preuve de lâcheté, en n'allant pas se mettre au poste qui lui est indiqué, ou en jetant le désordre par fuite, panique ou autre fait de nature à compromettre les opérations de la compagnie et son salut, qui dépend de la résistance et de l'accomplissement courageux du devoir.

Art. 7. Tout individu non militaire qui se rendra complice d'un militaire dans un des crimes et délits prévus ci-dessus, sera soumis à la même juridiction et passible des mêmes pénalités.

Art. 8. Seront traités comme maraudeurs et punis comme tels, les traînards sans armes que les chirurgiens du corps n'auront pas autorisés à suivre avec l'arrière-garde, et les traînards autorisés à suivre avec l'arrière-garde, s'ils ne marchent pas en ordre sous sa conduite.

Art. 9. Chaque division aura une prévôté composée de trente-deux gendarmes à cheval, commandés par un officier. Cette troupe se divisera au besoin de manière que, chaque portion de corps marchant isolée, soit accompagnée au moins de deux gendarmes et d'un brigadier.

La prévôté arrêtera d'elle-même tous les délinquants quels qu'ils soient, officiers ou non, et dressera ses procès-verbaux des délits commis, qui seront aussitôt transmis au commandant de la colonne. Contre les délinquants arrêtés qui tenteraient de fuir ou de faire résistance, elle fera usage de ses armes.

La prévôté recevra et conduira les délinquants qui lui seront remis par une autorité quelconque de la colonne. Quand il y aura lieu, il lui sera donné des hommes de garde pour conduire les délinquants.

La juridiction pénale des prévôts, prévue par les articles 51, 52 et 75 du Code de justice militaire, s'étend à la suite du corps d'armée, sur tout le sol français.

Art. 10. Tous les manquements simples au service seront punis par le doublement des sentinelles des grand'gardes et avant-postes ; mais une de ces sentinelles, ou deux, ou toutes les deux, s'il n'y a pas d'hommes punis, appartiendront toujours à la fraction constituée de grand'garde.

Art. 11. Les dispositions du présent décret s'appliqueront à tous les corps de troupe armés, équipés et entretenus aux frais de la République, ou qui auraient seulement reçu l'attache de belligérants.

Art. 12. Dans tous les cas non prévus par le présent décret, les pénalités édictées par le Code de justice militaire devront être appliquées.

Art. 13. Le vice-amiral, ministre de la guerre par intérim, est chargé de la promulgation et de l'exécution du présent décret.

Fait à Tours, le 2 octobre 1870.

Pour le Gouvernement de la défense nationale,

Les membres de la délégation,

AD. CRÉMIEUX, AL. GLAIS-BIZOIN, L. FOURICHON.

N° 63. — *Décret relatif du crédit de 25,000,000 fr. mis à la disposition de la commission d'armement national.*

LA DÉLÉGATION DU GOUVERNEMENT DE LA DÉFENSE NATIONALE,

Vu les décrets en date des 13, 20 et 23 septembre 1870, qui ont successivement ouvert au ministre des travaux publics des crédits montant ensemble à vingt-trois millions pour l'exécution des mesures confiées à la commission d'armement national par le concours de l'industrie privée;

Vu le décret du 29 septembre qui charge la commission d'armement siégeant à Tours de toutes les mesures relatives à l'armement des gardes nationales sédentaires ou mobilisées, corps de volontaires francs-tireurs ou autres, appelés à concourir à la défense du pays, et notamment l'article 4, paragraphe 2 de ce décret, ainsi conçu : « Indépendamment des crédits qui déjà lui sont ouverts, » une somme de vingt-cinq millions est, dès à présent, mise à sa disposition » par prélèvement sur le crédit de cinquante millions, affecté à l'organisation » des gardes nationales sédentaires, »

DÉCRÈTE :

Art. 1er. Le crédit de vingt-cinq millions (25,000,000 fr.) mis à la disposition de la commission d'armement national, par le décret du 29 septembre ci-dessus visé, par prélèvement sur le crédit de cinquante millions affecté à l'organisation des gardes nationales sédentaires, est attaché au budget extraordinaire du ministère des travaux publics, chapitre XIX (exécution des mesures relatives à l'armement national par le concours de l'industrie privée), exercice 1870.

Art. 2. Le ministre des travaux publics est chargé de l'exécution du présent décret.

Fait à Tours, le 2 octobre 1870.

Ad. CRÉMIEUX.

DÉCRÈTE :

Art. 1er. Les sections formées dans le sein de la commission provisoire chargée de remplacer le conseil d'Etat seront composées du nombre de conseillers d'Etat, de maîtres des requêtes et d'auditeurs qui sera déterminé dans le règlement intérieur arrêté par la commission.

Art. 2. Elles ne pourront délibérer que si deux conseillers au moins sont présents. S'il n'y a que deux conseillers présents, un des maîtres des requêtes attachés à la section, pris dans l'ordre du tableau, sera adjoint aux conseillers avec voix délibérative.

Art. 3. La commission réunie en assemblée générale ne pourra délibérer soit sur les affaires qui étaient portées devant l'assemblée du conseil délibérant au contentieux en audience publique, que si cinq ou six au moins de ses membres ayant voix délibérative sont présents.

Les auditeurs pourront faire des rapports devant la commission réunie en assemblée générale.

Art. 4. Deux maîtres des requêtes seront désignés par le ministre de la justice pour remplir les fonctions de commissaires du Gouvernement près la commission délibérant au contentieux. Un auditeur pourra leur être adjoint.

Fait à Paris, le 3 octobre 1870.

(*Suivent les signatures.*)

N° 66. — *Décret relatif aux effets de commerce.*

LE GOUVERNEMENT DE LA DÉFENSE NATIONALE,

DÉCRÈTE :

Les prorogations de délai accordées par l'article 1er de la loi du 13 août 1870 et par le décret du 10 septembre 1870 ne seront pas applicable aux effets de commerce qui seront créés postérieurement au 14 octobre courant.

Fait à Tours, le 3 octobre 1870.

Pour le Gouvernement de la défense nationale :

Les membres de la délégation,

Signé : Ad. Crémieux, Al. Glais-Bizoin, L. Fourichon.

N° 64. — *Décret qui déclare le décret du 9 septembre 1870 relatif aux prescriptions et péremptions en matière civile, applicable aux inscriptions hypothécaires, à leurs renouvellements et aux transcriptions.*

LE GOUVERNEMENT DE LA DÉFENSE NATIONALE,

Considérant que la prolongation de l'état de guerre rend nécessaire l'extension des dispositions du décret du 9 septembre 1870, relatif aux prescriptions et péremptions en matière civile;

Considérant, en outre, que des doutes se sont élevés sur la portée de ces dispositions, et qu'il importe, en conséquence, d'interpréter et de compléter ledit décret,

DÉCRÈTE :

Art. 1er. La suspension des prescriptions et péremptions en matière civile pendant la durée de la guerre s'applique aux inscriptions hypothécaires, à leur renouvellement, aux transcriptions et généralement à tous les actes qui, d'après la loi, doivent être accomplis dans un délai déterminé.

Art. 2. La prorogation de délai dont il est parlé en l'article 2 du même décret ne s'applique qu'aux différents actes de recours devant les tribunaux judiciaires ou administratifs.

Quant aux autres actes, il est accordé à dater de la cessation de la guerre un délai égal à celui qui restait à courir au moment où elle a été déclarée.

Art. 3. Le présent décret est étendu à tous les départements de la France. Il s'applique aussi à l'Algérie et aux colonies, mais seulement pour les actes qui doivent être faits en France et réciproquement.

Fait à Paris, le 3 octobre 1870.

(*Suivent les signatures.*)

N° 65. — *Décret qui modifie la composition des sections formées dans le sein de la commission provisoire chargée de remplacer le conseil d'Etat.*

LE GOUVERNEMENT DE LA DÉFENSE NATIONALE,

Considérant que le nombre des membres de la commission provisoire chargée de remplacer le conseil d'Etat ne permet pas d'observer les conditions établies par la législation actuelle pour la validité des délibérations,

N° 67. — *Décret concernant à la publication du décret relatif à la prorogation des effets de commerce.*

LE GOUVERNEMENT DE LA DÉFENSE NATIONALE,

Vu le décret du 3 octobre 1870 relatif à la prorogation des effets de commerce;

Vu les ordonnances des 27 septembre 1816 et 18 janvier 1817, concernant la publication des lois,

DÉCRÈTE :

Art. 1er. La publication du décret du 3 octobre 1870 susvisé et relatif à la prorogation des effets de commerce, sera faite conformement aux ordonnances des 27 novembre 1816 et 18 janvier 1817.

Art. 2. Le ministre de la justice est chargé de l'exécution du présent décret.

Fait à Tours, le 3 octobre 1870.

Pour le Gouvernement de la défense nationale :

Les membres de la délégation.

Signé : Ad. Crémieux, Al. Glais-Bizoin, L. Fourichon.

N° 68. — *Décret qui licencie le corps des cent-gardes.*

LE GOUVERNEMENT DE LA DÉFENSE NATIONALE,

DÉCRÈTE :

Art. 1er. Le corps des cent-gardes, créé le 24 mars 1854, est licencié.

Art. 2. Les officiers, sous-officiers, brigadiers et cavaliers qui en font partie seront versés dans le 2e régiment de marche des cuirassiers.

Art. 3. Ils jouiront à dater du 1er de ce mois, des allocations de solde et autres attribués par les tarifs en vigueur aux corps de cavalerie de la garde.

Art. 4. Le ministre de la guerre est chargé de l'exécution du présent décret.

Fait à Paris, le 5 octobre 1870.

Général Trochu.

Par le Gouvernement de la défense nationale :

Le ministre de la guerre,

Général Le Flo.

N° 69. — *Décret autorisant la ville de Marseille à contracter un emprunt de 10,000,000 fr.*

Les membres du gouvernement de la défense nationae délégués pour représenter le Gouvernement et en exercer les pouvoirs,

Vu les décrets des 12 et 16 septembre 1870;
Vu les lois des 18 juillet 1837 et 24 juillet 1867,

DÉCRÈTENT :

Article unique. La ville de Marseille (Bouches-du-Rhône) est autorisée à emprunter à un taux d'intérêt qui n'excède pas 6 0/0, une somme de dix millions de francs (10,000,000 fr.) pour la défense nationale.

Cet emprunt pourra être réalisé soit avec publicité et concurrence, soit par voie de souscriptions, soit de gré à gré, avec faculté d'émettre des obligations au porteur ou transmissibles par voie d'endossement, soit directement de la caisse des dépôts et consignations, aux conditions de cet établissement.

Fait à Tours, le 6 octobre 1870.

Ad. Crémieux, Fourichon, Al. Glais-Bizoin.

N° 70. — *Décret qui adjoint à la délégation de Tours, M. Gambetta, ministre de l'intérieur, et charge M. Jules Favre, ministre des affaires étrangères, de l'intérim du ministère de l'intérieur.*

LE GOUVERNEMENT DE LA DÉFENSE NATIONALE,

Considérant qu'à raison de la prolongation de l'investissement de Paris, il est indispensable que le ministre de l'intérieur puisse être en rapport direct avec les départements et mettre ceux-ci en rapport avec Paris, pour faire sortir de ce concours une défense énergique,

DÉCRÈTE :

Art. 1er. M. Gambetta, membre du Gouvernement, ministre de l'intérieur, est adjoint à la délégation de Tours, il se rendra sans délai à son poste.

Art. 2. M. Jules Favre, ministre des affaires étrangères, est chargé de l'intérim du ministère de l'intérieur à Paris.

En exécution de ce décret, le ministre de l'intérieur est parti ce matin même par le ballon. Il a emporté la proclamation qui suit, à l'adresse des départements :

Français,

» La population de Paris offre en ce moment un spectacle unique au monde :

» Une ville de deux millions d'âmes, investie de toutes parts, privée, jusqu'à présent, par la criminelle incurie du dernier régime, de toute armée de secours, et qui accepte avec courage, avec sérénité, tous les périls, toutes les horreurs d'un siége.

» L'ennemi n'y comptait pas. Il croyait trouver Paris sans défense : la capitale lui est apparue hérissée de travaux formidables, et, ce qui vaut mieux encore, défendue par 400,000 citoyens qui ont fait d'avance le sacrifice de leur vie.

» L'ennemi croyait trouver Paris en proie à l'anarchie : il attendait la sédition, qui égare et qui déprave ; la sédition qui, plus sûrement que le canon, ouvre à l'ennemi les places assiégées.

» Il l'attendra toujours. Unis, armés, approvisionnés, résolus, pleins de foi dans la fortune de la France, les Parisiens savent qu'il ne dépend que d'eux, de leur bon ordre et de leur patience, d'arrêter pendant de longs mois la marche des envahisseurs.

» Français ! c'est pour la Patrie, pour sa gloire, pour son avenir, que la population parisienne affronte le fer et le feu de l'étranger.

» Vous qui nous avez donné vos fils, vous qui nous avez envoyé cette vaillante garde mobile, dont chaque jour signale l'ardeur et les exploits, levez-vous en masse et venez à nous : Isolés, nous saurions sauver l'Honneur ; mais avec vous, et par vous, nous jurons de sauver la France !

» Paris, le 7 octobre 1870. »

Les membres du Gouvernement de la défense nationale,

Général Trochu, Jules Favre, Emmanuel Arago, Jules Ferry, L. Gambetta, Garnier-Pagès, E. Pelletan, E. Picard, H. Rochefort, Jules Simon.

N° 71. — *Décret portant création d'une indemnité provisoire aux conseillers d'État.*

Le Gouvernement de la défense nationale,

Considérant qu'il importe, en attendant que l'Assemblee constituante ait pu se prononcer sur l'organisation nouvelle des juridictions et sur le traitement des fonctionnaires de l'ordre administratif, de fixer provisoirement l'indemnité qu'il y a lieu d'attribuer aux membres de la commission provisoire chargée de remplacer le conseil d'état;

Qu'il est rationel, dans l'état actuel de la législation d'assimiler, au point de vue du traitement, les membres de cette commission pourvus des fonctions de conseiller d'Etat aux conseillers à la Cour de cassation, et de proportionner à cette fixation le traitement des maîtres des requêtes et d's auditeurs;

Considérant qu'il y a lieu d'assimiler, au même point de vue du traitement, les avocats généraux à la Cour de cassation aux conseillers à la même Cour,

DÉCRÈTE :

Art. 1er. Les membres de la commission chargés de remplacer le conseil d'Etat recevront provisoirement, et jusqu'à la nouvelle organisation du conseil d'Etat, une indemnité mensuelle calculée sur le taux annuel de 18,000 francs pour les conseillers d'Etat, de 8,000 francs pour les maîtres des requêtes et 2,000 francs pour les auditeurs.

Art. 2. A partir du 1er octobre 1870, le traitement des avocats généraux à la Cour de cassation, à l'exception du premier avocat général, est ramené au même taux que celui des conseillers à la même Cour.

Fait à l'Hôtel-de-Ville de Paris, le 7 octobre 1870.

Général TROCHU, Emmanuel ARAGO, GARNIER-PAGÈS, E. PELLETAN, E. PICARD, H. ROCHEFORT, Jules SIMON.

N° 72. — *Décret réglant les contestations entre locataires et propriétaires.*

LE GOUVERNEMENT DE LA DÉFENSE NATIONALE,

Considérant qu'il y a lieu de statuer sur quelques difficultés soulevées par l'application du décret du 30 septembre 1870, concernant le délai accordé aux locataires habitant le département de la Seine pour le payement de leurs loyers,

DÉCRÈTE :

Art. 1er. En cas de contestation entre propriétaire et locataire, la déclaration prévue par l'article 1er du décret susvisé sera faite devant le juge de paix qui la consignera sur un registre.

Art. 2. Dans le cas de sortie des lieux après congé, le juge de paix pourra, nonobstant le non-payement des loyers échus, autoriser, suivant les circonstances, l'enlèvement de tout ou partie du mobilier.

Art. 3. L'effet des congés donnés pour le terme d'octobre est prorogé d'un terme, dans le cas où les locaux ne sont pas déjà reloués.

Art. 4. Si les locaux sont déjà reloués, en cas de non-conciliation devant le juge de paix, les maires d'arrondissement sont autorisés à désigner parmi les locaux vacants occupés soit par le locataire sortant, soit par le nouveau locataire. S'il n'y a pas de locaux vacants dans l'arrondissement, le maire devra s'entendre avec les maires des autres arrondissements dans lesquels les locaux vacants existent.

Fait à Paris, le 9 octobre 1870.

(Suivent les signatures.)

N° 73. — *Décret portant des virements de fonds sur les budgets 1870 et 1871.*

LE GOUVERNEMENT DE LA DÉFENSE NATIONALE,

Sur le rapport du ministre des travaux publics,

Vu la loi du 8 mai 1869, portant fixation du budget des dépenses ordinaires et des dépenses extraordinaires de l'exercice 1870;

Vu le décret du 16 octobre 1869, qui a réparti par chapitre les crédits alloués par la loi ci-dessus du 8 mai 1869;

Vu la loi du 27 juillet 1870, portant fixation du budget général des recettes et des dépenses de l'exercice 1871;

Vu le décret du 23 août 1870, au terme duquel le ministère des lettres, sciences et beaux-arts est supprimé;

Vu le décret du 6 septembre 1870, qui réunit au ministère des travaux publics la direction des bâtiments civils, laquelle faisait partie du ministère supprimé:

Vu le décret du 12 septembre 1870, qui transporte au ministère des travaux publics divers crédits et portions de crédits alloués par les lois précitées des 8 mai 1869 et 27 juillet 1870 aux budgets ordinaires et extraordinaires du ministère des lettres, sciences et beaux-arts, exercices 1870 et 1871;

Vu le décret du 13 septembre, portant ouverture au ministère des travaux publics d'un crédit de 10 millions pour travaux d'armement à exécuter avec le concours de l'industrie privée;

Vu le décret des 18 septembre, portant ouverture au ministère des travaux publics d'un crédit de 600,000 fr. pour la construction de mitrailleuses,

DÉCRÈTE :

Art. 1er. Les portions de crédits transportées des chapitres 1 et 2 du budget ordinaire du ministère des lettres, sciences et beaux-arts au ministère des travaux publics sont ajoutées aux crédits des chapitres correspondants du budget de ce dernier ministère, ainsi qu'il suit :

EXERCICE 1870.

Chap. 1er. Personnel de l'administration centrale, 75,000 fr.
Chap. 2. Matériel de l'administration centrale, 13,000 fr.

EXERCICE 1871.

Chap. 1er. Personnel de l'administration centrale, 75.000 fr.
Chap. 2. Matériel de l'administration centrale, 13,000 fr.

Art. 2. Les chapitres du ministère des lettres, sciences et beaux-arts, dont les crédits sont transportés en entier au ministère des travaux publics, sont inscrits au budget de ce dernier ministère, sous les numéros ci-après, savoir :

EXERCICE 1870. — *Budget ordinaire.*

Chap. 21. Exposition des œuvres des artistes vivants, 70,000 fr.
Chap. 22. Personnel des bâtiments civils, 103,300 fr.
Chap. 23. Entretien des bâtiments civils, 850,000 fr.
Chap. 24. Constructions et grosses réparations, 1,400,000 fr.

Budget extraordinaire.

Chap. 17. Palais du Louvre et des Tuileries, 500,000 fr.
Chap. 20. Edifices publi c 2,960,00 r.
Chap. 21. Hôtel du ministre. Dépenses extraordinaires, 90,700 fr.
Chap. 22. Construction du nouvel Opéra, 2,300,000 fr.

EXERCICE 1871. *Budget ordinaire.*

Chap. 21. Exposition des œuvres des artistes vivants, 70,000 fr.
Chap. 22. Personnel des bâtiments civils, 103,000 fr.
Chap. 23. Entretien des bâtiments civils, 850,000 fr.
Chap. 24. Constructions et grosses réparations, 1,400,000 fr.

Budget extraordinaire.

Chap. 18. Edifices publics, 2,660,000 fr.
Chap. 19. Construction du nouvel Opéra, 1,800,000 fr.

Art. 3. Les crédits de dix millions et de 600,000 fr. ouverts par les décrets des 13 et 14 septembre 1870 sont inscrits pour leur ensemble, montant à 10,600,000 fr., à un chapitre spécial du budget extraordinaire du ministère des travaux publics, exercice 1870, portant le n° 23 et ayant pour titre : Travaux d'armement à exécuter avec le concours de l'industrie privée.

Art. 4. Le ministre des travaux publics et le ministre des finances sont chargés, chacun en ce qui le concerne, de l'exécution du présent décret, lequel sera inséré au *Bulletin des lois.*

Paris, le 10 octobre 1870.

(Suivent les signatures.)

N° 74. — *Décret reportant au ministère des travaux publics, chapitre 2, un crédit de 2,000,000 fr. resté libre en 1869.*

LE GOUVERNEMENT DE LA DÉFENSE NATIONALE,

Sur le rapport du ministre des travaux publics,

Vu la loi du 8 mai 1869, portant fixation du budget général des recettes et des dépenses de l'exercice 1870 :

Vu le décret du 16 octobre suivant, contenant répartition des crédits dudit exercice ;

Vu la loi du 1er août 1868, relative à un emprunt de 429 millions de francs;

Vu l'article 3 de ladite loi, portant ouverture au ministère de l'agriculture, du commerce et des travaux publics, de crédits s'élevant à 83,419,664 francs, dont pour l'exercice 1869 41,927,150 francs.

Vu le décret du 14 août 1869, portant répartition entre divers chapitres de la somme ci-dessus de 41,927,150 francs, lequel, affecte au chapitre 2 du budget spécial de l'emprunt (canaux) un crédit de 8 millions de francs ;

Vu l'article 4 de la loi susvisée du 1er août 1868, ainsi conçu :

« Les crédits ouverts sur les ressources créées par la présente loi, non employés en clôture d'exercice, seront reportés par décret à l'exercice suivant, avec leur affectation spéciale et la ressource y afférente ; »

Vu les documents administratifs desquels il résulte que, sur les fonds affectés en 1869 au chapitre 2 du budget spécial de l'emprunt, il restera disponible au moins une somme de 2 millions de francs,

DÉCRÈTE :

Art. 1er. Est reportée à l'exercice 1870; budget du ministère des travaux publics, chap. 2 du budget spécial de l'emprunt (canaux), une somme de deux millions de francs (2,000,000) restée libre en 1869 sur les fonds du même chapitre.

Art. 2. Une somme égale de deux millions de francs (2,000,000) est, en conséquence, annulée au chapitre 2 du budget spécial de l'emprunt, ministère de l'agriculture, du commerce et des travaux publics, exercice 1869.

Art. 3. Il sera pourvu aux dépenses autorisées par l'article 1er du présent décret, au moyen des ressources déterminées par les articles 1er et 2 de la loi précitée du 1er août 1868.

Art. 4. Les ministres des travaux publics et des finances sont chargés, chacun en ce qui le concerne, de l'exécution du présent décret, qui sera inséré au *Bulletin des lois*.

Fait à Paris, le 10 octobre 1870.

(*Suivent les signatures.*)

N° 75. — *Décret accordant une nouvelle prorogation d'un mois aux effets de commerce.*

LE GOUVERNEMENT DE LA DÉFENSE NATIONALE,

DÉCRÈTE :

Art. 1er. La prorogation de délais accordée par la loi du 13 août et le décret du 10 septembre 1870, relatifs aux effets de commerce, est augmentée d'un mois à compter du 14 octobre courant.

Cette disposition est applicable même aux valeurs souscrites postérieurement à la loi et au décret susvisés.

Art. 2. Toutes les autres dispositions de la loi du 13 août 1870 sont maintenues.

Art. 3. Le présent décret est applicable à l'Algérie.

Fait à Paris, le 11 octobre 1870.

(*Suivent les signatures.*)

N° 76. — *Décret accordant au ministre des finances un crédit de 100,000 fr. sur l'exercice 1870.*

LE GOUVERNEMENT DE LA DÉFENSE NATIONALE,

DÉCRÈTE :

Art. 1er. Il est accordé au ministre des finances sur l'exercice 1870 au-delà des crédits ouverts par la loi des finances du 8 mai 1869, pour le budget ordinaire de cet exercice, un crédit de cent mille francs pour travaux extraordinaires et secours, et pour avances à faire aux créanciers de l'Etat retenus à Paris.

Art. 2. Il sera pourvu à ce supplément de crédit au moyen des ressources disponibles du budget de l'exercice 1870.

Art. 3. Le ministre des finances est chargé de l'exécution du présent décret.

Fait à Paris, le 11 octobre 1870.

(Suivent les signatures.)

N° 77. — *Décret qui ordonne la restitution des articles de lingerie engagés au Mont-de-Piété pour un prêt n'excédant pas 15 fr.*

LE GOUVERNEMENT DE LA DÉFENSE NATIONALE,

Sur le rapport du ministre de l'intérieur,

Considérant qu'il importe d'interpréter le décret du 1er octobre 1870, concernant la restitution des objets engagés au Mont-de-Piété, et au besoin d'en étendre la portée afin qu'il puisse produire les résultats que la sollicitude du Gouvernement a eu particulièrement en vue,

DÉCRÈTE :

Art. 1er. Les articles de lingerie consistant en draps de lits et chemises, engagés au Mont-de-Piété depuis le 19 juillet 1870, pour un prêt n'excédant pas quinze francs, seront rendus aux déposants.

Art. 2. Le ministre des finances est chargé de l'exécution du présent décret.

Fait à Paris, le 12 octobre 1870.

(Suivent les signatures.)

N° 78. — *Décret qui suspend, pendant la durée de la guerre, les lois qui règlent les nominations et l'avancement dans l'armée.*

LE GOUVERNEMENT DE LA DÉFENSE NATIONALE,

Vu les circonstances exceptionnelles créées par l'état de guerre ;

Considérant qu'il importe de susciter l'émulation dans tous les rangs de l'armée et de faire appel aux jeunes talents; que c'est en rompant résolument avec la tradition que la première République a pu réaliser les prodiges de 1792 ;

DÉCRÈTE :

Art. 1er. Les lois qui règlent les nominations et l'avancement dans l'armée sont suspendues pendant la durée de la guerre. En conséquence, des avancements extraordinaires pourront être accordés à raison des services rendus ou des capacités.

Art. 2. Des grades militaires pourront être conférés à des personnes n'appartenant pas à l'armée. Toutefois, ces grades ne resteront pas acquis après la guerre, s'ils n'ont pas été justifiés par quelque action d'éclat ou par d'importants services constatés par le gouvernement de la République.

Art. 3. Le ministre de la guerre est chargé de l'exécution du présent décret.

Tours, 13 octobre 1870.

Pour le Gouvernement de la défense nationale :
Les membres de la délégation,
Signé : GAMBETTA, CRÉMIEUX, GLAIS-BIZOIN, FOURICHON.

N° 79. — *Décret qui remet en vigueur le décret du 7 août 1848 sur le jury.*

LE GOUVERNEMENT DE LA DÉFENSE NATIONALE,

Considérant que le moment fixé par la législation en vigueur pour l'accomplissement des opérations préparatoires de la formation des listes du jury pour 1871 est arrivé ;

Considérant que la loi du 4 juin 1853 n'est pas en harmonie avec les principes du gouvernement républicain ;

Considérant qu'il ne s'agit toutefois que de régler provisoiremnnt le fonctionnement légal du jury, qui devra être définitivement organisé par l'Assemblée constituante ;

Considérant que l'époque avancée de l'année ne permet plus de se conformer à toutes les prescriptions du décret du 7 août 1848, qui va être remis en vigueur ; qu'il y a donc lieu de modifier et de simplifier ce décret en quelques points par des dispositions transitoires.

DÉCRÈTE :

Art. 1er. Le décret du 7 août 1848 sur le jury est provisoirement remis en vigueur.

Art. 2. La transmission, par le maire au préfet, de la liste des jurés de la commune, qui, aux termes de l'art. 8 de ce décret, doit avoir lieu avant le 1er novembre de chaque année, pourra être retardée jusqu'au 1er décembre prochain. Elle devra avoir été précédée de la publication prévue par l'art. 6 dudit décret ; mais le délai des réclamations est réduit à trois jours et la décision du conseil municipal ne sera pas susceptible de recours.

Art. 3. A Paris et dans les communes momentanément privées de conseils municipaux, les fonctions attribuées à ces conseils par le décret du 7 août 1848 seront remplies par des commissions composées du maire, de ses adjoints, du juge de paix et de l'un de ses suppléants.

Art. 4. Les commissions cantonales établies par les articles 11 et suivants et les commissions d'arrondissement de Paris, établies par l'article 14 du décret du 7 août 1848, sont remplacées par des commissions composées de la même manière que celles établies par l'article précédent.

Dans le cas prévu par l'article 13 du susdit décret, tous les juges de paix de la commune feront partie de la commission, mais non leurs suppléants.

Art. 5. Les artictes 15 et 16 du décret du 7 août 1848 sont remplacées par les dispositions suivantes : « La commission s'assemblera, entre le 1er et le 5 décembre, par les soins et sous la présidence du maire. »

Art. 6. La disposition de l'art. 21 du décret du 7 août 1848 est restreinte aux citoyens qui auraient rempli les fonctions de juré dans le cours de l'année 1870. Les préfets pourront se contenter, en exécution de la disposition du paragraphe 2 de l'article 10 du susdit décret, d'indiquer aux maires les noms des jurés ayant siégé en 1870.

Fait à Paris, le 14 octobre 1870.

Ont signé : Général TROCHU, JULES FAVRE, EMM. ARAGO, JULES FERRY, GARNIER-PAGÈS, Henri ROCHEFORT.

N° 80. — *Décret qui dispense les inventeurs qui veulent prendre un brevet d'invention de verser immédiatement la première annuité de la taxe.*

LE GOUVERNEMENT DE LA DÉFENSE NATIONALE,

Vu le décret du 10 septembre 1870, portant que les inventeurs brevetés qui, depuis le 23 août, n'auront pu acquitter des annuités de leurs brevets dans le délai légal, seront relevés de la déchéance encourue, en justifiant de l'acquittement de ces annuités avant une époque qui sera fixée ultérieurement;

Sur le rapport du ministre de l'agriculture et du commerce,

DÉCRÈTE :

Les inventeurs qui voudront prendre un brevet d'invention seront dispensés de verser immédiatement la première annuité de la taxe. Ce versement devra être fait ultérieurement et dans les conditions qui ont été réglées, pour les annuités, par le décret du 25 août 1870.

Fait à Paris, le 16 octobre 1870.

Général TROCHU, Jules FAVRE, Emmanuel ARAGO, GARNIER-PAGÈS, Henri ROCHEFORT, Jules SIMON, Jules FERRY.

N° 81. — *Décret qui rapporte et déclare non avenu le décret sur les effets de commerce, rendu le 13 octobre 1870, par la Délégation de Tours.*

LE GOUVERNEMENT DE LA DÉFENSE NATIONALE,

Vu le décret du 13 octobre 1870, relatif aux délais accordés par la loi du 13 août et le décret du 10 septembre 1870, relatif aux effets de commerce;

Vu le décret rendu à Paris le 11 octobre 1870, et qui a été connu de la délégation séant à Tours, aujourd'hui seulement par le *Journal Officiel* du 12, arrivé entre ses mains;

Attendu qu'on ne saurait maintenir sur la même matière deux lois contradictoires;

Attendu que le décret du Gouvernement séant à Paris doit recevoir son exécution;

DÉCRÈTE :

Art. 1er. Le décret du 13 octobre courant, sur les effets de commerce, qui a été inséré au *Moniteur officiel*, est rapporté et non avenu.

Art. 2. Le décret rendu à Paris, sur la même matière, le 11 octobre, par le Gouvernement de la défense nationale, sera exécuté selon sa forme et teneur.

Fait à Tours, en conseil de Gouvernement, le 16 octobre 1870.

Signé : Ad. CRÉMIEUX, L. GAMBETTA, Al. GLAIS-BIZOIN, L. FOURICHON.

N° 82. — *Décret qui modifie l'article 2 de la loi du 25 juin 1856, et accorde aux journaux ou écrits périodiques le droit de se faire transporter par les voies qu'ils jugeront convenable.*

LE GOUVERNEMENT DE LA DÉFENSE NATIONALE,

Vu l'arrêté du 27 prairial an IX;

Vu la loi du 25 juin 1856;

Sur la proposition du directeur général des télégraphes et des postes;

Considérant que le principe fondamental de la législation française, en matière de transport des imprimés, tel que l'a établi l'article 1er de l'arrêté du 27 prairial an IX, ne conserve le monopole de la poste que pour les paquets et les papiers dont le poids n'excède pas 1 kilogramme;

Considerant que l'article 2 de la loi du 25 juin 1856, en établissant au point de vue du monopole postal, entré les journaux politiques et les ouvrages périodiques, uniquement consacrés aux lettres, aux sciences, aux arts, à l'agriculture ou à l'industrie, une distinction que la raison et l'équité réprouvent, autorise ces derniers seulement à se faire transporter par les chemins de fer et les messageries, à la condition toutefois qu'ils forment des paquets dont le poids soit supérieur à 1 kilogramme;

Considérant que ces restrictions, constituant un obstacle à la libre circulation de la pensée, sont en contradiction avec l'esprit même du Gouvernement républicain, qui est la foi dans la raison publique;

Considérant d'ailleurs que la délimitation exacte des matières qui traitent de la politique et de celles qui y sont étrangères, souvent difficile à établir en théorie, est d'une impossibilité reconnue dans la pratique;

Qu'en fait, la distinction est une source de conflits et de récriminations, à raison des charges imposées à déux ordres de publications qui ont droit à une égale sollicitude;

Considérant que si, par la liberté rendue aux journaux politiques de s'exonérer, à leur gré, du concours et conséquemmeut du tarif postal, une certaine somme de produits pourra cesser momentanément d'entrer dans les caisses de la République, il est indubitable que ce déficit sera immédiatement atténué et promptement comblé, d'une part par les revenus indirects de diverse nature, provenant de l'extension que prendra la publication des feuilles politiques, et, d'autre part, par l'ajournement des dépenses spéciales devenues urgentes, et destinées à faire face au transport monopolaire des journaux politiques par le service des postes;

Considérant enfin qu'il importe de rentrer dans la vérité des principes et de donner une juste satisfaction à l'opinion publique,

DÉCRÈTE :

L'article 2 de la loi du 25 juin 1856 est modifié en ce qui touche le privilége accordé par le paragraphe 3 dudit article, aux ouvrages périodiques consacrés aux lettres, aux sciences, aux arts, à l'agriculture ou à l'industrie.

En conséquence, tous les journaux ou écrits périodiques, de quelque matière qu'ils traitent, recouvrent le droit de se faire transporter par les voies qu'ils jugent convenables, à la seule condition de s'expédier conformément à l'arrêté du 27 prairial an IX, par ballots ou paquets de 1 kilogramme au minimum.

Les ministres de l'intérieur, des finances et des travaux publics sont chargés, chacun pour ce qui concerne son département, de l'exécution du présent décret.

Fait à Tours, le 16 octobre 1870.

Signé : L. Gambetta, Ad. Crémieux, Al. Glais-Bizoin, L. Fourichon.

N° 83. — *Décret qui ouvre un crédit de 100,000 francs au Ministre de l'Intérieur.*

LE GOUVERNEMENT DE LA DÉFENSE NATIONALE,

Considérant que, dans les circonstances actuelles, il est nécessaire de créer et de développer, pour le transport des correspondances officielles et privées, des services spéciaux, notamment par voie d'aérostats ;

Vu le décret en date du 31 mars 1862 sur la comptabilité publique ;

Sur le rapport du directeur général des télégraphes et des postes ;

DÉCRÈTE :

Art. 1er. Un crédit de cent mille francs (100,000 fr.) est ouvert au ministre de l'intérieur, sur l'exercice 1870, pour les dépenses à faire en vue d'assurer le transport des correspondances par des modes spéciaux destinés à suppléer, à raison des circonstances, aux moyens de transport ordinaires.

Ce crédit sera inscrit au budget extraordinaire du ministère de l'intérieur, à un chapitre spécial sous le n° 2 bis.

Art. 2. Il sera rendu un compte général de l'emploi du crédit ouvert par l'article précédent.

Art, 3. Le ministre de l'intérieur est chargé de l'exécution du présent décret.

Fait à Tours, le 16 octobre 1870.

L. Gambetta, Ad. Crémieux, Al. Glais-Bizoin, Fourichon.

N° 84. — *Décret qui abroge le décret des 2-5 mars 1852 sur les tribunaux de commerce, et modifie les art. 618, 619, 620, 621 et 629 du Code de commerce.*

LE GOUVERNEMENT DE LA DÉFENSE NATIONALE,

Considérant que le suffrage universel est le principe fondamental de notre droit public ;

Qu'il est contraire à ce principe de remettre l'élection des juges consulaires à un corps électoral composé de membres arbitrairement choisis par le préfet.

DÉCRÈTE :

1° Le décret des 2-5 mars 1852 sur les tribunaux de commerce est abrogé ;

2° Les art. 618, 619, 620, 621 et 629 du Code de commerce seront remplacés et modifiés de la manière suivante :

Art. 618. Les membres des tribunaux de commerce seront élus par une assemblée, composée des citoyens français patentés depuis deux ans, des capitaines au long cours et des maîtres au cabotage ayant commandé des bâtiments pendant deux ans et domiciliés depuis deux ans dans le ressort du tribunal.

Ne pourront participer à l'élection :

1° Ceux qui sont frappés des incapacités prévues par l'art. 3 de la loi des 15-18 mars 1840 ;

2° Les individus condamnés pour contravention aux lois sur les maisons de jeu, sur les loteries et sur les maisons de prêts sur gage ;

3° Les individus condamnés pour les délits prévus aux art. 413, 418, 419, 420, 421, 423, 439 § 2 du Code pénal, et aux art. 596 et 597 du Code de commerce ;

4° Les faillis non réhabilités.

Art. 619. Tous les ans, la liste des électeurs du ressort de chaque tribunal sera dressée dans chaque commune par le maire, du 1er au 15 janvier.

Le maire enverra la liste ainsi préparée au préfet ou au sous-préfet, qui fera publier ou afficher la liste générale dans toutes les Mairies de l'arrondissement du tribunal. Cette publication devra être faite cinquante jours avant l'élection.

Pendant les quinze jours qui suivront la publication et l'affiche, tout commerçant patenté de l'arrondissement aura le droit d'élever des réclamations sur la composition de la liste, soit qu'il se plaigne d'avoir été indûment omis ou rayé, soit qu'il demande l'inscription d'un électeur ou la radiaton d'un citoyen inscrit. Dans le premier cas, sa réclamation et les pièces justificatives seront communiquées par lui au ministère public ; dans le second cas, il devra fournir la preuve que la demande a été notifiée par lui à la partie intéressée, qui aura cinq jours pour intervenir à compter de cette notification.

Les réclamations seront jugées en dernier ressort par le tribunal de l'arrondissement, toute affaire cessante, sommairement, sans qu'il soit besoin du ministère d'avoué.

Les actes judiciaires auxquels l'instance donnera lieu ne seront pas soumis au timbre et seront enregistrés gratis.

L'affaire sera rapportée en audience publique par un des membres du tribunal, et le jugement sera prononcé après que les parties ou leur défenseur et le ministère public auront été entendus.

En cas de pourvoi en cassation, il sera procédé toutes affaires cessantes comme devant le tribunal, avec exemption des droits de timbre, d'enregistrement et sans consignation d'amende.

La liste rectifiée, s'il y a lieu, par suite de décision judiciaire, sera close définitivement dix jours avant l'élection ; cette liste servira pour toutes les élections de l'année, sans qu'elle puisse subir aucune modification.

Du 1er au 15 janvier de chaque année, le maire de chaque commune révise les listes électorales conformément à l'art. 21 de la loi des 15-18 mars 1849.

Le tableau contenant les additions et retranchements faits par le maire à la liste électorale est déposé le 15 janvier au secrétariat de la commune.

Il est ensuite procédé à l'égard des contestations qui pourraient être élevées contre ce tableau conformément aux dispositions ci-dessus.

Art. 620. Sont éligibles aux fonctions de juge et de suppléant :

1° Tout citoyen français qui a déjà exercé l'une ou l'autre de ces fonctions ;

2° Tout citoyen français âgé de 30 ans, ayant exercé le commerce avec patente pendant cinq ans au moins, tout capitaine au long cours ou maître au cabotage ayant commandé pendant cinq ans, pourvu que chacun des éligibles désignés ait son domicile réel dans le ressort du tribunal, et qu'il ne se trouve dans aucun des cas prévus aux § 2, 3, 4 et 5 de l'art. 618.

A Paris, nul ne pourra être nommé juge s'il n'a été suppléant.

Art. 621. L'assemblée électorale se tiendra dans le lieu où siége le tribunal. Elle sera convoquée par le préfet du département, dans la première quinzaine du mois d'avril au plus tard. L'arrêté de convocation déterminera l'heure de la fermeture du scrutin,

En cas de non convocation, la réunion des électeurs aura lieu de droit le 15 avril.

La séance aura lieu à neuf heures précises du matin.

L'assemblée, convoquée ou se réunissant de droit, sera présidée par le maire ou son délégué, assisté de quatre électeurs qui seront les deux plus âgés et les deux plus jeunes des membres présents. Le bureau, ainsi composé, nomme un secrétaire pris dans l'assemblée. Il décide toutes les questions qui peuvent s'élever dans le cours de l'élection. Aucune décision n'est valable, si le bureau n'est au moins composé de trois membres.

Cette assemblée pourra être divisée en plusieurs sections dans les localités où l'administration le croira nécessaire.

Les juges seront nommés tous par un seul scrutin de liste,

Les suppléants seront également nommés tous par un seul scrutin.

La durée de chaque scrutin sera de trois heures.

La majorité absolue des suffrages exprimés sera nécessaire pour chaque nomination.

Si l'élection n'a pu être faite au premier tour, un deuxièmr tour de scrutin aura lieu huit jours après, sur nouvelle convocation du préfet, et l'élection aura lieu à la majorité relative, quel que soit le nombre de votants. Le scrutin s'ouvrira à neuf heures du matin et sera clos à une heure.

Le président de l'assemblée proclame le résultat de l'élection.

Le procès-verbal est rédigé en triple original. Le président de l'assemblée transmet immédiatement l'un des trois originaux au préfet, le second au greffe du tribunal, le troisième au procureur général près la Cour d'appel.

Dans les cinq jours de l'élection, tout citoyen ayant pris part à l'opération électorale aura le droit d'élever des réclamations sur la régularité ou la sincérité de l'élection, dans les dix jours de la réception du procès-verbal ; le procureur général aura le même droit.

Ces réclamations seront communiquées aux citoyens dont l'élection serait attaquée, et qui auront le droit d'intervenir dans le cinq jours de la communication. Elles seront jugées sommairement et sans frais, dans la quinzaine, par la cour d'appel dans le ressort de laquelle l'élection a lieu. L'opposition ne sera pas admise contre l'arrêt rendu par défaut qui devra être signifié.

La nullité parfaite ou absolue ne pourra être prononcée que dans les cas suivants :

1° Si l'élection n'a pas été faite selon les formes prescrites par la loi ;

2° Si le scrutin n'a pas été libre ou s'il a été vicié par des manœuvres frauduleuses ;

3° S'il y a incapacité légale dans la personne de l'un ou plusieurs des élus, dont l'élection est alors annulée.

Art. 629. Dans la quinzaine de la réception du procès-verbal, s'il n'y a pas de réclamation, ou dans la huitaine de l'arrêt statuant sur la réclamation, le procureur de la République invite les élus à se présenter à l'audience du tribunal civil, siégeant dans l'arrondissement où le tribunal de commerce est établi, procède publiquement à leur réception, et en dresse procès-verbal, consigné dans ses registres.

Le procès-verbal de cette séance est transmis à la Cour d'appel, qui en ordonne l'insertion dans ses registres.

Le jour de l'installation publique du tribunal de commerce, il est donné lecture du procès-verbal de réception.

3° Dans les huit jours qui suivront leur réception, au tribunal, les juges titulaires et suppléants élisent le président à la majorité absolue des suffrages et au scrutin secret.

Si, au premier tour de scrutin aucun membre ne réunit la majorité absolue, un deuxième tour aura lieu le même jour.

Si ce deuxième tour est sans résultat, le juge titulaire qui, à l'élection générale, aura obtenu le plus grand nombre de voix, sera de droit président. En cas de concours, l'élection aura lieu en faveur du plus âgé.

4° L'art. 626 du Code de commerce est complété comme il suit :

« Le rang à prendre dans le tableau des juges et des suppléants sera fixé à la majorité absolue par un scrutin de liste, auquel prendront part le président, les juges et les suppléants. »

Ce scrutin, qui sera secret, aura lieu dans la chambre du conseil aussitôt après la nomination du président.

Un juge titulaire ou suppléant au moins doit concourir à tout jugement du tribunal de commerce, à peine de nullité.

Lorsque, par des récusations ou empêchements, il ne restera plus un nombre suffisant de juges ou suppléants, il y sera pourvu au moyen d'une liste formée annuellement par chaque tribunal de commerce entre les éligibles du ressort, et, en cas d'insuffisance, entre les électeurs, ayant les uns et les autres leur résidence dans la ville où siége le tribunal.

Cette liste sera de cinquante noms pour Paris, de vingt-cinq noms pour les tribunaux de neuf membres, de quinze noms pour les autres tribunaux. Les juges complémentaires seront appelés dans l'ordre fixé par un tirage au sort fait en séance publique entre tous les noms de la liste, par le président du tribunal de commerce,

5° Les art. 4 et 7 du décret du 6 octobre 1809 sont abrogés.

DISPOSITION TRANSITOIRE.

6° Il sera procédé à une élection générale dans les formes et délais prescrits par le présent décret. A cette première élection et aux élections postérieures, les règles prescrites par l'art. 622 du Code de commerce seront appliquées. Les pouvoirs des juges actuellement en fonctions sont prorogés jusqu'à l'installion de ceux qui doivent les remplacer. Le nombre des tribunaux et le lieu où ils siégent pourront être ultérieurement modifiés.

Le présent décret est applicable à l'Algérie.

Tours, le 17 octobre 1870.

Signé : Ad. Crémieux, Glais-Bizoin, L. Fourichon, L. Gambetta.

N° 85 — *Décret relatif à l'octroi de la commune de La Rochelle.*

LE GOUVERNEMENT DE LA DÉFENSE NATIONALE,

Vu l'ordonnance du 9 décembre 1844, relative aux octrois;
Vu la loi du 11 juin 1842
Vu le décret du 17 mars 1852;
Vu l'article 18 de la loi de finances du 21 juin 1854;

Vu la délibération du conseil municipal de la ville de La Rochelle, en date du 20 septembre 1854 ;

Considérant qu'il importe d'assurer à cette commune les ressources nécessaires pour l'amortissement des emprunts qu'elle a contractés,

DÉCRÈTE :

Art. 1er. A partir du 1er janvier 1871, et jusqu'au 31 décembre 1875, la perception de l'octroi établi dans la commune de La Rochelle sere opérée conformément aux tarifs et réglements ci-annexés.

Art. 2. Le droit principal sur les vins sera augmenté d'une surtaxe de un franc, celui sur les alcools d'une surtaxe de six francs par hectolitre.

Art. 3. Il sera perçu, en outre du droit principal, une taxe additionnelle d'un décime par franc sur tous les articles du tarif, à l'exception des vins, cidres, alcools, animaux vivants et viandes dépecées.

Art. 4. Le produit de la surtaxe établie sur les vins et sur les alcools sera spécialement affectée au remboursement de l'emprunt de 140,000 fr.. voté le 20 septembre 1870.

Art. 5. Le rayon de l'octroi comprendra la ville et tout le territoire de la banlieue, déterminé sur une ligne rouge sur le plan ci-joint.

Art. 6. Les ministres de l'intérieur et des finances sont chargés. de l'exécution du présent décret.

Fait à Tours, le 17 octobre 1870.

AD. CRÉMIEUX, L. FOURICHON, AL. GLAIS-BIZOIN.

N° 86 — *Décret qui déclare que la ville de Châteaudun a bien mérité de la Patrie, et qui ouvre un crédit de cent mille francs au ministre de l'intérieur pour aider la population de cette ville à réparer les pertes qu'elle a subies.*

LE GOUVERNEMENT DE LA DÉFENSE NATIONALE,

Considérant que la petite cité de Châteaudun, ville ouverte. a résisté héroïquement pendant plus de neuf heures, dans la journée du 18 octobre aux attaques d'un corps prussien de plus de cinq mille hommes, qui n'a pu réussir à l'occuper qu'après l'avoir bombardée, incendiée et presque totalement réduite en cendres.

Considérant que, dans cette mémorable journée, la garde nationale sédentaire de Châteaudun s'est particulièrement distinguée par son énergie, sa constance et son patriotisme, à côté du corps des braves francs-tireurs de la ville de Paris;

Considérant qu'il y a lieu de signaler à la France par un décret spécial du Gouvernement, le noble exemple donné par la ville de Châteaudun aux villes ouvertes, exposées aux attaques de l'ennemi, et de subvenir aux premiers besoins de la population chassée de ses demeures par l'incendie et les obus prussiens,

DÉCRÈTE :

Art. 1er. La ville de Châteaudun a bien mérité de la Patrie.

Art. 2. Un crédit de cent mille francs est ouvert au ministère de l'intérieur pour aider la population de Châteaudun à réparer les pertes qu'elle a subies, à la suite, de la belle résistance de la ville aux Prussiens, dans la journée du 18 octobre 1870.

Art. 3. Les ministres de l'intérieur et des finances sont chargés, chacun en ce qui le concerne, de l'exécution du présent décret.

Fait à Tours, le 20 octobre 1870.

Signé : L. GAMBETTA, AD. CRÉMIEUX, AL. GLAIS-BIZOIN, L. FOURICHON.

N° 87. — *Décret relatif à la publication du décret du 14 octobre 1870, sur le Jury.*

LE GOUVERNEMENT DE LA DÉFENSE NATIONALE,

Vu le décret rendu le 14 octobre 1870 par le Gouvernement de Paris, remettant provisoirement en vigueur le décret du 7 août 1848 sur le jury avec certaines modifications;

Vu les ordonnances des 27 novembre 1816 et 18 janvier 1817 concernant la promulgation des lois,

DÉCRÈTE :

Art. 1er La publication du décret du 14 octobre 1870 sus-visé, relatif au jury, sera faite conformément aux ordonnances des 27 novembre 1816 et 18 janvier 1817.

Art. 2. Le ministre de la justice est chargé de l'exécution du présent décret.

Tours, le 24 octobre 1870.

AD. CRÉMIEUX, GLAIS-BIZOIN, L. FOURICHON, L. GAMBETTA.

N° 88. — *Décret qui supprime les fonctions de gouverneur et de sous-gouverneur de l'Algérie.*

LE GOUVERNEMENT DE LA DÉFENSE NATIONALE,

DÉCRÈTE

Art. 1er. Sont supprimées les fonctions et les attributions de gouverneur général de l'Algérie, de sous-gouverneur de l'Algérie, et de secrétaire général du Gouvernement pour l'expédition générale des affaires civiles.

Le conseil supérieur du gouvernement de l'Algérie et le conseil du gouvernement de l'Algérie sont également supprimés.

Art. 2. Sont abolis les décrets du 10 décembre 1869, du 30 avril et du 22 mai 1861, la décision impériale du 3 novembre 1862, les décrets du 11 juin 1863 et du 7 juillet 1864.

Art. 3. L'Algérie renferme trois départements qui éliront chacun deux représentants du peuple, savoir : le département d'Alger, le département d'Oran, le département de Constantine ; ce qui divise la République Française en 92 départements.

Art. 4. Les trois départements de l'Algérie constituent un seul et même territoire ; néanmoins, jusqu'à ce qu'il en ait été décidé autrement, les populations européennes et indigènes, établies dans les territoires dits actuellement *territoires militaires*, continueront à être administrées par l'autorité militaire, sous la modification portée à l'article 8.

Art. 5. Le gouvernement et la haute administration de l'Algérie, sont centralisés à Alger sous l'autorité d'un haut fonctionnaire qui reçoit le titre de *gouverneur général civil des trois départements de l'Algérie.*

Art. 6. Un général de division commandant les forces de terre et de mer réunies dans les trois départements, administre les populations européennes et indigènes actuellement soumises à l'autorité militaire, comme il est dit à l'article 4.

Il a sous ses ordres les bureaux arabes.

Toutefois, le ministre de la guerre et le ministre de la marine conservent sur l'armée et sur la marine, en Algérie, l'autorité qu'ils exercent sur les armées en campagne et sur les stations navales.

Art. 7. Chaque département est administré par un préfet qui exerce, sous l'autorité supérieure du gouverneur général civil, les attributions conférées aux préfets des départements de la République. Il reçoit les instructions du gouverneur général civil pour toutes les affaires qui intéressent la colonisation, et lui rend compte de leur exécution.

En cas d'absence le préfet est remplacé par le secrétaire général.

Art. 8. Les populations actuellement soumises à l'autorité militaire dans les territoires dits *Territoires militaires* sont administrées par un colonel ou lieutenant-colonel nommé par le commandant des armées de terre et de mer.

Néanmoins le préfet a sous ses ordres les chefs des différents services civils et financiers dont l'action s'étend sur les diverses populations de l'Algérie, et qu'il surveille en vertu de son autorité directe.

Tout centre où l'autorité civile jugera qu'il existe un nombre d'européens suffisant pour former un conseil municipal, sera constitué en commune qui relèvera de l'autorité préfectorale.

Art. 9. Les préfets et les commandants militaires chargés de l'administration des départements de l'Algérie seront tenus d'adresser chaque trimestre, au gouverneur général civil, un rapport détaillé sur la situation de chaque administration.

Art. 10. Le gouverneur général civil correspond avec chaque ministre selon la nature des affaires ; chaque années un rapport général détaillé est remis par lui au conseil des ministres, imprimé et communiqué à l'assemblée des représentants du peuple.

Art. 11. Le gouverneur général civil ne peut être représentant du peuple ; mais il a entrée à la chambre, qui peut, d'ailleurs, l'appeler dans son sein, et devant laquelle il est responsable de ses actes.

En cas d'absence, il peut déléguer sous sa propre responsabilité au secrétaire général du gouvernement de l'Algérie, la signature des affaires courantes de son administration.

Art. 12. Il est créé près le gouverneur général civil de l'Algérie un secrétaire général du gouvernement dont les attributions seront fixées par un règlement d'administration publique.

Art. 13. Il est créé un comité consultatif du gouvernement général de l'Algérie, composé comme il suit :

1° Six citoyens Français ou naturalisés Français, élus pour trois années, au scrutin de liste et à la majorité absolue des suffrages, par tous les électeurs français de l'Algérie, et à raison de deux membres pour chaque département ;

2° Le premier président de la Cour d'Alger;

3° Le secrétaire général du gouvernement;

4° L'inspecteur général des travaux civils et l'inspecteur général des finances, en Algérie; ces deux derniers n'ayant voix délibérative que pour les affaires de leur compétence, et sur lesquelles ils présentent leur rapport écrit.

Le gouverneur général civil de l'Algérie prendra, lorsqu'il le jugera convenable, la présidence du comité consultatif. A son défaut, la présidence appartiendra au premier président de la Cour d'Alger.

Le comité consultatif du Gouvernement est appelé à donner son avis sur les affaires qui lui seront attribuées par un règlement d'administration publique, arrêté dans les trois mois de la publication du présent décret. Provisoirement, il donne son avis sur les affaires d'administration qui ne sont pas dans les attributions des préfets.

Art. 14. Il est créé un conseil supérieur du gouvernement général de l'Algérie, composé comme il suit :

Le gouverneur général civil, président;

Le commandant des forces de terre et de mer en Algérie;

Le premier président de la Cour d'Alger;

L'archevêque d'Alger;

Les préfets des trois départements;

Neuf conseillers généraux, élus chaque année, dans son sein, par le conseil général de chaque département, à raison de trois membres par conseil.

Le conseil supérieur se réunit chaque année au mois d'octobre, après la session des conseils généraux, pour délibérer sur le budget général de l'Algérie.

Le vice-président et le secrétaire sont nommés par le conseil supérieur et dans son sein, à la pluralité des suffrages.

Ce conseil supérieur ne pourra délibérer qu'autant qu'il réunira la majorité de ses membres; les délibérations sont prises à la majorité des membres présents.

Les procès-verbaux seront publiés après la session; un résumé sommaire des délibérations pourra, en vertu d'une autorisation du conseil, être communiqué à la presse locale pendant la session.

Le projet du budget général de l'Algérie, arrêté par le gouverneur général civil, après délibératiou du conseil supérieur, sera transmis au conseil des ministres pour être définitivement arrêté.

Art. 15. Il n'est dérogé en rien à la législation actuelle sur les attributions des conseils généraux et des conseils municipaux en Algérie.

Un décret ultérieur fixera la composition et le mode d'élection de ces conseils.

Art. 16. Toutes dispositions contraires au présent décret sont et demeurent abrogées.

Fait à Tours, en conseil de Gouvernement, le 24 octobre 1870.

CRÉMIEUX, GAMBETTA, GLAIS-BIZOIN, FOURICHON.

N° 89. — *Décret conférant aux Israélites indigènes de l'Algérie le titre de citoyen français.*

LE GOUVERNEMENT DE LA DÉFENSE NATIONALE,

DÉCRÈTE :

Les israélites indigènes des départements de l'Algérie sont déclarés citoyens français ; en conséquence, leur statut réel et leur statut personnel seront, à compter de la promulgation du présent décret, réglés par la loi française, tous droits acquis jusqu'à ce jour restant inviolables.

Toute disposition législative, tout sénatus-consulte, décret, règlement ou ordonnance contraires, sont abolis.

Fait à Tours, le 24 octobre 1870.

Ad. CRÉMIEUX, Léon GAMBETTA, GLAIS-BIZOIN, FOURICHON.

N° 90. — *Décret portant que la qualité de citoyen français ne pourra être obtenue par les Musulmans qu'à l'âge de 21 ans.*

LE GOUVERNEMENT DE LA DÉFENSE NATIONALE

DÉCRÈTE :

Art 1er. La qualité de citoyen français, réclamée en conformité des art. 1 et 3 du décret du 21 avril 1866, portant réglement d'administration publique, ne pourra être obtenue qu'à l'âge de vingt et un ans accomplis.

Les indigènes musulmans et les étrangers résidant en Algérie, qui réclament cette qualité, doivent justifier de cette condition par un acte de naissance; à défaut, par un acte de notoriété dressé, sur l'attestation de quatre témoins, par le cadi du lieu de la résidence, s'il s'agit d'un indigène, et par le juge de paix, s'il s'agit d'un étranger.

Art. 2. L'article 10, paragraphe 1er du titre II, l'article 11 et l'article 14, paragraphe 2 du titre IV du décret sus-énoncé, sont modifiés comme il suit :

Titre III, art. 10, paragraphe 1er : l'indigène musulman, s'il réunit les conditions d'âge et d'aptitude déterminées par les règlements français spéciaux à chaque service, peut être appelé, en Algérie, aux fonctions et emplois de l'ordre civil désigné au tableau annexé au présent décret.

Titre III., article 11 : l'indigène musulman qui veut être admis à jouir des droits de citoyen français doit se présenter, en personne, devant le chef du bureau arabe de la circonscription dans laquelle il réside, à l'effet de former sa demande et de déclarer qu'il entend être régi par les lois civiles et politiques de la France.

Il est dressé procès-verbal de la demande et de la déclaration.

Art. 14. paragraphe 2 : Les pièces sont adressées par l'administration du territoire militaire du département au gouverneur général.

Art. 3. Le gouverneur général civil prononce sur les demandes en naturalisation ainsi formées, sur l'avis du comité consultatif.

Art. 4. Il sera dressé un bulletin de chaque naturalisation en la forme des casiers judiciaires. Ce bulletin sera déposé à la préfecture du département où réside l'indigène ou l'étranger naturalisé, même si l'individu naturalisé réside sur le territoire dit *territoire militaire*.

Art. 5. Sont abrogés les articles 2, 4 et 5 du sénatus-consulte du 14 juillet 1865, les articles 13, titre IV, et 19, titre VI, intitulé *dispositions générales* du décret du 21 avril 1866. Les autres dispositions desdits sénatus-consulte et décret sont maintenues.

Fait à Tours, en conseil de Gouvernement, le 24 octobre 1870.

Ad. Crémieux, Léon Gambetta, Glais-Bizoin, L. Fourichon.

N° 91. — *Décret qui proroge jusqu'au 31 décembre 1871, la durée des tarifs et réglements en vigueur à l'octroi de la commune de Puylaurens.*

LE GOUVERNEMENT DE LA DÉFENSE NATIONALE,

Vu l'ordonnance du 9 décembre 1814, relative aux octrois ;
Vu la loi du 11 juin 1842 ;
Vu le décret du 17 mars 1852 ;
Vu l'article 18 de la loi des finances du 21 juin 1854 ;
Vu la délibération du conseil municipal de la commune de Puylaurens (Tarn), en date du 20 mai dernier, tendant à obtenir la prorogation de l'octroi dont la perception expire le 31 décembre 1870,

DÉCRÈTE :

Art. 1er. La durée des tarifs et réglement en vigueur à l'octroi de la commune de Puylaurens est prorogée jusqu'au 31 décembre mil huit cent soixante-onze, à charge par cette commune de ramener ensuite ses propositions de taxes à percevoir dans les limites fixées par le décret du 12 février 1870.

Art. 2. Les ministres de l'intérieur et des finances sont chargés, chacun en ce qui le concerne, de l'exécution du présent décret.

Fait à Tours, le 24 octobre 1870.

Signé : AD. CRÉMIEUX, AL. GLAIS-BIZOIN, L. FOURICHON, L. GAMBETTA.

N° 92. — *Décret qui organise une section de la Cour de cassation et qui décide qu'elle se réunira à Poitiers le 3 novembre 1870.*

LES MEMBRES ET REPRÉSENTANTS DU GOUVERNEMENT DE LA DÉFENSE NATIONALE, délégués hors de Paris,

Considérant que le cours de la justice ne doit pas être interrompu, et que, surtout en matière criminelle, il est indispensable que la Cour de cassation statue sur les pourvois, règle les juridictions et mette les affaires en état d'être jugées conformément aux lois ;
Attendu que Paris étant investi et les communications judiciaires interdites, il y a lieu de pourvoir aux nécessités de la situation par une organisation temporaire,

DÉCRÈTENT :

Art 1er. Une section de la Cour de cassation se réunira le 3 novembre 1870, dans la ville de Poitiers. Le siége de ses audiences pourra être changé par simple ordonnance du garde des sceaux, ministre de la justice.

Art. 2. Elle se composera, sous la présidence du président Legagneur, ou du plus ancien conseiller de la chambre criminelle, des magistrats de cette chambre, actuellement en province, auxquels seront adjoints, en cas de besoin, des conseillers disponibles des chambres civiles sans que le nombre total puisse dépasser quinze pour la section.

Art. 3. La section aura compétence, concurremment avec la Chambre criminelle siégeant à Paris, pour statuer sur toutes les affaires criminelles, correctionnelles ou de simple police. Elle statuera encore sur les affaires civiles auxquelles elle reconnaîtrait un caractère d'urgence par arrêt d'avant faire droit, sur tous pourvois ou règlements de juges en toute matière, et sur les questions disciplinaires concernant les cours ou tribunaux autres que la Cour de cassation.

Art. 4. Pendant la durée de la guerre, lorsqu'une Cour d'assises, une chambre d'appels correctionnels ou d'accusation, ou un tribunal correctionnel saisis ne pourront, sans inconvénients, procéder au jugement d'une ou plusieurs affaires de leur compétence, la section pourra, soit d'office en statuant sur un pourvoi, soit sur une demande du parquet ou de l'une des parties en cause, renvoyer l'affaire devant une autre juridiction compétente, même d'un autre ressort.

Art. 5. Le Président convoquera les membres de la section qui appréciera les excuses ou empêchements. Il désignera, en cas de besoin, les greffiers, huissiers et autres officiers nécessaires au service de la Cour. Il requerra les locaux et pourvoira aux aménagements indispensables.

Art. 6. Les fonctions des avocats près la Cour de cassation pourront, à défaut de membres de l'ordre présents, choisis par les parties, être exercées par des membres de l'ordre des avocats ou des compagnies d'avoués de la ville où siége la section. Ces représentants ou mandataires seront dans chaque affaire proposés par requête de la partie et agréés par le Président.

Art. 7. Les délais des pourvois en matière civile, suspendus par le décret du 9 septembre 1870, recommenceront à courir à partir de l'installation de la section temporaire à l'égard du demandeur qui ne résidera pas dans un département occupé par l'ennemi. Le pourvoi sera formulé par requête déposée au greffe de la section et signée, à défaut d'avocats à la Cour de cassation, par un des avoués de la ville où siége la section, sauf dans les matières pour lesquelles la loi dispense du ministère des avocats à la Cour.

Tout délai interrompu par le décret du 9 septembre, ou le déplacement de la section, courra de nouveau en entier au profit des intéressés.

Art. 8. La section devra consacrer trois jours au moins par semaine à l'expédition des affaires du grand et du petit criminel, et devra se réunir toutes les fois qu'elle sera convoquée par son président. Même en cas de réouverture des communications avec Paris, elle exercera ses fonctions jusqu'à ce qu'elle en soit relevée par ordonnance du garde des sceaux, et les pourvois pourront encore être reçus à son greffe dans les dix jours qui suivront la date fixée par l'ordonnance pour la cessation des audiences.

Fait à Tours, le 25 octobre 1870.

Ad. Crémieux, Glais-Bizoin, L. Gambetta, L. Fourichon.

N° 93.— *Décret qui autorise le ministre des finances à émettre un emprunt de 250 millions.*

LE GOUVERNEMENT DE LA DÉFENSE NATIONALE,

DÉCRÈTE :

Art. 1er. Le ministre des finances est autorisé à émettre un emprunt de 250 millions de francs destinés aux besoins de la défense nationale.

Art. 2. Cet emprunt, qui sera émis par voie de souscription publique en France et en Angleterre, sera réalisé en obligations au porteur d'une valeur nominale de 500 francs, 2,500 francs, 12,500 francs et 25,000 francs, rapportant 6 0/0 d'intérêts annuels, payables par semestres les 1er avril et 1er octobre de chaque année.

Art. 3. Le taux d'émission est de 85 0/0 de la valeur nominale de chaque obligation.

Soit pour une obligation de 500 fr.	425 fr.
2,500	2,125
12,400	10,625
25,000	21,250

Art. 4. Les obligations seront remboursables au pair en 34 ans, par voie de tirage au sort à partir du 1er avril 1873, à moins que le Gouvernement n'use du droit qu'il se réserve de se libérer à toute époque par le remboursement au pair desdites obligations, en prévenant six mois à l'avance, par un avis inséré au *Journal officiel.*

Art. 5. Les sommes à verser et les époques de versement sont indiquées ci-après :

	Oblig. de 500	Oblig. de 2,500	Oblig. de 12,500	Oblig. de 25,000
1er terme, au moment de la souscription.	100	500	2,500	5,000
2e terme, le 1er décembre 1870.	100	500	2,500	5,000
3e terme, le 1er janvier 1871.	100	500	2,500	5,000
4e terme, le 1er février 1871.	125	625	3,125	6,250
TOTAL. . . .	425	2,125	10,625	21,250

Art. 6. Une réduction proportionnelle aura lieu, si cela est nécessaire, après la clôture de la souscription. Un avis officiel fera connaître le taux de cette réduction.

Art. 7. La souscription publique sera ouverte le 27 octobre 1870 au matin, et sera close le samedi 29 octobre à 4 heures du soir.

Art. 8. Les versements par anticipation jouiront d'un escompte de 4 0/0 l'an ; en cas de retard, il sera dû au Trésor un intérêt de 6 0/0 l'an, sans préjudice du droit que le Trésor aura de faire effectuer, sans avis préalable, la vente de l'obligation.

Art. 9. Le Directeur général de la comptabilité publique, délégué du ministre des finances, est chargé de l'exécution du présent décret.

Fait à Tours, le 25 octobre 1870.

Signé : L. GAMBETTA, Ad. CRÉMIEUX, L. FOURICHON, Al. GLAIS-BIZOIN.

N° 94. — *Décret qui déclare que la France adopte les enfants des citoyens morts pour sa défense.*

LE GOUVERNEMENT DE LA DÉFENSE NATIONALE,

Considérant que, dans la crise suprême que traverse la France, tous les citoyens doivent se lever, combattre et, s'il faut, mourir pour chasser l'étranger ;

Considérant qu'en retour de leurs sacrifices, ils sont en droit d'attendre pour leurs familles l'appui de la Patrie.

DÉCRÈTE :

Article unique. La France adopte les enfants des citoyens morts pour sa défense.

Elle pourvoira aux besoins de leurs veuves et de leurs familles qui réclameront le secours de l'Etat.

Paris, le 25 octobre 1870.

Les membres du Gouvernement de la défense nationale,

Général TROCHU, JULES FAVRE, EMMANUEL ARAGO, JULES FERRY, GAMBETTA, GARNIER-PAGÈS, PELLETAN, E. PICARD, ROCHEFORT, JULES SIMON.

N° 95. — *Décret qui autorise les notaires appelés au service à désigner un suppléant.*

LES MEMBRES DU GOUVERNEMENT DE LA DÉFENSE NATIONALE,

Vu l'article 7 de la loi du 25 ventôse an XI ;

Vu la loi du 14 août 1870 ;

Voulant faciliter aux notaires appelés au service militaire le moyen de se faire remplacer dans la gestion de leurs offices ;

DÉCRÈTENT :

Sans qu'il soit porté aucune dérogation à la loi du 14 août 1870,

Le notaire appelé au service militaire peut désigner comme son suppléant dans la gestion de son office soit un avocat, autorisé par le conseil de l'ordre, soit un avoué, soit un huissier en exercice.

Fait à Tours, le 25 octobre 1870.

CRÉMIEUX, GAMBETTA, GLAIS-BIZOIN, FOURICHON

N° 96. — *Décret relatif à la plaidoirie dans les Cours d'appel et dans les tribunaux de première instance en Algérie.*

LE GOUVERNEMENT DE LA DÉFENSE NATIONALE,

Considérant que les règlements qui assurent l'indépendance et la discipline du barreau sont essentiels à l'organisation judiciaire de la République française ;

Que dès 1848, le Gouvernement de la République avait reconnu la nécessité de séparer en Algérie la postulation de la plaidoierie et préparé la division de ces deux fonctions judiciaires en ordonnant la formation d'un tableau d'avocats à Alger;

Que cette nécessité est toujours impérieuse dans les grands centres de population et devant les juridictions supérieures;

Que depuis 1848, il s'est formé dans différentes villes de la colonie des collèges d'avocats distincts de la compagnie des défenseurs;

Qu'il convient dès lors d'appliquer à ces deux professions les règles auxquelles elles sont soumises en France,

DÉCRÈTE :

Art. 1er. A partir du 1er janvier 1871, le décret du 2 juillet 1812 et l'ordonnance des 27 février-14 mars 1822 sur la plaidoirie dans les Cours d'appel et dans les tribunaux de première instance seront appliqués en Algérie;

Les défenseurs pourront plaider les incidents de procédure et les affaires qui, d'après la législation de la métropole, sont sommaires.

Art. 2. La profession d'avocat sera régie par les dispositions du décret du 14 décembre 1810, les ordonnances des 20-23 novembre 1822, 27 août-10 septembre 1830, les décrets des 3-22-27 mars 1852 et 10 mars 1870.

Néanmoins la désignation qui, conformément à l'article 3 de l'ordonnance de 1822 doit être faite par la Cour d'appel, le sera pour la première fois dans la quinzaine de la promulgation du présent décret, et ensuite chaque année dans la première quinzaine du mois d'octobre.

Art. 3. Il est établi dans chaque compagnie de défenseurs une chambre de discipline, conformément aux dispositions des arrêtés du 12 frimaire an IX, et 2 thermidor an X, et de l'ordonnance des 12-14 août 1832, qui seront appliqués en Algérie.

Art. 4. Toutes dispositions de lois et ordonnances contraires au présent décret sont et demeurent abrogées.

Tours, le 26 octobre 1870.

Signé : Crémieux, Glais-Bizoin, L. Fourichon, L. Gambetta.

N° 97. — *Décret qui décide qu'à partir du 1er janvier 1871, les Cours d'assises d'Algérie statueront avec l'assistance de jurés.*

LE GOUVERNEMENT DE LA DÉFENSE NATIONALE,

Considérant que l'assimilation du régime politique et administratif de l'Algérie à celui de la métropole appelle l'assimilation de leurs institutions judiciaires ;

Considérant que le jugement par jurés des causes criminelles est l'un des principes de notre droit public, et que le développement de la colonisation rend aujourd'hui son application nécessaire à l'Algérie,

DÉCRÈTE :

Art. 1er. A partir du 1er janvier 1871, les cours d'assises d'Algérie statueront avec l'assistance de jurés.

Art. 2. Le décret rendu le 14 octobre 1870 par le gouvernement de Paris, remettant provisoirement en vigueur le décret du 7 août 1848, sur le jury, avec certaines modifications, sera appliqué à l'Algérie.

La compétence de la cour d'assises d'Alger comprendra les arrondissements d'Alger et de Blidah ; celle de la cour d'assises d'Oran, les arrondissements de Tlemcen et de Mostaganem ; celle de la cour d'assises de Constantine, les arrondissements de Philippeville et de Sétif ; il y aura une cour d'assises dans l'arrondissement de Bône.

Art. 3. La liste annuelle du jury comprendra 400 noms pour le département d'Alger, 300 pour chacun des départements d'Oran et de Constantine, et 300 pour l'arrondissement de Bône.

La liste spéciale comprendra tous les jurés résidant dans la ville où siége la cour d'assises.

Art. 4. Quinze jours au moins avant l'ouverture des assises, le premier président de la Cour d'appel d'Alger, les présidents des tribunaux d'Oran et de Constantine tireront au sort, sur la liste annuelle, 36 noms qui formeront la liste du jury pour toute la durée de la session.

Ils tireront en outre les noms des dix jurés supplémentaires sur la liste spéciale dressée en vertu de l'article précédent.

Art. 5. Toutes dispositions des lois et ordonnances contraires au présent décret sont et demeurent abrogées.

Tours, le 26 octobre 1870.

Signé : Ad. CRÉMIEUX, GLAIS-BIZOIN, L. FOURICHON, L. GAMBETTA.

N° 98.— *Décret qui dispense les étrangers qui ont pris part à la guerre pour la défense de la France, du délai d'un an exigé pour la naturalisation exceptionnelle.*

LE GOUVERNEMENT DE LA DÉFENSE NATIONALE,

Considérant qu'un certain nombre de demandes d'admission à domicile et de naturalisation ont été formées par des étrangers qui prennent actuellement part à la défense de Paris,

DÉCRÈTE :

Art 1er. Le délai d'un an exigé par l'article 2 de la loi du 3 décembre 1849 modifié par la loi du 29 juin 1867, pour la naturalisation exceptionnelle, et ne sera pas imposé aux étrangers qui auront pris part à la guerre actuelle pour la défense de la France. En conséquence, ces étrangers vont être naturalisés aussitôt après leur admission à domicile, sauf l'enquête prescrite par la loi.

Art. 2. Les demandes d'admission à domicile ou de naturalisation formées par les étrangers qui se trouvent dans le cas de l'article 1er sont dispensées de tous frais.

Art. 3. Les dispositions qui précèdent ne seront applicables qu'aux demandes formées avant l'expiration des deux mois qui suivront la cessation de la guerre.

Fait à Paris, le 26 octobre 1870.

Général TROCHU, JULES FAVRE, HENRI ROCHEFORT, JULES FERRY, EMMANUEL ARAGO, E. PELLETAN, GARNIER-PAGÈS, JULES SIMON.

N° 99.— *Décret qui abroge l'article 3 du décret du 15 mars 1852 et qui déclare que les présidents des sociétés de secours mutuels seront élus par les sociétaires.*

LE GOUVERNEMENT DE LA DÉFENSE NATIONALE.

Vu l'article 3 du décret du 25 mars 1852 sur les Sociétés de secours mutuels, en vertu duquel les présidents des sociétés approuvées ou déclarées établissements d'utilité publique étaient nommés par l'empereur;

Considérant qu'il y a urgence de régler le mode de nomination des présidents desdites sociétés avant toute révision de la législation sur les sociétés de secours mutuels,

DÉCRÈTE :

L'article 3 susvisé est abrogé, les présidents des sociétés susmentionnées seront élus par les sociétaires.

Fait à Paris, 27 octobre 1870.

Général TROCHU. JULES FAVRES, E. PICARD, H. ROCHEFORT, JULES FERRY, EMMANUEL ARAGO, E. PELLETAN, GARNIER-PAGÈS, JULES SIMON.

N° 100.— *Décret qui attribue au jury la connaissance de tous les délits politiques et de tous les délits commis par la voie de la presse à l'exception des délits d'injures et de diffamations envers les particuliers qui continueront à être jugés par les tribunaux correctionnels.*

LE GOUVERNEMENT DE LA DÉFENSE NATIONALE,

Considérant que le jury est le juge naturel des délits politiques et des délits de presse,

DÉCRÈTE :

Art. 1er. La connaissance de tous les délits politiques et de tous les délits commis par la voie de la presse appartient exclusivement au jury.

Néanmoins les délits d'injures et de diffamations envers les particuliers continueront provisoirement à être jugés par les tribunaux correctionnels.

Art. 2. Le jury statue seul sur les dommages-intérêts réclamés pour faits des délits de presse.

Art. 3. Toute disposition de loi contraire au présent décret est et demeure abrogée.

Fait à Tours, le 27 octobre 1870.

Signé : AD. CRÉMIEUX, L. FOURICHON, GLAIS-BIZOIN, L. GAMBETTA.

N° 101.— *Décret qui institue un conseil provisoire des prises.*

LE GOUVERNEMENT DE LA DÉFENSE NATIONALE,

Sur le rapport du vice-amiral, ministre de la marine et des colonies;

Considérant qu'il importe de ne pas laisser en souffrance les intérêts des neutres engagés dans les questions de prises, que l'interruption des communications avec Paris ne permet pas de soumettre au conseil permanent des prises les instructions déjà terminées et celles qui le seront jusqu'à une époque indéterminée,

DÉCRÈTE :

Art. 1er. Un conseil provisoire des prises est institué au siége de la délégation du Gouvernement de la défense nationale.

Art. 2. Le conseil est composé :

D'un président, de quatre membres et d'un commissaire du Gouvernement.

Les membres composant le conseil sont pris parmi les fonctionnaires des départements de la justice, des affaires étrangères et de la marine, en nombre égal et nommés sur la présentation des ministres de leur département respectif. Leurs fonctions sont gratuites.

Un secrétaire-greffier est attaché au conseil.

Art 3. Ce conseil remplacera le conseil des prises institué à Paris, jusqu'au rétablissement des communications ; il en aura les attributions et procèdera dans les mêmes formes. Les parties auront le droit de signer les mémoires et requêtes qui seront présentés au conseil des prises.

Art. 4. Le conseil provisoire sera dissous aussitôt que le conseil permanent pourra fonctionner.

Le registre de ses décisions sera alors déposé aux archives du conseil permanent.

Art. 5. Sont nommés membres du conseil provisoire des prises :

MM. Roy, conseiller d'Etat, directeur général au ministère des finances, président.

Favre-Clavairoz, consul général.

Leven, chef du cabinet du garde des Sceaux, ministre de la justice.

De Champeaux, capitaine de vaisseau.

Vessilver, consul.

MM. Foucarut, capitaine de frégate, remplissant les fonctions de commissaire du Gouvernement.

Barboux, avocat à la Cour d'appel de Paris, désigné comme secrétaire,

Art. 6. Le ministre de la marine et des colonies est chargé de l'exécution du présent décret.

Fait à Tonrs, le 27 octobre 1870.

Pour le Gouvernement de la défense nationale :

Les membres de la Délégation,

Signé : AD. CRÉMIEUX, FOURICHON, GLAIS-BIZOIN, L. GAMBETTA.

N° 102. — *Décret qui appelle à l'activité les jeunes gens formant le contingent de la classe de 1870.*

LE GOUVERNEMENT DE LA DÉFENSE NATIONALE,

Vu les lois du 21 mars 1832 et du 1er février 1868, sur le recrutement de l'armée ;

Vu la loi du 10 août 1870, autorisant l'appel en 1870 des jeunes gens portés sur les tableaux de recensement de la classe 1870.

Vu le décret du 26 août 1870, qui a fixé au 19 septembre suivant la clôture des listes du contingent de la dite classe ;

Sur le rapport du ministre de la guerre,

DÉCRÈTE :

Art. 1er. Les jeunes gens formant le contingent de la classe de 1870 sont appelés à l'activité pour les armées de terre et de mer.

Art. 2. Le ministre de la guerre est chargé de l'exécution du présent décret.

Fait à Paris, le 28 octobre 1870.

Général TROCHU, EMMANUEL ARAGO, JULES FERRY, JULES FAVRE, GARNIER-PAGÈS, E. PELLETAN, HENRI ROCHEFORT, JULES SIMON.

N° 103. — *Décret qui déclare que la décoration de la Légion d'honneur, sera exclusivement réservée à la récompense des services militaires.*

LE GOUVERNEMENT DE LA DÉFENSE NATIONALE,

DÉCRÈTE :

A l'avenir, la décoration de la Légion d'honneur sera exclusivement réservée à la récompense des services militaires et des actes de bravoures et de dévouement accomplis en présence de l'ennemi.

Fait à Paris, le 28 octobre 1870.

Général Trochu, Jules Favres, Garnier-Pagès, Henri Rochefort, E. Pelletan, Emmanuel Arago, Jules Simon, Jules ferry.

N° 104. — *Décret qui supprime la garde impériale.*

LE GOUVERNEMENT DE LA DÉFENSE NATIONALE,

Vu la loi du 14 Avril 1832, l'ordonnance du 16 mars 1838 et le décret du 17 juin 1857,

Sur le rapport du ministre de la guerre,

DÉCRÈTE :

Art. 1er. La garde impériale est supprimée.

Art. 2. Le licenciement s'opérera au fur et à mesure que les circonstances le permettront.

Il s'effectuera immédiatement en ce qui concerne les fractions de corps à Paris.

Art. 3. Les officiers, sous-officiers, caporaux ou brigadiers et les soldats de l'ex-garde, qui servent actuellement dans les régiments de marche, toucheront la solde d'activité de leur grade et de leur classe, attribuée à la ligne, à partir du 1er novembre prochain.

Fait à Paris, le 28 octobre 1870.

Général Trochu, Jules Favre, Emmamuel Arago, Jules Ferry, Garnier-Pagès, E. Picard, Henri Rochefort, Jules Simon.

N° 105. — *Décret ouvrant un crédit extraordinaire de 40,000 de fr. pour la construction des ballons.*

LE GOUVERNEMENT DE LA DÉFENSE NATIONALE,

Vu les propositions faites par M. Dupuy de Lhôme, membre de l'institut, membre du conseil de défense pour la construction de ballons susceptibles de recevoir une direction et spécialement applicables aux correspondances du Gouvernement avec l'extérieur ;

Considérant que ces travaux sont d'un grand intérêt pour la défense nationale,

DÉCRÈTE :

Art. 1er. Un crédit de 40,000 francs est ouvert au budget extraordinaire du ministère de l'instruction publique pour être affecté à la construction des ballons.

Art. 2. M. Dupuy de Lhôme est chargé de l'exécution et de la direction des travaux, auxquels il imprimera toute l'activité possible.

Fait à Paris, le 28 octobre 1870.

(Suivent les signatures.)

N° 106. — *Décret qui supprime le droit d'octroi établi sur les porcs à l'entrée de la ville de Mazamet.*

LE GOUVERNEMENT DE LA DÉFENSE NATIONALE,

Vu la loi du 9 décembre 1814, relative aux octrois ;

Vu la loi du 11 juin 1842 ;

Vu le décret du 17 mars 1852 ;

Vu l'article 18 de la loi de finances du 22 juin 1854 ;

Vu la délibération de la commission municipale de la commune de Mazamet, département du Tarn, en daté du 21 septembre 1870, tendant à modifier le tarif de son octroi,

DÉCRÈTE :

Art. 1er. A partir de la promulgation du présent décret, le droit d'octroi établi sur les porcs, à l'entrée de la ville de Mazamet, sera supprimé.

Un taxe de 25 cent. par cent kilog. sera perçue sur les huiles de toute espèce.

Art. 2. Les ministres de l'intérieur et des finances sont chargés, chacun en ce qui le concerne de l'exécution du présent décret.

Fait à Tours, le 28 octobre 1870.

Ad. Crémieux, L. Fourichon, L. Gambetta, Glais-Bizoin.

N° 107. — *Décret relatif à l'octroi de la commune de Cholet.*

LE GOUVERNEMENT DE LA DÉFENSE NATIONALE,

Vu l'ordonnance du 9 septembre 1814, relative aux octrois ;
Vu la loi du 11 juin 1842 ;
Vu le décret du 17 mars 1852 ;
Vu l'article 18 de la loi de finances du 22 juin 1854 ;
Vu la loi du 24 juillet 1867 ;
Vu la délibération du conseil municipal de Cholet, en date du 23 août 1870, tendant au maintien, pendant cinq ans, de l'octroi de cette commune et à la révision du tarif et règlement de la perception,

DÉCRÈTE :

Art. 1er. A partir du 1er janvier 1871 et jusqu'au 31 décembre 1875, la perception de l'octroi de la commune de Cholet, département de Maine-et-Loire, sera opéré conformément aux tarifs et règlements annexés au présent décret.

Art. 2. Les ministres de l'intérieur et des finances sont chargés, chacun en ce qui le concerne, de l'exécution du présent décret.

Fait à Tours, le 28 octobre 1870.

L. Gambetta, Ad. Crémieux, Glais-Bizoin, L. Fourichon.

N° 108. — *Décret relatif à l'octroi de Brest.*

Les membres du gouvernement de la défense nationale, délégués pour représenter le Gouvernement et en exercer les pouvoirs,

Vu les décrets des 12 et 13 septembre 1870 ;
Vu l'ordonnance du 9 décembre 1814, relativement aux octrois ;
Vu la loi du 11 juin 1842 ;
Vu le décret du 17 mars 1852 ;
Vu l'article 18 de la loi de finances du 21 juin 1854 ;

Vu les délibérations du conseil municipal de la ville de Brest des 2 avril et 2? octobre 1870 ;

Considérant qu'il importe d'assurer à cette commune les ressources nécessaires pour l'amortissement des emprunts qu'elle a contractés, et de lui accorder les moyens de satisfaire aux dépenses qu'elle s'est imposée pour la défense nationale,

DÉCRÈTENT :

Le tarif des taxes additionnelles de droits d'octroi adopté par le conseil municipal de Brest, dans sa séance du 2 avril 1870, annexé au présent décret sera appliqué pendant la durée du tarif actuel, c'est-à-dire jusqu'au 31 décembre 1874.

Les ministres de l'intérieur et des finances sont chargés, chacun en ce qui le concerne, de l'exécution du présent décret.

Fait à Tours, le 31 octobre 1870.

Les membres du Gouvernement,
Signé : Ad. CRÉMIEUX, L. GAMBETTA, GLAIS-BIZOIN, L. FOURICHON.

N° 109. — *Décret relatif à l'octroi de la ville d'Albi.*

LE GOUVERNEMENT DE LA DÉFENSE NATIONALE,

Vu l'ordonnance du 9 décembre 1814 relative aux octrois ;

Vu la loi du 11 juin 1842 ;

Vu le décret du 17 mars 1852 ;

Vu l'article 18 de la loi de finances du 22 juin 1854 ;

Vu la loi du 24 juillet 1867 ;

Vu la délibération de la commission municipale de la commune d'Albi, en en date du 24 septembre 1870, tendant à assurer les ressources nécessaires pour l'amortissement de l'emprunt qu'elle vient de contracter,

DÉCRÈTE :

Art. 1er. A partir du 1er janvier prochain et jusqu'au 31 décembre 1875, il sera perçu à l'octroi de la ville d'Albi un deuxième décime par franc sur tous les articles du tarif déjà imposés d'un premier décime.

Le droit principal établi sur les alcools sera augmenté de deux décimes par franc.

Art. 2. Les ministres de l'intérieur et des finances sont chargés, chacun en ce qui le concerne, de l'exécution du présent décret.

Fait à Tours, le 31 octobre 1870.

Signé : Ad. CRÉMIEUX, GLAIS-BIZOIN, L. FOURICHON.

N°110.—*Décret qui suspend provisoirement toutes procédures de saisie immobilière et de folle enchère.*

LE GOUVERNEMENT DE LA DÉFENSE NATIONALE.

Considérant que le Gouvernement doit venir en aide aux souffrances de la propriété immobilière, et aux immenses difficultés que les circonstances opposent à la libération des débiteurs par hypothèques ; qu'il y a justice et nécessité à surseoir à toutes ventes judiciaires, soit qu'elles soient poursuivies par un créanciers, soit que la loi elle-même les ait prescrites, si dans ces derniers cas une partie intéressée y forme opposition,

DÉCRÈTE :

Art. 1er. A compter du jour de la promulgation du présent décret, il sera provisoirement sursis à toutes procédures de saisie immobilière et de folle enchère, même à celles qui sont actuellement en cours, la procédure de surenchère commencée pouvant néanmoins être conduite à fin.

Art. 2. Les délais impartis au titre 12e livre V. 1re partie du Code de procédure civile, pour remplir les différentes formalités de la procédure de saisie immobilière, sont en conséquence suspendues sans qu'il soit besoin d'aucun jugement.

Art. 3. Néanmoins, si le créancier saisissant, la partie saisie et tous les créanciers hypothécaires sont d'accord pour qu'il soit procédé à l'adjudication sur saisie, à la folle enchère, à la licitation d'un immeuble, la procédure suivra son cours, et le consentement de toutes les parties sera constaté soit par le jugement de publication, soit par le jugement d'adjudication.

Art. 4. En matière de vente de biens de failli après union, les tribunaux pourront ordonner le sursis à la vente sur la demande soit de tout créancier chirographaire, pourvu que sa créance ait été vérifiée et admise, soit même du failli.

Art. 5. Tous les incidents auxquels donneront lieu les demandes à fin de sursis formées en vertu du présent décret, seront instruits et jugés sommairement.

Les jugements qui statueront sur lesdites demandes ne seront pas susceptibles d'appel.

Art. 6. Le présent décret sera publié et promulgué conformément aux ordonnances des 27 novembre 1816 et 18 janvier 1817.

Fait à Tours, en conseil de gouvernement, le 2 novembre 1870.

L. GAMBETTA, AD. CRÉMIEUX, GLAIS-BIZOIN,
L. FOURICHON.

N° 111. — *Décret qui mobilise tous les hommes valides de 21 à 40 ans mariés ou veufs avec enfants.*

LES MEMBRES DU GOUVERNEMENT DE LA DÉFENSE NATIONALE, délégués pour représenter le Gouvernement et en exercer les pouvoirs ;

Vu les décrets des 12 et 16 septembre 1870 ;

Considérant que la Patrie est en danger, que tous les citoyens se doivent à son salut ; que ce devoir n'a jamais été plus pressant ni plus sacré que dans les circonstances présentes,

DÉCRÈTENT :

Art. 1er. Tous les hommes valides de 21 à 40 ans, mariés ou veufs avec enfants, sont mobilisés.

Art. 2. Les citoyens mobilisés par le présent décret seront organisés par les préfets, conformément aux décrets des 29 septembre et 11 octobre, ainsi qu'à la circulaire du 15 octobre de la présente année.

Art. 3. Les citoyens mobilisés par le présent décret seront, leur organisation faite, mis à la disposition du ministre de la guerre. Cette organisation devra être terminée le 19 novembre.

Art. 4. Il sera pourvu à leur habillement, équipement et solde, d'après les règles prescrites par le décret du 22 octobre de la présente année.

Art. 5. Toute exemption basée sur la qualité de soutien de famille est abolie même à l'égard de ceux à qui elle avait été antérieurement appliquée par les conseils de révision. Il n'est admis d'autres exemptions que celles résultant des infirmités ou basées sur les services publics énumérés dans la circulaire du 15 octobre 1870.

Est également abrogé l'article 145 de la loi du 22 mars 1831.

Art. 6. La République pourvoira aux besoins des familles reconnues nécessiteuses. Un comité composé du maire ou président de la commission municipale, délégués par le conseil ou la commission, statuera définitivement sur les demandes formées à cet égard par les familles domiciliées dans la commune.

Art. 7. La République adopte les enfants des citoyens qui succombent pour la défense de la patrie.

Art. 8. Le ministre de la guerre est autorisé à utiliser, pour la fabrication des armes et engins de guerre, les usines et ateliers pouvant servir à cet effet.

Art. 9. Le ministre de l'intérieur et de la guerre est chargé de l'exécution du présent décret, laquelle aura lieu immédiatement après la publication qui en sera faite conformément aux ordonnances du 27 novembre 1816 et des 18 janvier 1817.

Fait à Tours, le 2 novembre 1870.

Signé : L. Gambetta, Ad. Crémieux, Glais-Bizoin, L. Fourichon.

N° 112. — Décret relatif à l'élection des maires des vingt arrondissements de la ville de Paris.

LE GOUVERNEMENT DE LA DÉFENSE NATIONALE,

Considérant que les maires des vingt arrondissements de la ville de Paris, régulièrement convoqués à l'Hôtel-de-Ville, ont émis à l'unanimité le vœu qu'il fût procédé, en deux votes distincts, à l'élection des maires et à celles des adjoints,

DÉCRÈTE :

Art. 1er. Le scrutin du 5 novembre sera exclusivement consacré à l'élection des maires.

Fait à Paris, le 4 novembre 1870.

(Suivent les signatures.)

N° 113.—Décret relatif à la promulgation des lois et décrets.

LE GOUVERNEMENT DE LA DÉFENSE NATIONALE,

Considérant qu'il importe de prévenir les difficultés que peut faire naître le mode actuel de promulgation des lois et décrets, et d'établir d'une manière certaine l'époque où les actes législatifs sont obligatoires,

DÉCRÈTE :

Art. 1er. Dorénavant, la promulgation des lois et des décrets résultera de leur insertion au *Journal officiel de la République française,* lequel, à cet égard, remplacera le *Bulletin officiel des lois.*

Le *Bulletin officiel des lois* continuera à être publié.

Art. 2. Les lois et les décrets seront obligatoires à Paris un jour franc après la promulgation, et partout ailleurs dans l'étendue de chaque arrondissement, un jour franc après qus le *Journal officiel* qui les contient, sera parvenu au chef-lieu de cet arrondissement.

Le Gouvernement, par une disposition spéciale, pourra ordonner l'exécution immédiate d'un décret.

Art. 3. Les préfets et sous-préfets prendront les mesures nécessaires pour que les actes législatifs soient imprimés et affichés.

Art. 4. Les tribunaux et les autorités administratives et militaires pourront, selon les circonstances, accueillir l'exception d'ignorance alléguée par les contrevenants, si la contravention a eu lieu dans le délai de trois jours francs, à partir de la promulgation.

Fait à l'Hôtel-de-Ville de Paris, le 5 novembre 1870.

Signé : EMMANUEL ARAGO, GLAIS-BIZOIN, CRÉMIEUX, PELLETAN, JULES FAVRE, PICARD, FERRY, ROCHEFORT, GAMBETTA, JULES SIMON, GARNIER-PAGÈS, général TROCHU.

N° 114. — *Décret qui réduit d'une somme de 2,500,000 fr. le crédit du budget ordinaire du département de la marine et des colonies.*

LE GOUVERNEMENT DE LA DÉFENSE NATIONALE,

Sur le rapport du ministre de la marine et des colonies ;

Vu les lois de finances des 8 mai 1869, 17, 21 et 24 juillet 1870 ;

Vu le décret du 10 novembre 1856, concernant les virements de crédits ;

Vu l'article 2 du sénatus-consulte du 31 décembre 1861 ;

Vu l'article 55 du décret du 31 mai 1862, portant règlement sur la comptabilité publique ;

Vu la lettre du ministre des finances en date du 5 novembre 1870,

DÉCRÈTE :

Art. 1er. Le crédit ouvert pour l'exercice 1870 sur le chapitre II (approvisionnements généraux de la flotte) du budget ordinaire du département de la marine et des colonies, est réduit d'une somme de deux millions cinq cent mille francs (2,500,000 fr.).

Art. 2. Le crédit ouvert pour ledit exercice au chapitre IX (Vivres) du budget ordinaire du même département est augmenté de pareille somme de deux millions cinq cent cent mille francs (2,500,000 fr.).

Art. 3. Le ministre de la marine et des colonies et le ministre des finances sont chargés, chacun en ce qui le concerne, de l'exécution du présent décret, qui sera inséré au *Bulletin des lois.*

Fait à Paris, le 7 novembre 1870.

Général TROCHU, Jules FAVRE, Emmanuel ARAGO, Jules FERRY, GARNIER-PAGÈS, E. PELLETAN, Jules SIMON.

N° 115.—*Décret qui forme une commission chargée de contrôler de réunir et de liquidèr provisoirement, tous les marchés passés depuis le début de la guerre.*

LA DÉLÉGATION DU GOUVERNEMENT,

Considérant que des marchés très-nombreux ont été passés, depuis le début de la guerre, pour les subsistances, l'habillement et l'équipement des troupes régulières et auxiliaires ;

Considérant qu'un grand nombre de marchés n'ont pu être, pour des causes diverses, complétement exécutés ;

Considérant que les intérêts du trésor sont engagés, dans ces opérations, pour des sommes considérables ;

Considérant qu'il y a urgence, pour l'Etat et les contractants, qu'il soit statué dès à présent acquis,

DÉCRÈTE :

Art. 1er. Il est formé au ministère de la guerre, une commission chargée de réunir, de contrôler et de liquider provisoirement tous les marchés passés, depuis le début de la guerre, pour fournitures faites ou à faire aux troupes, sans que les rapports de la commission puissent, d'ailleurs, préjudicier en rien aux décisions à rendre ultérieurement par l'autorité chargée de la liquidation définitive, etc.

Le ministre de l'intérieur et de la guerre est chargé de l'exécution du présent décret.

Fait à Tours, le 8 novembre 1870.

AD. CRÉMIEUX, L. FOURICHON, L. GAMBETTA, GLAIS-BIZOIN.

N° 116. — *Décret qui réunit le service des eaux, tel qu'il existait sous l'ancienne liste civile, au ministère des travaux publics.*

LE GOUVERNEMENT DE LA DÉFENSE NATIONALE,

Considérant que la machine de Marly et ses dépendances faisaient partie desdits biens, ainsi que les rigoles, aqueducs, réservoirs et conduites servant à la distribution des eaux;

Qu'il importe d'assurer la conservation des bâtiments et ouvrages affectés à ce service,

DÉCRÈTE :

Art. 1er. Le service des eaux, tel qu'il existait sous l'ancienne liste civile, est réuni au ministère des travaux publics, qui est chargé de tous les travaux d'entretien et de construction que ledit service pourra exiger.

Art. 2. Le ministère des travaux publics est chargé de l'exécution du présent décret.

Fait à Paris, le 10 novembre 1870.

Général TROCHU, Jules FAVRE, Emmanuel ARAGO, GARNIER-PAGÈS, Ernest PICARD, Jules FERRY, Eugène PELLETAN, J. SIMON.

N° 117. — *Décret qui rattache au ministère des finances tous les domaines productifs qui dépendaient de l'ancienne dotation de la couronne.*

LE GOUVERNEMENT DE LA DÉFENSE NATIONALE,

Vu le décret du 6 septembre 1870, lequel porte que tous les biens, meubles et immeubles désignés sous le nom de biens de la liste civile ont fait retour au domaine de l'Etat, et qu'il sera nommé par le ministre des finances une commission chargée de la liquidation des biens de l'ancienne liste civile et du domaine privé, ainsi que de l'administration, pendant la durée de la liquidation, desdits biens autres que ceux déjà réunis aux ministères du commerce, de l'instruction publique et de l'intérieur;

Considérant que la commission peut être, dès à présent, dessaisie de l'administration des domaines productifs loués ou affermés,

DÉCRÈTE :

Art. 1er. Sont rattachés au ministère des finances, pour être régis par l'administration des domaines de l'Etat, tous les domaines productifs qui dépendaient de l'ancienne dotation de la couronne, autres que les établissements agricoles non affermés.

Art. 2. Le ministre des finances est chargé de l'exécution du présent décret.

Fait à Paris, le 10 novembre 1870.

Général TROCHU, Jules FAVRE, Emmanuel ARAGO, Jules FERRY, Eugène PELLETAN, Ernest PICARD, GARNIER-PAGÈS.

N° 118. — *Décret relatif aux échéances. La prorogation est augmentée d'un mois à partir du 14 novembre 1870.*

LE GOUVERNEMENT DE LA DÉFENSE NATIONALE,

Vu la loi du 13 août, les décrets des 10 septembre et 13 octobre 1870, relatifs aux effets de commerce;

Considérant que les cirsconstances rendent nécessaire de suspendre de nouveau les poursuites;

Considérant, en outre, que quelques doutes se sont élevés sur l'interprétation des lois et décrets sus-visés, et qu'il y a lieu, dès lors, en édictant de nouvelles dispositions, de préciser le sens de celles qui ont précédé,

DÉCRÈTE :

Art. 1er. La prorogation de délais accordée par la loi du 13 août et les décrets des 10 septembre et 11 octobre 1870, relatifs aux effets de commerce, est augmentée d'un mois à partir du 14 novembre courant.

Cette disposition est applicable même aux valeurs souscrites postérieurement à la loi et aux décrets sus-visés, mais en ce sens seulement que les souscripteurs de valeurs nouvelles et devant échoir avant l'expiration de la prorogation ne pourront profiter que des délais accordés postérieurement à la souscription.

Art. 2. Toutes les autres dispositions de la loi du 13 août 1870 sont maintenues.

Art. 3. Le présent décret est applicable à l'Algérie.

Fait à Paris, le 10 novembre 1870.

Général TROCHU, Jules FAVRE, Emmanuel ARAGO, Jules FERRY, GARNIER-PAGÈS, Eug. PELLETAN, Jules SIMON.

N° 119. — *Décret qui ouvre au ministère de l'intérieur et de la guerre un crédit de 20,000,000 fr. pour faire face aux dépenses des gardes nationales de la France.*

LE GOUVERNEMENT DE LA DÉFENSE NATIONALE,

Vu la loi des finances du 8 mai 1869, portant fixation du budget de l'exercice 1870 ;

Vu la loi du 12 août 1870, dont l'article 5 a ouvert aux départements de la guerre et de l'intérieur un crédit provisoire de cinquante millions (50,000,000 fr.) pour pourvoir aux dépenses occasionnées par l'organisation des gardes nationales de la France ;

Sur la proposition du ministre de l'intérieur et après avis du ministre des finances,

DÉCRÈTE :

Art. 1er. Il est ouvert aux ministères de l'intérieur et de la guerre sur le budget extraordinaire de l'exercice 1870 un nouveau supplément de crédit s'élevant à la somme de vingt millions pour faire face aux dépenses des garde nationales de France.

Art. 2. Il sera pourvu à ces dépenses au moyen des ressources créées par la loi du 12 août 1870.

Art. 3. Les ministres de l'intérieur et des finances sont chargés, chacun en ce qui le concerne, de l'exécution du présent décret.

Fait à Paris, le 10 novembre 1870.

Général TROCHU, Jules FAVRE, Emmanuel ARAGO,
Jules FERRY, GARNIER-PAGÈS, Jules SIMON,
Ernest PICARD, Eugène PELLETAN.

N° 120. — *Décret relatif à l'élection des grands rabbins des consistoires départementaux.*

LL GOUVERNEMENT DE LA DÉFENSE NATIONALE,

DÉCRÈTE :

Art. 1er. Lorsqu'il y aura lieu d'élire un grand rabbin du consistoire départemental, il y sera procédé par une assemblée de vingt-cinq délégués que désigneront tous les électeurs de la circonscription électorale.

Art. 2. Les rabbins communaux seront élus par une assemblée de délégués que nommeront les électeurs de la circonscription communale.

Art. 3. Le nombre des délégués sera fixé suivant l'importance de la circonscription communale par le consistoire départemental, sans pouvoir être au-dessous de cinq.

Art. 4. La nomination des délégués est faite dans les mêmes formes que celle des membres des consistoires.

Art. 5. Les élections des grands rabbins et des rabbins communaux ont lieu à la majorité absolue des délégués présents. Le nombre des délégués doit être au moins de la moitié de la liste totale.

Art. 6. La durée des fonctions des membres laïques du consistoire et des consistoires départementaux, est de quatre ans. Ils sont divisés en deux séries se renouvelant alternativement de deux en deux années. Les membres sortant sont rééligibles.

Art. 7. Le consistoire central et les consistoires départementaux nomment annuellement leurs présidents et vice-présidents.

Art. 8. La liste des électeurs est permanente. Elle est révisée tous les deux ans dans les formes prévues par les ordonnances antérieures.

Continueront à être observées, les ordonnances antérieures dans les dispositions qui ne sont pas contraires au présent décret (1).

Fait à Tours, le 11 novembre 1870.

Ad. Crémieux, Glais-Bizoin, L. Fourichon, L. Gambetta.

N° 121 — *Décret qui déclare que la promulgation des lois et décrets rendus par la délégation du Gouvernement aura lieu dans le* Moniteur universel.

LES MEMBRES DU GOUVERNEMENT DE LA DÉFENSE NATIONALE,

Vu le décret du Gouvernement de la défense nationale portant la date du 5 novembre 1870,

DÉCRÈTENT :

Art. 1er. Tant que les communications avec la ville de Paris et le Gouvernement de la Défense nationale ne seront pas rétablies,

(1) V. Ord. du 25 mai 1844. — Décret du 29 août 1862. — Arrêté du conseil d'État du 5 juin 1862.

le *Journal officiel* de la République française ne pouvant pas venir régulièrement dans les départements, la promulgation des lois et des décrets rendus par la délégation du Gouvernement aura lieu dans le *Moniteur universel*, qui remplacera pour leur publication et leur promulgation le *Journal officiel* de la République française.

Art. 2. Tout décret du Gouvernement de la défense nationale, inséré au *Journal officiel* de la République française, qui parviendra à Tours, sera immédiatement publié dans le *Moniteur universel*. Cette publication, pour tous les arrondissements de France où le *Journal officiel* de la République française ne serait pas parvenu, vaudra la promulgation par ce journal.

Fait à Tours, en conseil de Gouvernement, le 11 novembre 1870.

Signé : Ad. Crémieux, Léon Gambetta, Glais-Bizoin, L. Fourichon.

N° 122 — *Décret qui appelle à l'activité les jeunes gens de 25 à 35 ans, célibataires ou veufs sans enfants, du département de la Seine.*

LE GOUVERNEMENT DE LA DÉFENSE NATIONALE,

Vu la loi du 10 août 1870, qui met à la disposition de l'Etat, pour la durée de la guerre, les hommes de 25 à 35 ans non mariés ou veufs sans enfants, ayant satisfait à la loi sur le recrutement de l'armée et n'appartenant pas à la garde nationale mobile ;

Vu la décision qui divise ces hommes en trois catégories :

1° Les anciens militaires ;

2° Les jeunes gens des deuxièmes portions des contingents ;

3° Les jeunes gens n'ayant jamais paru au drapeau ;

Vu les décisions prises pour la mise en route des hommes appartenant aux deux premières catégories,

DÉCRÈTE :

Art. 1er. Les jeunes gens de 25 à 35 ans, célibataires ou veufs sans enfants, du département de la Seine, formant la troisième catégorie, sont appelés à l'activité.

Art. 2. Cet appel s'étend aux jeunes gens des autres départements actuellement en résidence à Paris.

Art. 3. Le ministre de la guerre est chargé de l'exécution du présent décret.

Fait à Paris, le 12 novembre 1870.

Général TROCHU, Jules FAVRE, Emmanuel ARAGO, GARNIER-PAGÈS, Ernest PICARD, Jules FERRY, Eugène PELLETAN, J. SIMON.

N° 123. — *Décret qui décide que tout atelier inoccupé pourra être requis temporairement et employé d'office à la transformation des armes.*

LE GOUVERNEMENT DE LA DÉFENSE NATIONALE,

Considérant qu'un certain nombre d'ateliers dont l'outillage pourrait être utilisé à la fabrication ou à la transformation des armes de guerre restent sans emploi, par suite de l'absence des propriétaires ou pour toute autre cause à eux personnelle;

Qu'il est urgent, tout en sauvegardant les intérêts desdits propriétaires, de prendre des dispositions pour faire servir à la défense nationale les ateliers dont il s'agit;

DÉCRÈTE :

Art. 1er. Tout atelier inoccupé pourra être requis temporairement et employé d'office à la fabrication ou à la transformation des armes.

Art. 2. La réquisition sera faite par arrêté du ministre des travaux publics, rendu sur la proposition de la commission d'armement, à la demande des industriels qui s'offriront à faire fonctionner les ateliers dont s'agit.

Art. 3. Toute réquisition sera accompagnée d'un inventaire dressé contradictoirement entre les propriétaires et les industriels demandant la réquisition. En cas d'absence du propriétaire et de ses ayants-droit, il sera préalablement nommé un administrateur judiciaire pour veiller aux intérêts de l'absent.

Cet administrateur sera commis par justice et sur ordonnane du président du tribunal civil de la Seine, rendue à la requête des industriels demandant la réquisition.

Il veillera aux intérêts de l'absent, procédera aux inventaires, conviendra des loyers, tant de l'immeuble que de l'outillage, et prendra en tant que de besoin toutes les mesures conservatoires que de droit.

Art. 4. Toute difficulté relative soit à la prise de possession de l'atelier requis, soit à son occupation temporaire, soit à sa restitution entre les mains du propriétaire, sera jugée par le tribunal civil.

Art. 5. Le ministre des travaux publics est chargé de l'exécution du présent décret.

Fait à Paris, le 12 novembre 1870.

Signé : Général TROCHU, J. FAVRE, E. PICARD, EMM. ARAGO, J. SIMON, J. FERRY, GARNIER-PAGÈS, EUG. PELLETAN.

N° 124. — *Décret qui suspend toute poursuite contre la mère veuve qui a son fils sous les drapeaux; la femme dont le mari est sous les drapeaux; la mère veuve qui a perdu un de ses enfants au service de la Patrie; la femme dont le mari a succombé en combattant ou par suite de ses blessures.*

LE GOUVERNEMENT DE LA DÉFENSE NATIONALE,

DÉCRÈTE :

Pendant la durée de la guerre, la mère veuve qui a son fils ou des fils sous les drapeaux, la femme dont le mari est sous les drapeaux, la mère veuve qui a perdu un de ses enfants au service de la Patrie, la femme dont le mari a succombé en combattant ou par suite de ses blessures, ne peuvent être soumises à aucun acte de poursuite pour paiement soit des dettes du mari, qu'elles auraient cautionnées, soit pour dettes solidaires entre elle et son mari, soit pour dettes des enfants dont elles seraient héritières, soit pour leurs propres dettes, le mobilier garnissant leur habitation, soit qu'il leur appartienne, soit qu'il appartienne au mari ou aux enfants, ne peut être saisi.

Fait en conseil de Gouvernement, à Tours, le 14 novembre 1870.

Ad. CRÉMIEUX, L. GAMBETTA, GLAIS-BIZOIN, L. FOURICHON.

N° 125. — *Décret qui proroge le délai fixé par le décret du 8 octobre 1870.*

LE MEMBRES DU GOUVERNEMENT DE LA DÉFENSE NATIONALE. ministre de l'intérieur,

En vertu des pouvoirs à lui délégués par le Gouvernement, par décret en date à Paris du 1er octobre 1870.

DÉCRÈTE :

Art. 1er. Est prorogé jusqu'au 31 décembre prochain le délai fixé par le décret du 8 octobre dernier, pour l'admission en franchise, à tous les bureaux de douane de la frontière française, des poudres de guerre, artifices, munitions et projectiles de guerre.

Art. 2. Les ministres de l'intérieur et des finances sont chargés, chacun en ce qui le concerne, de l'exécution du présent décret.

Fait à Tours, le 14 novembre 1870.

Léon GAMBETTA.

N° 126. — *Décret relatif aux effets de commerce.*

LE GOUVERNEMENT DE LA DÉFENSE NATIONALE,

Considérant que les effets de commerce souscrits avant la guerre, à la différence des effets souscrits après la guerre déclarée, l'ont été dans l'gnorance d'un événement inattendu, qui a jeté tout à coup la perturbution dans le commerce et rendu, sinon impossibles, du moins très-difficiles les moyens de libération,

DÉCRÈTE :

Art. 1er. Jusqu'au 15 décembre prochain, aucun protêt ne pourra être fait, aucune poursuite exercée pour les effets de commerce souscrits avant le 15 août dernier.

Art. 2. Tous les effets de commerce souscrits postérieurement au 15 août dernier demeurent soumis au décret du 5 novembre, dont toutes les dispositions non contraires à l'articla 1er sont maintenues,

Fait à Tours, le 14 novembre 1870.

L. GAMBETTA, AD. CRÉMIEUX, GLAIS-BIZOIN,
L. FOURICHON.

N° 127 — *Décret qui appelle à l'activité la garde nationale mobile de la classe de 1870.*

LE GOUVERNEMENT DE LA DÉFENSE NATIONALE,

Vu la loi du 1er février 1868;
Vu la loi du 17 juillet 1870;
Vu le décret du 28 octobre 1870 qui appelle à l'activité le contingent de la classe 1870 affecté à l'armée,

DÉCRÈTE :

Art. 1er. Les jeunes gens du département de la Seine et ceux des autres départements actuellement en résidence à Paris, appartenant au contingent de la garde nationale mobile de la classe 1870, sont appelés à l'actiivté.

Art. 2. Le ministre de la guerre est chargé de l'exécution du présent décret,

Fait à Paris, le 15 novembre 1870,

Signé : Général TROCHU, J. FAVRE, EMM. ARAGO, CRÉMIEUX, J. FERRY, GAMBETTA, GARNIER-PAGÈS, GLAIS-BIZOIN, E. PELLETAN, ROCHEFORT, J. SIMON, PICARD.

N° 128 — *Décret qui autorise la société anonyme formée sous la dénomination de* Compagnie des houillères et du chemin de fer de Saint-Eloi *(Puy-de-Dôme) à se transformer en Société anonyme dans les termes de la loi du 24 juillet 1870.*

LE GOUVERNEMENT DE LA DÉFENSE NATIONALE,

Sur la proposition du ministre de l'agriculture et du commerce ;
Vu le décret du 7 septembre 1863, qui a autorisé la société anonyme formée à Paris sous la dénomination de *Compagnie des houillères et du chemin de fer de Saint-Eloi* (*Puy-de-Dôme*) et approuvé ses statuts ,

DÉCRÈTE :

Art. 1er. La société anonyme formée à Paris sous la dénomination de *Compagnie des houillères et du chemin de fer de Saint-Eloi* (*Puy-de-Dôme*) est autorisée à se transformer en société anonyme, dans les termes de la loi du 24 juillet 1867.

Fait à Paris, le 16 novembre 1870.

(Suivent les signatures.)

N° 129 — *Décret qui autorise la société anonyme d'assurances sur la vie,* l'Impériale, *à substituer à cette dénomination celle de :* Le Crédit Viager.

LE GOUVERNEMENT DE LA DÉFENSE NATIONALE,

Sur la proposition du ministre de l'agriculture et du commerce.

Vu le décret en date du 29 mars 1854, portant autorisation de la société anonyme formée à Paris sous la dénomination de *l'Impériale,* compagnie d'assurances sur la vie humaine et approbation de ses statuts ;

Vu le décret en date du 26 mai 1869, qui a approuvé des modifications aux statuts de ladite société, etc,

DÉCRÈTE :

Art. 1er. Est approuvée la modification des statuts de la société anonyme d'assurances sur la vie, formée à Paris, sous la dénomination de *l'Impériale,* tendant à substituer à la dénomination actuelle de la société celle de : Le *Crédit Viager,* compagnie anonyme d'assurances sur la vie ; ladite modification votée par l'assemblée générale extraordinaire des actionnaires, suivant délibération du 14 octobre 1870, laquelle restera annexée au présent décret.

Fait à Paris, le 16 novembre 1870.

(Suivent les signatures.)

N° 130 — *Décret qui supprime dans les cours d'appel les fonctions de* premier avocat général.

LE GOUVERNEMENT DE LA DÉFENSE NATIONALE,

Considérant que la distinction entre le premier avocat général et les autres avocats généraux près les Cours d'appel ne présente aucune utilité au point de vue du service judiciaire,

DÉCRÈTE :

Le titre et les fonctions de premier avocat général seront supprimés dans les Cours d'appel, au fur et à mesure des extinctions, le nombre des avocats généraux restant le même.

Fait à l'Hôtel-de-Ville, le 16 novembre 1870.

Signé : Général Trochu, J. Favre, Emmanuel Arago, J. Ferry, Jules Simon, Pelletan, Garnier-Pagès.

N° 131 *Décret qui autorise la société anonyme formée sous la dénomination de* Société des Hauts Fourneaux et forges de Denain et d'Azin, *à se transformer en société anonyme dans les termes de la loi du 24 juillet 1867.*

LE GOUVERNEMENT DE LA DÉFENSE NATIONALE,

Sur la proposition du ministre de l'agriculture et du commerce,

Vu l'arrêté du président de la République, en date du 6 avril 1849, qui a autorisé la société anonyme formée à Paris sous la dénomination de *Société des Hauts Fourneaux et forges de Denain et d'Azin*, et qui en a approuvé les statuts ;

DÉCRÈTE :

Art. 1er. La société anonyme formée à Paris sous la dénomination de *Société des Hauts Fourneaux et forges de Denain et d'Azin* est autorisée à se transformer en société anonyme, dans les termes de la loi du 24 juillet 1867.

Fait à Paris, le 16 novembre 1870.

(*Suivent les signatures.*)

N° 132 — *Décret qui ajourne les élections pour le renouvellement des membres du tribunal de commerce de la Seine.*

LE GOUVERNEMENT DE LA DÉFENSE NATIONALE,

Considérant que les élections pour le renouvellement des membres du tribunal de commerce de la Seine qui devaient avoir lieu au mois d'août dernier n'on pas été effectuées ;

Considérant qu'il ne convient pas, dans les circonstances actuelles, de procéder à ces élections, alors surtout que des réclamations se sont élevées contre le système en vigueur,

DÉCRÈTE :

Les membres du tribunal de commerce de la Seine, actuellement en fonctions, y demeureront jusqu'à ce qu'il en soit autrement disposé.

Fait à Paris, le 16 novembre 1870.

Général TROCHU, JULES FAVRE, ERNEST PICARD, GARNIER-PAGÈS, JULES FERRY, JULES SIMON, EMMANUEL ARAGO, EUG. PELLETAN.

N° 133. — *Décret relatif aux droits d'entrée établis dans la commune de Cahors sur les sucres et le café.*

LE GOUVERNEMENT DE LA DÉFENSE NATIONALE,

Vu l'ordonnance du 9 décembre 1814, relative aux octrois;
Vu la loi du 11 juin 1842;
Vu le décret du 17 mars 1852;
Vu loi du 24 juillet 1867 et l'ordonnance réglementaire du 10 février 1870;
Vu la délibération du conseil municipal de la commune de Cahors, en date du 25 septembre 1870, tendant à la prorogation des taxes d'octroi sur les sucres et les cafés, dans le but d'assurer l'amortissement de l'emprunt de 50,000 fr. récemment contracté pour l'armement de la garde nationale,

DÉCRÈTE :

Art. 1er. La perception des droits d'entrée établis dans la commune de Cahors, sur les sucres et les cafés, continuera d'être opérée jusqu'au 31 décembre 1876.

Art. 2. Les ministres de l'intérieur et des finances sont chargés, chacun en ce qui le concerne, de l'exécution du présent décret.

Fait à Tours, le 16 novembre 1870.

L. GAMBETTA, Ad. CRÉMIEUX, GLAIS-BIZOIN,
L. GAMBETTA.

N° 134. — *Décret qui autorise le département du Rhône à emprunter 3,000,000 fr.*

LES MEMBRES DU GOUVERNEMENT DE LA DÉFENSE NATIONALE, délégués pour représenter le Gouvernement et en exercer les pouvoirs,

Vu les décrets des 12 et 16 septembre 1870;
Vu les propositions du préfet et la délibération prise p r la commission départementale du Rhône, le 4 novembre 1870, à l'effet de pourvoir aux frais d'habillement, d'armement et de solde des gardes nationales mobilisées,

DÉCRÈTENT :

Art. 1er. Le département du Rhône est autorisé, conformément à la demande qu'en a faite, le 4 novembre courant, la commission départementale, à emprunter, à un taux qui ne pourra excéder 7 0/0, une somme de trois millions qui sera employée aux frais d'habillement, d'équipement, d'armement et de solde des gardes nationales mobilisées de sa circonscription.

Art. 2. Le ministre de l'intérieur est chargé de l'exécution du présent décret.

Fait à Tours, le 16 novembre 1870,

Ad. Crémieux, L. Gambetta, L. Fourichon,
Glais-Bizoin.

N° 135. — *Décret qui autorise le département du Cantal à emprunter 700,000 fr.*

Les membres du gouvernement de la défense nationale, délégués pour représenter le Gouvernement et en exercer les pouvoirs,

Vu les décrets des 12 et 16 septembre 1870;

Vu la délibération prise par le conseil général du Cantal dans sa session extrordinaire du 15 novembre courant, à l'effet de pourvoir aux frais d'habillement, d'équipement et de solde des gardes nationales mobilisées du département;

Vu le décret du 29 octobre dernier, autorisant dans le même but un emprunt de trois cent mille francs.

DÉCRÈTENT :

Art. 1er. Le département du Cantal est autorisé, conformément à la demande qu'en a faite le conseil général dans sa session extraordinaire du 10 novembre courant, à emprunter à un taux d'intérêt qui ne pourra excéder 6 0/0, une somme de sept cent mille francs (700,000 fr.) qui sera destinée comme celle provenant du premier emprunt de trois cent mille francs à pourvoir aux frais d'habillement, d'équipement et de solde des gardes nationales mobilisées.

Art. 2. Le ministre de l'intérieur est chargé de l'exécution du présent décret.

Fait à Tours, le 16 novembre 1870.

Ad. Crémieux, L. Gambetta, L. Fourichon,
Glais-Bizoin.

N° 136. — *Décret qui autorise le département des Hautes-Alpes : 1° à s'imposer extrordinairement, en 1870, vingt centimes additionnels au principal des quatre contributions directes; 2° à emprunter 480,000 fr.*

Les membres du gouvernement de la défense nationale,

délégués pour représenter le Gouvernement et en exercer les pouvoirs,

Vu les décrets des 12 et 16 septembre 1870;

Vu la délibération prise par le conseil général des Hautes-Alpes, dans sa session extraordinaire du 10 novembre courant, à l'effet de créer les ressources nécessaires à l'organisation et à l'entretien des gardes nationales mobilisées du département;

Vu les propositions du préfet,

DÉCRÈTENT :

Art. 1er. Le département des Hautes-Alpes est autorisé, conformément à la demande qu'en a faite le conseil général dans sa session extraordinaire du 10 novembre, à s'imposer extraordinairement, en 1870, vingt centimes additionnels au principal des quatre contributions directes, et dont le produit sera affecté au payement des dépenses d'organisation et d'entretien de la garde nationale mobilisée.

Art. 2. Le département est également autorisé à emprunter, à un taux qui ne pourra excéder 6 0/0, une somme de quatre cent quatre-vingt mille francs, qui sera employée, de même que le produit de l'impôt ci-dessus, aux dépenses des gardes nationales mobilisées des Hautes-Alpes.

Art. 3. Le ministre de l'intérieur est chargé de l'exécution du présent décret.

Fait à Tours, le 16 novembre 1870.

Ad. Crémieux, L. Gambetta, Glais-Bizoin,
L. Fourichon.

N° 137. — *Décret qui ouvre au ministère des finances un crédit de 700,000 fr.*

LE GOUVERNEMENT DE LA DÉFENSE NATIONALE,

Vu les décrets des 1er et 12 octobre 1870, autorisant les déposants à opérer le retrait gratuit d'objets de diverses natures engagés au Mont-de-Piété postérieurement au 19 juillet 1870, et chargeant le ministre des finances de pourvoir au payement de la dépense,

DÉCRÈTE :

Art. 1er. Un crédit de sept cent mille francs (700,000 fr,) est ouvert au ministère des finances pour l'exécution des décrets précités.

Art. 2. La somme à rembourser par le Trésor à l'administration du Mont-de-Piété sera prélevée sur les ressources créées par la loi 12 août 1870.

Art. 3. Le ministre des finances est chargé de l'exécution du présent décret.

Fait à Paris, le 17 novembre 1870.

Général TROCHU, J. FAVRE, Jules SIMON, GARNIER-PAGÈS, Jules FERRY, Ernest PICARD, Emmanuel ARAGO, E. PELLETAN.

N° 138. — *Décret qui décide que les centimes communaux pour 1871, seront les mêmes que ceux qui ont été imposés pour 1870.*

LE GOUVERNEMENT DE LA DÉFENSE NATIONALE,

Considérant que le décret du 13 septembre dernier, qui a réglé le mode de répartition des contributicn foncière, personnelle et mobilière, et des portes et fenêtres pour l'année 1871, a en même temps décidé que les centimes additionnels départementaux ordinaires et extraordinaires imposés en 1870, seront maintenus en 1871;

Considérant que le moment étant arrivé de procéder à la confection des rôles généraux de 1871, il convient, dans les circonstrnces actuelles, d'étendre aux centimes communaux de la ville de Paris la mesure prise à l'égard des centimes départementaux,

DÉCRÈTE :

Les centimes communaux à comprendre dans les rôles des quatre contributions directes de la ville de Paris seront, pour 1871, quant à leur nature et à leur quotité, les mêmes que ceux qui ont été imposés pour 1870.

Fait à l'Hôtel-de-Ville de Paris, le 17 novembre 1870.

Général TROCHU, Jules FAVRE, Jules FERRY. Jules SIMON, Emmanuel ARAGO, GARNIER-PAGÈS, Ernest PICARD, Eugène PELLETAN.

N° 139 — *Décret qui autorise la ville de Saint-Etienne à emprunter une somme de 2,500,000 francs.*

LES MEMBRES DU GOUVERNEMENT DE LA DÉFENSE NATIONALE, délégués pour représenter le Gouvernement et en exercer les pouvoirs ;

Vu les décrets des 12 et 16 septembre 1870 ;
Vu les lois du 18 juillet 1837 et du 24 juillet 1867 ;
Vu la délibération du conseil municipal de Saint-Etienne, en date du 11 novembre 1870 ;

DÉCRÈTENT :

Article unique. La ville de Saint-Etienne (Loire), est autorisée à emprunter, à un taux d'interêt qui n'excède pas 7 0/0, une somme de deux millions cinq cent mille francs pour la défense nationale.

Cet emprunt pourra être réalisé, soit avec publicité et concurrence, soit par souscription publique, soit de gré à gré, avec faculté d'émettre des obligations au porteur, ou transmissibles par voie d'endossement.

Fait à Tours, le 18 novembre 1870.

L. GAMBETTA, Ad. CRÉMIEUX, L. FOURICHON, GLAIS-BIZOIN.

N° 140 — *Décret explicatif du décret du 26 octobre 1870, qui facilite la naturalisation, au profit des étrangers qui ont pris part à la guerre pour la défense de la France.*

LA DÉLÉGATION DU GOUVERNEMENT DE LA DÉFENSE NATIONALE,

Vu le décret rendu à Paris le 26 octobre 1870, et qui facilite la naturalisation au profit des étrangers qui ont pris part à la guerre pour la défense de la France ;

Attendu qu'il importe de préciser les conditions à remplir et les formes à suivre pour que la naturalisation soit régulièrement octroyée,

DÉCRÈTE,

A titre de règlement d'administration publique, les dispositions suivantes :

Art. 1er. Sera considéré comme ayant pris part à la guerre tout étranger qui se sera engagé au service militaire ou maritime, ou aura obtenu un grade ou brevet dans l'armée auxiliaire ou une légion étrangère, ou qui aura rempli une fonction conférée par le gouvernement de la République, soit aux armées, soit dans un service public assimilé au service militaire, ou qui aura accepté et rempli une mission conférée par l'autorité compétente, pour l'armement et la fabrication des armes et munitions, ou pour les hôpitaux militaires et les soins aux blessés en dehors du lieu de son domicile, ou pour forcer des blocus ou investissements, ou pour d'autres actes ou faits utiles aux armées françaises autorisés et convenus avec l'autorité, et constituant une action personnelle et directe, à l'exclusion d'une simple coopération pécuniaire.

Art. 2. Si l'étranger a déjà été admis à domicile, la naturalisation pourra être prononcée aussitôt après la clôture de l'enquête ordinaire, où il aura été justifié de l'accomplissement des conditions spéciales spécifiées dans l'art. 1er.

Art. 3. Si l'admission à domicile n'a pas encore été accordée, une seule enquête suffira pour prononcer simultanément, et par une même décision, l'admission à domicile et l'admission à la jouissance des droits de citoyen français.

Art. 4. Seront considérées comme formées dans le délai de deux mois, imparti par l'art. 3 du décret du 26 octobre, les demandes enregistrées soit au ministère de la justice, soit à la préfecture du département où réside l'étranger, et qui auront ainsi acquis une date certaine.

Art. 5. La dépense de tous frais accordée par l'art. 2 du décret s'entend de tous droits de chancellerie et autres, perçus au profit de l'Etat, et des droits de sceau, mais non des droits dus à des communes ou à des officiers publics pour délivrance des pièces justificatives ordinaires.

Fait à Tours, le 19 novembre 1870.

Signé : Ad. Crémieux, Glais-Bizoin, L. Gambetta, L. Fourichon.

N° 141. — *Décret qui déclare qu'il ne sera accordé aucune remise aux receveurs municipaux pour les recettes et les dépenses qu'ils effectueront en exécution du décret du 22 octobre 1870.*

Les membres du Gouvernement de la défense nationale, délégués pour représenter le Gouvernement et en exercer les pouvoirs ;

Vu les décrets des 12 et 16 septembre 1870 ;
Vu les ordonnances des 17 avril et 23 mai 1839 ;
Vu le décret du 22 octobre 1870 ;

Vu l'avis du directeur général de la comptabilité publique, délégué du ministre des finances ;

Sur la proposition du secrétaire général délégué par le ministre de l'intérieur pour l'administration,

DÉCRÈTENT :

Art. 1er. Il ne sera accordé aucune remise aux receveurs municipaux pour les recettes et les dépenses qu'ils effectueront en exécution du décret du 22 octobre 1870, relatif à l'armement, à l'habillement, à l'équipement et à la solde des garde nationaux mobilisés.

Art. 2. Le ministre des finances est autorisé à rembourser aux comptables les frais de la rédaction des rôles et de la distribution des avertissements. Il pourra également accorder aux receveurs municipaux une indemnité proportionnelle pour frais extraordinaires de perception.

Art. 3. Les ministres de l'intérieur et des finances sont chargés, chacun en ce qui le concerne, de l'exécution du présent décret, qui sera inséré au *Bulletin des lois*.

Fait à Tours, le 19 novembre 1870.

Ad. Crémieux, L. Gambetta, Fourichon, Glais-Bizoin.

N° 142. — *Décret qui autorise le département de Vaucluse à emprunter 2 millions.*

LES MEMBRES DU GOUVERNEMENT DE LA DÉFENSE NATIONALE, délégués pour représenter le Gouvernement et en exercer les pouvoirs,

Vu les décrets des 12 et 16 septembre 1870 ;

Vu les propositions du préfet et la délibération prise par la commission départementale de Vaucluse, concernant la création des ressources nécessaires à l'entretien des gardes mobilisés et à la défense nationale,

DÉCRÈTENT :

Art. 1er. Le département de Vaucluse est autorisé, conformément à la demande qu'en a faite dans sa session extrordinaire du mois de novembre courant la commission départementale, à emprunter à un taux d'intérêt, qui ne pourra dépasser 7 0/0, une somme de deux millions, qui sera employée aux frais d'organisation et d'entretien des gardes mobilisées et à la défense nationale, etc.

Art. 4. Le ministre de l'intérieur est chargé de l'exécution du présent décret.

Tours, le 19 novembre 1870.

Ad. CRÉMIEUX, L. FOURICHON, GLAIS-BIZOIN,
Léon GAMBETTA.

N° 143 — *Décret relatif à l'octroi de la commune de la Châtre.*

LE GOUVERNEMENT DE LA DÉFENSE NATIONALE,

Vu l'ordonnance du 9 décembre 1814 relatif aux octrois, etc.;

DÉCRÈTE :

Art. 3. A partir du premier janvier 1871 et jusqu'à l'expiration des délais de perception du tarif actuellement en vigueur de l'octroi de la commune de la Châtre, département de l'Indre, les objets ci-après désignés seront imposés de la manière suivante, etc.;

Fait à Tours, le 19 novembre 1870.

Signé : AD. CRÉMIEUX, L. GAMBETTA, GLAIS-BIZOIN, FOURICHON.

N° 144. — *Décret qui autorise la ville de Grenoble à réaliser la somme de 1,000,000.*

LES MEMBRES DU GOUVERNEMENT DE LA DÉFENSE NATIONALE, délégués pour représenter le Gouvernement et en exercer les pouvoirs,

DÉCRÈTENT :

Art. 1er. La ville de Grenoble (Isère), est autorisée à réaliser immédiatement la somme de un million, formant la troisième et quatrième série de l'emprunt qu'elle a été autorisée à contracter, par la loi du 11 juillet 1870.

Art. 2. La même ville est également autorisée à changer la destination de l'emprunt, et appliquer la somme de un million à la défense nationale.

Art. 3. Les ministres de la guerre et des finances sont chargés, chacun en ce qui le concerne de l'exécution du présent décret.

Fait à Tours, le 19 novembre 1870.

AD. CRÉMIEUX, L. GAMBETTA, L. FOURICHON, GLAIS-BIZOIN.

N° 145. — *Décret relatif à la liste du jury pour les assises de 1871 dans les départements où les listes n'auront pu être formées régulièrement par suite de l'invasion de l'ennemi.*

LE GOUVERNEMENT DE LA DÉFENSE NATIONALE,

Vu les décrets du 14 et du 24 octobre 1870 sur la formation des listes du jury;

Attendu que dans plusieurs départements la présence de l'ennemi s'oppose à la formation régulière de la liste du jury pour l'année 1871, et qu'il y a lieu de pourvoir d'avance aux besoins du service pour le cas où les départements redeviendraient libres et jusqu'au moment où les opérations préalables à la constitution du jury auront pu être accomplies,

DÉCRÈTE :

Art. 1er. Dans les départements où les listes générales et annuelles du jury n'auront pu être formées régulièrement par suite de l'invasion de l'ennemi, et jusqu'au moment où les opérations prescrites par les décrets du 7 août 1848 et 14 octobre 1870 auront pu être reprises et menées à fin, la liste du jury formée pour l'année 1870 continuera à servir au tirage des jurés pour les assises de 1871.

Art. 2. Dans tous les départements où quelque empêchement ou cas de force majeure aura retardé la clôture des opérations au-delà du 5 décembre 1870, les préfets devront y faire procéder dans le plus bref délai possible sans que l'inobservation des délais prescrits par le décret du 14 octobre 1870 puisse entraîner la nullité de la liste ni des arrêts auxquels auront coopéré les jurés qui y seront compris.

Fait à Tours, le 25 novembre 1870.

AD. CRÉMIEUX, GAMBETTA, GLAIS-BIZOIN, L. FOURICHON.

N° 146. — *Décret relatif aux bourses entretenues aux frais de l'Etat dans les lycées nationaux et dans l'école normale primaire des jeunes filles de la ville de Paris.*

LE GOUVERNEMENT DE LA DÉFENSE NATIONALE,

Vu la loi du 27 novembre 1848 et le décret du 7 février 1852;

Considérant qu'il importe de substituer au régime de l'arbitraire celui du droit et de la publicité;

Que l'institution des bourses doit avoir pour but de rendre l'instruction supérieure accessible à tous ceux qui ont démontré, par leurs succès dans les écoles primaires, qu'ils pourront un jour contribuer à la prospérité du pays ou aux progrès de la science;

Que, en attendant qu'il soit statué à nouveau par le pouvoir législatif, sur le mode de distribution des bourses nationales, départementales et communales, rien dans les lois existantes ne s'oppose à ce qu'il soit fait, dès à présent, un emploi plus régulier des crédits accordés pour cet objet au ministère de l'instruction publique,

DÉCRÈTE :

Art. 1er. Cinq bourses entretenues aux frais de l'Etat dans les lycées nationaux seront affectées par voie de concours aux élèves des écoles primaires publiques ou libres du département de la Seine.

Art. 2. Cinq bourses entretenues aux frais de l'Etat dans l'école normale primaire de jeunes filles de la ville de Paris, seront affectées par voie de concours aux élèves des écoles primaires publiques ou libres de jeunes filles du département de la Seine.

Art. 3. Des dispositions analogues seront prises, après la levée du siége, pour les élèves des écoles des départements.

Art. 4. A l'avenir, les décrets conférant des bourses de l'Etat seront insérés au *Journal officiel.*

Art. 5. Le ministre de l'instruction publique et des cultes est chargé de l'exécution du présent décret.

Fait à Paris, le 27 novembre 1870.

Général TROCHU, Jules FAVRE, Emmanuel ARAGO, Jules FERRY, GARNIER-PAGÈS, E. PELLETAN, Ernest PICARD, Jules SIMON.

N° 147 — *Décret qui modifie les trois derniers paragraphes de l'art. 463 du Code pénal.*

LE GOUVERNEMENT DE LA DÉFENSE NATIONALE,

Considérant que la loi du 13 mai 1863, dans le but d'aggraver au lieu d'adoucir suivant le progrès de nos mœurs, notre système pénal, a restreint la liberté accordée aux juges correctionnels par l'article 463 du code pénal, de modérer les peines, dans le cas d'admission de circonstances atténuantes,

DÉCRÈTE :

Les trois derniers paragraphes de l'art. 463 du code pénal sont abrogés et remplacés par les dispositions suivantes :

« Dans tous les cas où la peine de l'emprisonnement et celle de l'amende sont prononcées par le Code pénal, si les circonstances paraissent atténuantes, les tribunaux correctionnels sont autorisés, même en cas de récidive, à réduire l'emprisonnement même au-dessous de six jours et l'amende même au-dessous de seize francs; ils pourront aussi prononcer séparément l'une ou l'autre de ces peines et même substituer l'amende à l'emprisonnement, sans qu'en aucun cas elle puisse être au-dessous des peines de simple police (1). »

Fait à Tours, le 27 novembre 1870.

Signé : AD. CRÉMIEUX, GLAIS-BIZOIN, GAMBETTA, L. FOURICHON.

N° 148. — *Décret qui accorde un subside complémentaire de 75 cent. par tête aux femmes des gardes nationaux.*

LE GOUVERNEMENT DE LA DÉFENSE NATIONALE,

Considérant que le subside accordé aux gardes nationaux par le décret du 13 septembre 1870 est insuffisant en présence de la hausse générale des denrées, pour faire face aux besoins de ceux de ces gardes nationaux qui ont charge de famille,

DÉCRÈTE :

Un subside complémentaire de 0 fr. 75 par tête sera accordé aux femmes des gardes nationaux qui reçoivent le subside de 1 fr. 50 établi par le décret du 13 septembre 1870.

---

(1) Anc. Art. 463 (derniers paragraphes).

« Dans tous les cas où la peine de l'emprisonnement et celle de l'amende, » sont prononcées par le Code pénal, si les circonstances paraissent atténuan- » tes, les tribunaux correctionnels sont autorisés, même en cas de récidive à » réduire ces deux peines comme suit : — Si la peine prononcée par la loi soit » à raison de la nature du délit soit à raison de l'état de récidive du prévenu » en un emprisonnement dont le minimum ne soit pas inférieur à un an, ou » une amende dont le minimum ne soit pas inférieur à 500 f., les tribunaux » pourront réduire l'emprisonnement jusqu'à six jours de prison, et l'amende » jusqu'à 16 francs. — Dans tous les autres cas ils pourront réduire l'empri- » sonnement même au-dessous de six jours et l'amende même au-dessous de » 16 francs. Ils pourront aussi prononcer séparément l'une ou l'autre de ces » peines et même substituer l'amende à l'emprisonnement, sans qu'en aucun » cas elle puisse être au-dessous des peines de simple police. »

Ce subside sera payé directement aux femmes qui y ont droit sur des états complémentaires dressés dans la même forme et par les mêmes autorités que ceux qui servent à distribuer le subside des gardes nationaux,

Fait à Paris, le 28 novembre 1870.

Jules FAVRE, GARNIER-PAGÈS, Jules SIMON, Emmanuel ARAGO, Jules FERRY, Eugène PELLETAN, Ernest PICARD.

N° 149 — *Décret qui autorise le département des Alpes Maritimes à emprunter 705,000 fr.*

LES MEMBRES DU GOUVERNEMENT DE LA DÉFENSE NATIONAE délégués pour représenter le Gouvernement et en exercer les pouvoirs,

Vu les décrets des 12 et 16 septembre 1870;

Vu la délibération prise par le conseil général des Alpes-Maritimes dans sa session extraordinaire du 11 novembre 1870, à l'effet de réaliser les ressources nécessaires à l'organisation et à l'entretien de la garde mobilisée,

DÉCRÈTENT :

Art. 1er. Le département des Alpes-Maritimes est autorisé, suivant la demande qu'en a faite le conseil général dans sa session extraordinaire du 11 novembre, à emprunter, pour une durée de vingt années, mais avec faculté de rembourser totalement à partir de 1876, et à un taux d'intérêt qui pourra aller jusqu'à 8 0/0, tous avantages réunis, une somme de sept cent cinq mille francs qui sera appliquée aux frais d'habillement, d'équipement, d'armement et de solde de la garde mobilisée.

Le dit emprunt pourra être contracté soit avec publicité ou concurrence, soit de gré à gré, soit par voie de souscriptions, avec faculté d'émettre des obligations transmissibles par simple endossement ; ces obligations, émises à 460 francs seront remboursées à 500 francs, etc., etc.

Le ministre de l'intérieur est chargé de l'exécution du présent décret.

Fait à Tours, le 30 novembre 1870.

Signé : L. GAMBETTA, AD. CRÉMIEUX, AL. GLAIS-BIZOIN, L. FOURICHON.

N° 150. *Décret qui autorise la ville de Bourges (Cher) à emprunter la somme de deux cent mille francs.*

LES MEMBRES DU GOUVERNEMENT DE LA DÉFENSE NATIONALE, délégués pour représenter le Gouvernement et en exercer les pouvoirs,

Vu les décrets des 12 et 16 septembre 1870 ;
Vu les lois des 18 juillet 1837 et 24 juillet 1867 ;
Vu le décret du 22 octobre 1870 ;
Vu la délibération du conseil municipal de la ville de Bourges, en date du 10 novembre 1870 ;

DÉCRÈTENT :

Art. 1er. La ville de Bourges (Cher), est autorisée à emprunter, à un taux d'intérêt qui n'excède pas 6 0/0, une somme de deux cent mille francs (200,000 fr.), remboursable en dix ans, au moyen d'un prélèvement sur les revenus ordinaires, et destinée à subvenir aux diverses dépenses énumérées dans la délibération du conseil municipal, en date du 10 novembre 1870, susvisée.

Art. 2. Le ministre de l'intérieur est chargé de l'exécution du présent décret, qui sera inséré au *Bulletin des lois.*

Fait à Tours, le 30 novembre 1870.

L. GAMBETTA, L. FOURICHON, Ad. CRÉMIEUX, GLAIS-BIZOIN.

N° 151. — *Arrêté qui supprime le service de l'inspection de la librairie venant de l'étranger.*

LE MEMBRE DU GOUVERNEMENT DE LA DÉFENSE NATIONALE, ministre de l'intérieur,

En vertu des pouvoirs à lui délégués par le Gouvernement, par décret en date à Paris du 1er octobre 1870 ;

Vu l'ordonnance royale du 13 décembre 1842, relative à l'importation et au transit de la librairie, notamment l'article 9 portant qu'il sera établi par les soins du département de l'intérieur, dans chaque bureau frontière, ouvert à l'entrée de la librairie en langue française, un agent spécial chargé de procéder, conjointement avec les préposés des douanes, à la vérifications des livres venant de l'étranger ;

Vu l'arrêté ministériel du 8 février 1840, qui a modifié l'organisation de cette inspection et élevé à la somme de 40,000 francs le crédit qui y était affecté;

Considérant qu'en dernier lieu le service des inspecteurs de la librairie à la frontière se réduisait à une surveillance politique; que ce service est aujourd'hui sans utilité, et qu'au point de vue de l'acquittement des droits et de l'exécution des règlements il suffit de la vérification par les préposés des douanes;

Sur le rapport du directeur de la sûreté générale,

ARRÊTE :

Art. 1er. Le service de l'inspection de la librairie venant de l'étranger, près les bureaux de douanes à la frontière, est supprimé,

Art. 2. Le Directeur de la sûreté générale est chargé de l'exécution du présent arrêté, qui aura son effet à partir du 1er janvier prochain,

Paris, 1er décembre 1870.

L. GAMBETTA.

N° 152. — *Décret qui autorise la ville de Limoges à emprunter 600,000 fr.*

LE GOUVERNEMENT DE LA DÉFENSE NATIONALE,

Vu les décrets des 12 et 16 septembre 1870 ;

Vu les lois des 18 juillet 1837 et 24 juillet 1867 ;

Vu la délibération du conseil municipal de Limoges, en date du 19 novembre 1870,

DÉCRÈTE :

Art. 1er. La ville de Limoges (Haute-Vienne), est autorisée à emprunter, à un taux d'intérêt qui n'excède pas 6 0/0, une somme de six cent mille francs (600,000 fr.), remboursable en 20 ans, et qui servira à procurer du travail aux ouvriers, et à secourir les familles des militaires sous les drapeaux.

Cet emprunt pourra être réalisé soit avec publicité et concurrence, soit par voie de souscription, soit de gré à gré, avec faculté d'émettre ces obligations au porteur ou transmissibles par voie d'endossement.

Art. 2. La même ville est également autorisée à s'imposer extraordinairement, pendant 20 ans, à partir de 1871, douze centimes additionnels au principal des quatre contributions directes, devant produire une somme totale de 1,132,180 francs environ, qui sera affectée au remboursement et au service des intérêts de l'emprunt.

Art. 3. Les ministres de l'intérieur et des finances sont chargés, chacun en ce qui le concerne de l'exécution du présent décret, qui sera inséré au Bulletin des lois.

Fait à Tours, le 1er décembre 1870.

Ad. Crémieux, Glais-Bizoin, L. Fourichon, L. Gambetta.

N° 153. — *Décret qui autorise la ville de Romans à emprunter 100,000 fr.*

LES MEMBRES DU GOUVERNEMENT DE LA DÉFENSE NATIONALE délégués pour représenter le Gouvernement et en exercer les pouvoirs,

Vu les décrets des 12 et 16 septembre 1870;

Vu les lois des 18 juillet 1837, et 24 juillet 1867;

DÉCRÈTENT :

Art. 1er. La ville de Romans (Drôme) est autorisée à emprunter à un taux d'entérêt qui n'excède pas 5 0/0, une somme de cent mille francs (100,000 fr.), qui sera affectée à la défense nationale et à des travaux d'utilité communale.

Cet emprunt pourra être réalisé soit avec publicité et concurrence, soit par voie de souscription publique, soit de gré à gré, avec faculté d'émettre des obligations au porteur ou transmissibles par voie d'endossement.

Ces obligations émises à 450 francs, pourront être remboursées à 500 francs.

Art. 2. La même ville est également autorisée à s'imposer extraordinairement, au principal des quatre contributions directes, savoir : 5 centimes en 1871 et 1872, 25 centimes en 1873, 24 centimes en 1874, 23 centimes en 1875, 22 centimes en 1876, 21 centimes en 1877, dont le produit sera affecté au remboursement de l'emprunt et au service des intérêts.

Fait à Tours, le 1er décembre 1870.

Ad. Crémieux, L. Fourichon, Al. Glais-Bizoin, L. Gambetta.

N° 154. — *Décret qui autorise la ville de Paris à prélever la somme de 5 millions sur celle de 63 millions, qu'elle a été autorisée à se procurer.*

LE GOUVERNEMENT DE LA DÉFENSE NATIONALE,

DÉCRÈTE :

Art. 1er. La ville de Paris est autorisée à prélever une nouvelle somme de cinq millions sur celle de soixante-trois millions que l'art. 3 de la loi du 3 juillet 1870 l'a autorisée à se procurer au moyen de l'émission de bons de la caisse municipale, pour l'exécution de travaux neufs, et à employer ladite somme de cinq millions aux dépenses de toute nature faites ou à faire par suite de la guerre, consistant soit en travaux, soit en secours.

Fait à Paris, le 3 décembre 1870,

J. FAVRE, J. SIMON, EMM. ARAGO, ERNEST PICARD, EUGÈNE PELLETAN, JULES FERRY, GARNIER-PAGÈS.

N° 155. — *Décret qui proroge jusqu'au 31 décembre 1871, la perception de l'octroi dans la commune de Castres (Tarn.)*

LE GOUVERNEMENT DE LA DÉFENSE NATIONALE,

Vu la loi du 11 juin 1842 ;

DÉCRÈTE :

Art. 1er. A partir du 1er janvier et jusqu'au 31 décembre 1871, les objets ci-après détaillés seront imposés à l'octroi de la commune de Castres, département du Tarn, savoir :

Sucres de toute espèce, le kilogramme, 10 c.

Meubles ouvrés venant de l'extérieur, pianos, voitures, 5 0/0 de la valeur sur facture.

Fourrages verts, les 1,000 kilog., 1 fr. 50.

Bouteilles en verre noir d'un demi-litre et au-dessus, le cent, 1 franc.

Verre à vitre, lès 100 kilog., 3 fr.

Fait à Tours, le 3 décembre 1870.

Signé : Ad. CRÉMIEUX, L. GAMBETTA, Al. GLAIS-BIZOIN, L. FOURICHON.

N° 156. — *Décret qui ouvre à la ville de Paris, sur les fonds généraux du budget de 1870, un crédit de 500,000 fr.*

LE GOUVERNEMENT DE LA DÉFENSE NATIONALE,

DÉCRÈTE :

Il est ouvert à la ville de Paris, sur les fonds généraux du budget de 1870, un crédit de cinq cent mille francs, qu'elle emploiera à l'établissement de nouveaux fourneaux économiques à l'usage de la population parisienne.

Fait à Paris, le 3 décembre 1870.

J. FAVRE, EMM. ARAGO, J. SIMON, J. FERRY, GARNIER-PAGÈS, EUG. PELLETAN.

N° 157. — *Décret qui autorise les greffiers à suppléer les officiers ministériels appelés au service militaire.*

LE GOUVERNEMENT DE LA DÉFENSE NATIONALE,

DÉCRÈTE :

Art. 1er. Les greffiers sont admis, dans les termes du décret du 25 octobre 1870, à suppléer les officiers ministériels appelés au service militaire.

Art. 2. Les suppléants des officiers ministériels appelés au service militaire pourront prêter serment devant le juge de paix de leur résidence.

Tours, le 4 décembre 1870.

AD. CRÉMIEUX, GLAIS-BIZOIN, FOURICHON, GAMBETTA.

N° 158. — *Décret qui décide qu'une commission de cinq membres, pris dans le conseil général de chaque département, dressera la liste sur laquelle devront être choisis les membres du jury d'expropriation pour cause d'utilité publique.*

LA DÉLÉGATION DU GOUVERNEMENT DE LA DÉFENSE NATIONALE,

Sur le rapport du ministre des travaux publics ;

Vu l'article 29 de la loi du 3 mai 1841, sur l'expropriation pour cause d'utilité publique, ledit article ainsi conçu :

« Dans sa session annuelle, le conseil général du département désigne, pour
» chaque arrondissement de sous-préfecture, tant sur la liste des électeurs que
» sur la dernière partie de la liste du jury, trente-six personnes au moins, et
» soixante-douze au plus, qui ont leur domicile réel dans l'arrondissement,
» parmi lesquelles sont choisis, jusqu'à la session suivante ordinaire du conseil
» général, les membres du jury spécial appelé, le cas échéant, à régler les in-
» demnités dues par suite de l'expropriation pour cause d'utilité publique.

» Le nombre de jurés désignés pour le département de la Seine sera de six
» cents. »

Considérant que la session ordinaire des conseils généraux pour l'année 1870 n'a pu avoir lieu, et qu'il a été dès lors impossible à ces conseils de faire les désignations prescrites par l'article 29 ci-dessus visé ; qu'il y a lieu, en conséquence d'y pourvoir par mesure provisoire et d'urgence,

DÉCRÈTE :

Ar. 1er. Dans le délai de quinzaine, à dater de la promulgation du présent décret, une commission spéciale de cinq membres pris dans le conseil général de chaque département dressera, conformément à l'article 29 ci-dessus visé de la loi du 3 mai 1841, les listes sur lesquelles devront être choisis les membres des jurys spéciaux pour le réglement des indemnités dues par suite d'expropriation pour cause d'utilité publique.

Les membres des commissions dans chaque département seront nommés par le préfet.

Art. 2. Dans les départements où les conseils généraux ont été dissous, les listes seront dressées par le préfet en conseil de préfecture.

Ces listes seront déposées pendant dix jours pour l'arrondissement chef-lieu, au secrétariat de la préfecture, et, pour les autres arrondissements, au secrétariat de la sous-préfecture, où chacun pourra en prendre connaissance.

Les réclamations dont elles pourront être l'objet seront portées devant le ministre des travaux publics, qui statuera ; aucune réclamation ne sera admise après les cinq jours qui suivront la clôture du dépôt des listes.

Art. 3. Les listes dressées en vertu des deux articles précédents serviront provisoirement pour la désignation des jurés spéciaux dans les formes tracées par l'article 30 de la loi du 3 mai 1841. Elles seront soumises à la révision des conseils généraux dans leur plus prochaine session.

Fait à Tours, le 5 décembre 1870.

Ad. Crémieux, L. Fourichon, Glais-Bizoin, L. Gambetta.

N° 159. — *Décret relatif à l'administration des forêts.*

La délégation du gouvernement de la défense nationale,

Vu la délibération du 11 octobre 1870 par laquelle le conseil municipal de la commune d'Oyonnax, département de l'Ain, demande la vente d'une coupe extraordinaire de 22,484 mètres cubes et de tous les bois secs existant dans sa forêt communale;

Vu le procès-verbal de reconnaissance des agents forestiers, en date des 21 et 25 octobre 1870;

Vu l'avis du préfet et du directeur général de la comptabilité publique, délégué du ministre des finances;

Vu les articles 16 et 90 du Code forestier, 71, 73, 134 et 140, de l'ordonnance du 1er août 1827;

Sur le rapport du délégué du ministre des finances,

DÉCRÈTE :

Art. 1er. L'administration des forêts est autorisée à asseoir en dix années une coupe de 24,484 mètres cubes, et à mettre en vente immédiatement tous les arbres secs existant dans la forêt communale d'Oyonnax.

Art. 2. Le produit de la vente de ces bois est affecté au remboursement des intérêts et du capital d'un emprunt de 200,000 fr. que se propose de contracter le conseil municipal pour subvenir aux dépenses municipales énumérées dans sa délibération en date du 11 octobre 1870 précitée.

Art. 3. Le ministre des finances est chargé de l'exécution du présent décret qui sera inséré au *Bulletin des lois.*

Tours, le 5 décembre 1870.

Signé : Léon Gambetta, Ad. Crémieux, Glais-Bizoin, Fourichon.

N° 160. — *Décret qui proroge jusqu'au 31 décembre 1871. les tarifs et règlements en vigueur à l'octroi d'Auch.*

Le gouvernement de la défense nationale,

Vu l'ordonnanee du 9 décembre 1814, relative aux octrois,

DÉCRÈTE :

Art. 1er. Les règlement et tarif actuellement en vigueur à l'octroi de la commune d'Auch, sont prorogés jusqu'au 31 décembre 1871.

Art. 2. Les ministres de l'intérieur et des finances sont chargés, chacun en ce qui le concerne, de l'exécution du présent décret.

Fait à Tours, le 5 décembre 1870.

Ad. Crémieux, L. Gambetta, L. Fourichon, Glais-Bizoin.

N° 161. — *Décret qui proroge jusqu'au 31 décembre 1871 les règlement et tarif en vigueur à l'octroi de la commune de Saumur.*

Le gouvernement de la défense nationale,

Vu l'ordonnance du 9 décembre 1814, relative aux octrois, etc.;

décrète :

Art. 1er. Les règlement et tarif actuellement en vigueur à l'octroi de la commune de Saumur, département de Maine-et-Loire, sont prorogés jusqu'au 31 décembre 1871.

Art. 2. Jusqu'à la même époque, la perception de la taxe additionnelle du décime par franc, autorisée par décret du 15 mars 1858, continuera d'être opérée sous l'accomplissement des formalités prescrites à ce décret.

Art. 3. Les ministres de l'intérieur et des finances sont chargés, chacun en ce qui le concerne, de l'exécution du présent décret.

Fait à Tours, le 5 décembre 1870.

Signé : Ad. Crémieux, L. Gambetta, L. Fourichon Glais-Bizoin.

N° 162. — *Décret relatif à l'octroi de la commune de Vannes (Morbihan).*

Le gouvernement de la défense nationale,

Vu l'ordonnance du 9 décembre 1814, relative aux octrois, etc.;

décrète :

Art. 1er. A partir du 1er janvier et jusqu'au 31 décembre 1871, les surtaxes ci-après seront perçues en outre des taxes principales à l'octroi de la commune de Vannes, département du Morbihan.

Savoir :

1° Vins en cercles et en bouteilles, un fr. par hectol., ci... 1 fr.

2° Cidres et poirés, 50 cent. par hectolitre, ci. . . . . . . 50 c.

3° Alcool pur contenu dans les eaux-de-vie et esprits en cercles, 4 fr. par hectolitre, ci. . . . . 4 fr.

4° Eaux-de-vie et esprits en bouteilles, liqueurs et fruits à l'eau-de-vie, 4 fr. par hectolitre, ci. . . . . 4 fr.

Art. 3. Les ministres de l'intérieur et des finances sont chargés, chacun en ce qui le concerne, de l'exécution du présent décret.

Fait à Tours, le 5 décembre 1870.

Gambetta, Crémieux, Glais-Bizoin, L. Fourichon.

N° 163. — *Décret attachant au ministère des travaux publics une somme de 50,000,000 fr. prise sur le crédit voté pour l'armement national.*

LA DÉLÉGATION DU GOUVERNEMENT DE LA DÉFENSE NATIONALE,

Vu les décrets qui ont successivement ouvert au ministre des travaux publics les crédits montant ensemble à 67,500,000 fr., pour l'exécution des mesures confiées à la commission d'armement national par le concours de l'industrie privée;

Vu le décret du 1er décembre courant, portant ouverture au ministre des travaux publics :

1° D'un crédit de trente-cinq millions (35,000,000) pour la liquidation des marchés en cours d'exécution ;

2° D'un crédit supplémentaire de quinze millions (15,000,000), destiné à permettre la résiliation d'achats ultérieurs ;

Vu le règlement du 31 mai 1862 sur la comptabilité publique;

Sur le rapport du ministre des travaux publics,

DÉCRÈTE :

Art. 1er. Le crédit de cinquante millions (50,000,000) mis à la disposition de la commission d'armement national, par décret du 1er décembre, ci-dessus visé, est attaché au budget extraordinaire du ministère des travaux publics, chapitre 19 (exécution des mesures relatives à l'armement national par le concours de l'industrie privée), exercice 1870.

Art. 2. Le ministre des travaux publics est chargé de l'exécution du présent décret.

Fait à Tours, le 5 décembre 1870.

Ad. Crémieux, L. Fourichon, L. Gambetta, Glais-Bizoin.

N° 164. — *Décret qui autorise la ville de Dieppe à emprunter 200,000 fr.*

LE GOUVERNEMENT DE LA DÉFENSE NATIONALE,

Vu les décrets des 12 et 16 septembre 1870 ;
Vu les lois du 18 juillet 1837 et 24 juillet 1867 ;
Vu le décret du 22 octobre 1870,

DÉCRÈTE :

Art. 1er. La ville de Dieppe (Seine-Inférieure) est autorisée à emprunter à un taux d'intérêt qui n'excède pas six pour cent, une somme de deux cent mille francs (200,000 fr.), remboursable en treize ans, au moyen d'un prélèvement sur ses ressources ordinaires, pour faire face aux dépenses énoncées dans la délibération du 9 novembre 1870, etc.

Le ministre de l'intérieur est chargé de l'exécution du présent décret.

Fait à Tours, le 5 décembre 1870.

AD. CRÉMIEUX, GLAIS-BIZOIN, L. FOURICHON,
L. GAMBDTTA.

N° 165. — *Décret portant que les délibérations des conseils municipaux et des commissions administratives seront exécutoires sans l'approbation de l'autorité supérieure.*

LES MEMBRES DU GOUVERNEMENT DE LA DÉFENSE NATIONALE, délégués pour représenter le Gouvernement et en exercer les pouvoirs ;

Vu les décrets des 12 et 16 septembre 1870 ;
Vu les lois des 18 juillet 1837, 7 août 1851 et 24 juillet 1867,

DÉCRÈTENT :

Art. 1er. Dans les départements envahis par l'ennemi, et lorsque toute communication avec la localité où réside le préfet aura été reconnue impossible, les délibérations portant ouverture de crédit, prises par les conseils municipaux ou les commissions administratives des hospices et des bureaux de bienfaisance, seront exécutoires sans l'approbation de l'autorité supérieure.

Toutes les pièces justificatives de dépenses seront réputées valables lorsqu'elles auront été visées par les maires.

Les maires pourront user du droit de réquisitions, conféré aux ordonnateurs par décret du 31 mai 1362.

Art. 2. Les ministres de l'intérieur et des finances sont chargés, chacun en ce qui le concerne, de l'exécution du présent décret, qui sera inséré au *Bulletin des lois.*

Fait à Tours, le 6 décembre 1870.

Signé : Ad. CRÉMIEUX, L. GAMBETTA, GLAIS-BIZOIN, L' FOURICHON.

N° 166. — *Décret qui déclare que tout Français entré dans un séminaire à partir du 1er août 1870, reste soumis aux lois et décrets militaires.*

LE GOUVERNEMENT DE LA DÉFENSE NATIONALE,

DÉCRÈTE :

Tout Français entré dans un séminaire à partir du 1er août 1870 reste soumis aux lois et décrets militaires. Il ne peut invoquer d'autre exemption que celle résultant d'infirmités. Sa réclamation serait, dans ce cas, jugée souverainement par le conseil de révision établi par le décret du 7 novembre 1870.

Fait à Tours, le 7 décembre 1870.

A. CRÉMIEUX, L. FOURICHON, GLAIS-BIZOIN. GAMBETTA.

N° 167. — *Décret qui proroge jusqu'au 31 décembre 1871 la perception de l'octroi dans la commune de Montesquieu-Volvestre.*

LE GOUVERNEMENT DE LA DÉFENSE NATIONALE,

Vu l'ordonnance du 14 décembre 1814, relative aux octrois, etc.,

DÉCRÈTE :

Art. 1er A partir du 1er janvier, et jusqu'au 31 décembre 1871, la perception de l'octroi établi dans la commune de Montesquieu-Volvestre, département de la Haute-Garonne, continuera d'être opérée conformément aux règlement et tarif actuellement en vigueur.

Art. 2. Les ministres de l'intérieur et des finances sont chargés, chacun en ce qui le concerne, de l'exécution du présent décret.

Fait à Tours, le 7 décembre 1870.

Signé : Ad. Crémieux, L. Fourichon, L. Gambetta, Glais-Bizoin.

N° 168. — *Décret qui proroge jusqu'au 31 décembre 1871 la perception de l'octroi établi dans la commune de Blaye.*

LE GOUVERNEMENT DE LA DÉFENSE NATIONALE,

Vu l'ordonnance du 9 décembre 1814 relative aux octrois;
Vu la loi du 11 juin 1842, etc.,

DÉCRÈTE :

Art. 1er. A partir du 1er janvier et jusqu'au 31 décembre 1871, la perception de l'octroi établi dans la commune de Blaye continuera d'être opérée conformément aux règlement et tarif actuellement en vigueur.

Art. 2. Les ministres de l'intérieur et des finances sont chargés, chacun en ce qui le concerne, de l'exécution du présent décret.

Fait à Tours, le 7 décembre 1870.

Signé : Ad. Crémieux, L. Fourichon, L. Gambetta, Glais-Bizoin.

N° 169. — *Décret qui proroge jusqu'au 31 décembre 1871 la perception des droits d'octroi établis dans la commune de Castelnau-de-Montmirail.*

LE GOUVERNEMENT DE LA DÉFENSE NATIONALE,

Vu l'ordonnance du 9 décembre 1814, relative aux octrois, etc.,

DÉCRÈTE :

Art. 1er. A partir du 1er janvier et jusqu'au 31 décembre 1871, la perception des droits d'octroi établis dans la commune de Castelnau-de-Montmirail, département du Tarn, continuera d'être opérée conformément aux règlement et tarif actuellement en vigueur.

Art. 2. Les ministres de l'intérieur et des finances sont chargés, chacun en ce qui le concerne, de l'exécution du présent décret.

Fait à Tours, le 7 décembre 1870.

Signé : Ad. Crémieux, L. Fourichon, L. Gambetta, Glais-Bizoin.

N° 170. — *Décret qui proroge jusqu'au 31 décembre 1871 la perception de l'octroi établi dans la commune de Rabastens.*

LE GOUVERNEMENT DE LA DÉFENSE NATIONALE,

Vu l'ordonnance du 9 décembre 1814, relative aux octrois, etc.,

DÉCRÈTE :

Art. 1er. A partir du 1er janvier janvier et jusqu'au 31 decembre 1871, la perception de l'octroi établi dans la commune de Rabastens département du Tarn, continuera d'être opérée conformément aux règlements et tarifs actuellement en vigueur.

Art. 2. Les ministres de l'intérieur et des finances sont chargés, chacun en ce qui le concerne, de l'exécution du présent décret.

Fait à Tours, le 7 décembre 1870.

Signé : Ad. Crémieux, L. Fourichon, L. Gambetta, Glais-Bizoin.

N° 171. — *Décret qui transfère à Bordeaux le siége du Gouvernement de la défense nationale.*

NOUS, PRÉSIDENT DE LA DÉLÉGATION, garde des sceaux, ministre de la justice,

Vu le rapport à nous fait par notre collègue le ministre de la guerre, et de l'avis unanime de la délégation,

En vertu des pouvoirs que nous confère l'art. 3 du décret du 12 septembre 1870, ainsi conçu :

« M. Crémieux, membre du Gouvernement de la défense nationale, établira son siége à Tours, et pourra le transporter partout où l'exigeront les nécessités de la défense. »

DÉCRÉTONS :

Le siége du Gouvernement de la défense nationale, délégué à Tours, est transféré à Bordeaux.

Fait à Tours, le 8 décembre 1870.

Ad. CRÉMIEUX.

N° 172. — *Décret autorisant la ville de Rochefort à contracter un emprunt de 90,000 fr.*

LES MEMBRES DU GOUVERNEMENT DE LA DÉFENSE NATIONALE, délégués pour représenter le Gouvernement et en exercer les pouvoirs,

Vu les décrets des 12 et 16 septembre 1870;
Vu les lois des 18 juillet 1837 et 24 juillet 1867;
Vu les décrets des 22 et 27 octobre 1870;
Vu la délibération du conseil municipal de Rochefort, en date du 22 novembre 1870;

DÉCRÈTENT :

Art. 1er. La ville de Rochefort (Charente-Inférieure), est autorisée à emprunter à un taux d'intérêt qui n'excède pas 5 0/0, une somme de quatre-vingt-dix mille francs (90,000 fr.) qui sera affectée aux dépenses de la garde nationale mobilisée.

Cet emprunt pourra être contracté, soit avec publicité et concurrence, soit par voie de souscription publique, soit de gré à gré, avec faculté d'émettre des obligations au porteur ou transmissibles par voie d'endossement. La somme de 90,00 fr. sera remboursable en capital et intérêts, en inq ans, à compter de 1871, par des annuités de 20,800 fr. prélevée sur les ressources fournies à la ville par le décret du 27 octobre 1870 concernant l'emprunt de 1,100,000 fr. pour le projet de distribution d'eau, et l'emprunt de 200,000 fr. pour la défense nationale.

Art. 2. La ville est également autorisée à proroger, jusqu'en 1887, le remboursement de l'emprunt qu'elle a été autorisée à contracter par le décret du octobre 1870.

Art. 3. Le ministre de l'intérieur est chargé de l'exécution du présent décret qui sera inséré au *Bulletin des lois.*

Fait à Bordeaux, le 9 décembre 1870.

Ad. CRÉMIEUX, GLAIS-BIZOIN, L. FOURICHON.

N° 173. — *Décret relatif aux effets de commerce.*

LE GOUVERNEMENT DE LA DÉFENSE NATIONALE,

Considérant que les mêmes circonstances réclament du Gouvernement les mêmes décisions qui ont été prises le 14 novembre dernier,

DÉCRÈTE :

Le délai accordé par le décret du 14 novembre dernier pour le paiement des effets de commerce est prorogé jusqu'au 16 janvier 1871, le surplus des dispositions dudit décret demeurant maintenu.

Fait à Tours, le 9 décembre 1870.

Signé : Ad. Crémieux, L. Gambetta, Glais-Bizoin, L. Fourichon.

N° 174. — *Décret qui autorise la Banque de France à abaisser à vingt francs la moindre coupure de ses billets.*

LE GOUVERNEMENT DE LA DÉFENSE NATIONALE,

Vu les lois du 24 germinal an IX, 22 avril 1806, 10 juin 1847, 9 juin 1857;

Vu le décret du 15 mars 1848 et la loi du 12 août 1870;

Vu la délibération du conseil général de la Banque, en date du 1er de ce mois,

DÉCRÈTE :

La Banque de France est autorisée à abaisser à 20 francs la moindre coupure de ses billets et à substituer cette coupure à celle de 25 fr., créée par la loi du 12 août dernier.

Fait à Paris, le 12 décembre 1870,

J. Favre, E. Picard, Emm. Arago, Jules Ferry, Garnier-Pagès, Jules Simon, Eug. Pelletan.

N° 175. — *Décret qui augmente d'un mois, à partir du 14 décembre 1870, la prorogation de délais accordée par les lois et décrets relatifs aux effets de commerce.*

LE GOUVERNEMENT DE LA DÉFENSE NATIONALE,

DÉCRÈTE :

Art. 1er. La prorogation de délais accordée par la loi du 13 août et les décrets des 10 septembre, 11 octobre et 14 novembre 1870, relatifs aux effets de commerce, est augmentée d'un mois à partir du 14 décembre courant.

Cette disposition est applicable même aux valeurs souscrites postérieurement à la loi et aux décrets susvisés, mais en ce sens que les souscripteurs de valeurs nouvelles et devant échoir avant l'expiration de la prorogation ne pourront profiter que des délais accordés postérieuremeut à la souscription.

Art. 2. Toutes les autres dispositions de la loi du 13 août 1870 sont maintenues.

Art. 3. Le présent décret est applicable à l'Algérie.

Fait à Paris, le 12 décembre 1870.

Jules FAVRE, Jules SIMON, Jules FERRY, Ernest PICARD, Emmanuel ARAGO, GARNIER-PAGÈS, Eugène PELLETAN.

N° 176. — *Décret qui transfère à Pau la section de la Cour de Cassation.*

LE GARDE DES SCEAUX, ministre de la justice,

ARRÊTE :

La section de la Cour de cassation en ce moment réunie à Poitiers se transportera dans la ville de Pau, où elle continuera ses audiences.

Fait à Bordeaux, le 12 décembre 1870.

AD. CRÉMIEUX.

N° 177. — *Décret relatif à la retraite des employés et agents du département de la Seine et de la ville de Paris.*

LE GOUVERNEMENT DE LA DÉFENSE NATIONALE,

Vu le décret du 4 juillet 1806, concernant l'établissement des pensions de retraite des employés du ministère de l'intérieur ;

Vu le décret du 1er février 1813, qui a appliqué les dispositions du décret précité aux employés de la préfecture de la Seine ;

Vu les ordonnances royales du 8 janvier 1817, du 12 novembre 1822, du 20 août 1824 ; les décrets du 3 août 1856, du 21 septembre 1861 et du 5 février 1868, qui ont étendu l'application de ce décret aux agents y dénommés ;

Sur la proposition du membre du Gouvernement délégué à la Mairie de Paris et à l'administration du département de la Seine;

DÉCRÈTE :

Art. 1er. Est abrogée, en ce qui concerne les employés et agents du département de la Seine et de la ville de Paris mentionnés dans les règlements sus-énoncés, la disposition de l'article 8 du décret du 4 juillet 1806, aux termes de laquelle le temps d'activité dans d'autres administrations publiques ne peut leur être compté pour la pension de retraite que sous la condition qu'ils auront au moins dix ans de service dans l'administration du département de la Seine ou de la ville de Paris.

En conséquence, et quelle que soit la durée de leurs services dans ces deux dernières administrations, ils pourront être admis à la retraite après trente années de service effectif total, en y comprenant les services militaires et les services valables dans d'autres administrations publiques.

Art. 2. Les dispositions de l'article 1er du décret du 21 septembre 1861, qui applique l'ordonnance du 13 novembre 1822 aux employés et agents de la préfecture de la Seine, à condition qu'ils aient été investis, par arrêtés préfectoraux, de fonctions permanentes, rémunérées par un traitement fixe et annuel et exclusives de toute autre occupation professionnelle, est modifiée ainsi qu'il suit :

« Les agents et employés du département de la Seine et de la ville de Paris, qui ont été investis de fonctions ou emplois, même temporaires, et autrement que par un arrêté préfectoral, et quand même ces fonctions et emplois n'auraient pas exclu une autre occupation professionnelle, pourvu toutefois qu'ils soient rémunérés par un traitement fixe, seront admis, conformément à l'article 3 du décret du 21 septembre 1861, à faire compter, pour la liquidation de leur pension de retraite, leurs anciens services dans l'administration de la préfecture de la Seine, dûment constatés, et à verser à la caisse des retraites le montant des retenues calculées à raison de 5 0/0 sur les traitements qu'ils auront touchés pour ces services. »

Fait à Paris, le 13 décembre 1870.

Jules FAVRE, Jules FERRY, GARNIER-PAGÈS, Emmanuel ARAGO, Jules SIMON, Eugène PELLETAN.

N° 178. — *Décret qui proroge jusqu'au 31 décembre 1871 les règlement et tarif en vigueur à l'octroi de Toulouse,*

LE GOUVERNEMENT DE LA DÉFENSE NATIONALE,

Vu l'ordonnance du 9 décembre 1814, relative aux octrois, etc.,

DÉCRÈTE :

Art. 1er. Les règlement et tarif actuellement en vigueur à l'octroi de la commune de Toulouse, département de la Haute-Garonne, sont prorogés jusqu'au 31 décembre 1871.

Art. 2. Les ministres de l'intérieur et des finances sont chargés, chacun en ce qui le concerne, de l'exécution du présent décret.

Fait à Bordeaux, le 13 décembre 1870.

Ad. CRÉMIEUX, GLAIS-BIZOIN, L. GAMBETTA, L. FOURICHON.

N° 179. — *Décret qui autorise la femme qui est dans l'impossibilité d'obtenir* l'autorisation maritale *par suite de la guerre à se pourvoir de l'autorisation de justice.*

LE GOUVERNEMENT DE LA DÉFENSE NATIONALE,

DÉCRÈTE :

Art. 1er. La femme mariée qui sera dans l'impossibilité dûment constatée d'obtenir l'autorisation maritale par suite de la guerre, se pouvoira de l'autorisation de justice, conformément à l'art. 863 du Code de procédure civile.

Art. 2. Si elle est éloignée de son domicile par le fait de la guerre et sans communication possible, elle présentera requête au président du tribunal du lieu de sa résidence, lequel aura compétence pour apprécier sa demande.

Art. 3. La mère exercera provisoirement la puissance paternelle à défaut du père empêché par la cause ci-dessus ; elle s'adressera pour les actes sujets à l'autorisation de justice, soit au tribunal du lieu de son domicile, soit à celui du lieu de sa résidence, suivant les distinctions qui précédent.

Art. 4. Si la femme veuve ou la femme qui n'est pas en puissance de mari veut émanciper son enfant mineur, elle fera sa déclaration devant le juge de paix de son domicile ou de sa résidence, suivant les mêmes distinctions.

Art. 5. La même compétence est attribuée, en matière de tutelle et de curatelle, au tribunal et au juge de paix de la résidence momentanée du tuteur, du curateur ou du mineur, d'après le droit commun.

Art. 6. Le présent décret ne sera applicable que dans les cas d'urgence reconnus par la justice, et seulement pendant la durée de la guerre.

Fait à Bordeaux, le 14 décembre 1870.

Ad. CRÉMIEUX, GLAIS-BIZOIN, L. FOURICHON.

N° 180 — *Décret qui crée à Bône un tribunal de commerce.*

LE GOUVERNEMENT DE LA DÉFENSE NATIONALE,

Vu l'article 14 de l'ordonnance du 26 septembre 1842, ensemble l'ordonnance du 24 novembre 1847 et le décret du 17 octobre 1870, déclaré applicable aux trois départements de l'Algérie ;

Vu les vœux émis par le conseil général de Constantine et renouvelés par la chambre de Bône,

DÉCRÈTE :

Art. 1er. Il est créé à Bône, département de Constantine, un tribunal de commerce.

Art. 2. Son ressort sera le même que celui du tribunal de première instance de l'arrondissement de Bône.

Art. 3. La liste électorale sera dressée conformément aux dispositions du décret susvisé du 17 octobre.

Art. 4. Le commissaire extraordinaire de la République en Algérie est chargé d'assurer l'exécution du présent décret.

Fait à Bordeaux, le 15 décembre 1870.

Signé : AD. CRÉMIEUX GLAIS-BIZOIN, FOURICHON.

Nr 181. — *Décret portant création d'une faculté de droit dans la ville de Bordeaux.*

LE GOUVERNEMENT DE LA DÉFENSE NATIONALE,

Vu la délibération du conseil académique de Bordeaux, en date du 29 juin 1869 ;

Vu la délibération du conseil général du département de la Gironde, en date du 4 septembre 1869 ;

Vu la délibération du conseil municipal de la ville de Bordeaux, en date du 11 juillet 1870, par laquelle cette ville, en sollicitant la création d'une faculté de droit, s'engage, pour une période d'au moins douze années consécutives, toute délibération relative au renouvellement de ces engagements devant avoir lieu trois ans au moins avant l'expiration de la période duodécennale :

1° A fournir les bâtiments nécessaires à l'installation définitive de ladite faculté, à approprier ces bâtiments aux besoins de l'enseignement et à les pourvoir du mobilier et de la bibliothèque indispensables ;

2° A pourvoir annuellement à toutes les dépenses de réparation et d'entretien des bâtiments ;

3° A verser chaque année, en fin d'exercice, sur ses ressources ordinaires, dans les caisses du Trésor, une somme égale à l'excédant que les dépenses au compte de l'Etat relatives au personnel et au matériel de l'enseignement et de l'administration de ladite faculté présenteraient sur les recettes faites par le Trésor ;

Le conseil de l'instruction publique entendu,

DÉCRÈTE :

Art. 1er. Une faculté de droit est établie dans la ville de Bordeaux.

Cette faculté comprend sept chaires, savoir :

Trois chaires de droit civil ;

Une chaire de droit romain ;

Une chaire de procédure civile et de législation criminelle ;

Une chaire de droit commercial et de législation commerciale comparée ;

Une chaire de droit constitutionnel et administratif.

Art. 2. Comme condition expresse de l'établissement de cette faculté, conformément d'ailleurs aux termes de la délibération de son conseil municipal, en date du 11 juillet 1870, la ville de Bordeaux versera chaque année, sur ses ressources ordinaires, dans les caisses du Trésor, une somme égale à l'excédant que les dépenses au compte de l'Etat, relatives au personnel et au matériel de l'enseignement et de l'administration de ladite faculté, présenteraient sur les recettes faites par le Trésor.

Du jour où cette condition cessera d'être remplie, la faculté de droit de Bordeaux cessera, par cela même, d'exister.

Art. 3. L'organisation définitive de la faculté de droit de Bordeaux aura lieu, lorsque après vérification contradictoire entre les délégués du ministre de l'instruction publique et des cultes et ceux de l'autorité municipale, le ministre aura reconnu que les bâtiments sont complètement appropriés aux besoins de l'enseignement et qu'ils sont pourvus du mobilier et de la bibliothèque indispensables.

Art. 4. Dans le premier trimestre de chaque année, le ministre de l'instruction publique arrêtera le compte des recettes et des dépenses effectuées dans la faculté de droit de Bordeaux, durant l'année précédente.

Art. 5. Si les dépenses ont excédé les recettes, le ministre de l'instruction publique constatera l'excédant, qui reste à la charge de la ville et doit être versé par elle, sur ses ressources ordinaires, dans les caisses du Trésor.

Le versement aura lieu dans le mois qui suivra la notification de l'arrêté du ministre à la ville de Bordeaux.

Art. 6. Le ministre de l'instruction publique et des cultes, et le ministre des finances, sont chargés, chacun en ce qui le concerne, de l'exécution du présent décret.

Fait à Paris, le 15 décembre 1870.

Jules FAVRE, Emmanuel ARAGO, GARNIER-PAGÈS, Jules FERRY, Eugène PELLETAN, Ernest PICARD, Jules SIMON.

N° 182. — *Décret autorisant la ville de Valence à affecter une somme de 105,000 fr. aux dépenses de la garde nationale.*

LES MEMBRES DU GOUVERNEMENT DE LA DÉFENSE NATIONALE, délégués pour représenter le Gouvernement et en exercer les pouvoirs,

Vu les décrets des 12 et 16 septembre 1870;
Vu les lois des 18 juillet 1837 et 24 juillet 1867, 6 juin 1861 et 30 mai 1866;
Vu le décret du 22 octobre 1870;
Vu la délibération du conseil municipal de Valence, en date du 12 novembre 1870,

DÉCRÈTENT :

Art. 1er. La ville de Valence (Drôme) est autorisée à affecter au paiement du contingent qui lui a été assigné dans la dépense de la garde nationale mobilisée, une somme de cent cinq mille francs (105,000 fr.) qui sera prélevée sur l'emprunt qu'elle a été autorisée à contracter par les loi des 6 juin 1861 et 30 mai 1866, pour la construction de bâtiments militaires,

Art. 2. Le ministre de l'intérieur est chargé de l'exécution du présent décret, qui sera inséré au *Bulletin des lois*.

Fait à Bordeaux, le 16 décembre 1870.

Ad. Crémieux, L. Fourichon, Glais-Bizoin.

N° 183. — *Décret autorisant la ville de Périgueux à contracter un emprunt de 300,000 fr.*

Les membres du gouvernement de la défense nationale, délégués pour représenter le Gouvernement et en exercer les pouvoirs,

Vu les décrets des 12 et 16 septembre 1870 ;
Vu les lois des 18 juillet 1837 et 24 juillet 1867,

DÉCRÈTENT :

Art. 1er. La ville de Périgueux (Dordogne) est autorisée à emprunter, à un taux d'intérêt qui n'excède pas 6 0/0, une somme de trois cent mille francs (300,000 fr.), remboursable en dix-neuf ans, pour le produit être employé aux dépenses énumérées dans la délibération des membres du conseil municipal en date du 6 décembre 1870.

Cet emprunt pourra être réalisé, soit avec publicité et concurrence, soit par voie de souscription publique, soit de gré à gré, avec faculté d'émettre des obligations au porteur ou transmissibles par voie d'endossement.

Art. 2. La même ville est également autorisée à s'imposer extraordinairement pendant treize ans, de 1871 à 1883, dix centimes additionnels au principal des quatre contributions directes, et pendant six ans, de 1884 à 1889, vingt centimes pour le remboursement et le service des intérêts de l'emprunt.

Art. 3. Les ministres de l'intérieur et des finances sont chargés, chacun en ce qui le concerne, de l'exécution du présent décret qui sera inséré au *Bulletin des lois*.

Fait à Bordeaux, le 16 décembre 1870.

Ad. Crémieux, Glais-Bizoin, L. Fourichon.

N° 184. — *Décret qui autorise la ville de Limoges à contracter un emprunt de 600,000 francs.*

LES MEMBRES DU GOUVERNEMENT DE LA DÉFENSE NATIONALE, délégués pour représenter le Gouvernement et en exercer les pouvoirs,

Vu les decrets des 12 et 16 septembre 1870 ;
Vu les lois des 18 juillet 1837 et 24 juillet 1867 ;
Vu la délibération du conseil municipal de Limoges, en date du 19 novembre 1870,

DÉCRÈTENT :

Art. 1er. La ville de Limoges (Haute-Vienne) est autorisée à emprunter une somme de six cent mille francs (600,000 fr.), remboursable en vingt ans, et qui servira à procurer du travail aux ouvriers et à secourir les famillles des militaires sous les drapeaux.

Art. 2. Cet emprunt pourra être émis par voie de souscription publique et être réalisé en obligations au porteur d'une valeur nominale de 500 fr., rapportant 6 0/0 d'intérêts annuels.

Art. 3. Le taux d'émission pourra être de 90 0 0 de la valeur nominale de chaque obligation, soit de 450 fr. pour une obligation de 500 fr.

Art. 4. La même ville est également autorisée à s'imposer extraordinairement, pendant vingt ans, à partir de 1871, 12 cent. additionnels au principal des quatre contributions directes, devant produire une somme totale de 1,132,180 francs environ, qui sera affectée au remboursement et au service des intérêts de l'emprunt.

Art. 5. Les ministres de l'intérieur et des finances sont chargés, chacun en ce qui le concerne, de l'exécution du présent décret, qui sera inséré au *Bulletin des lois*.

Fait à Bordeaux, le 16 décembre 1870.

AD. CRÉMIEUX, GLAIS-BIZOIN, FOURICHON.

N° 185. *Décret qui affecte au département de l'intérieur le palais domanial de l'Elysée.*

LE GOUVERNEMENT DE LA DÉFENSE NATIONALE,

Vu l'ordonnance du 14 juin 1833, remise en vigueur par le décret du 24 mars

1852, et qui règle le mode à suivre pour l'affectation des immeubles domaniaux aux services publics de l'Etat ;

Vu le décret du 6 septembre dernier, aux termes duquel tous les biens dépendant de la dotation de l'ancienne liste civile ont fait retour au domaine de l'Etat, et qui a placé dans les attributions du ministre des travaux publics, en ce qui concerne la conservation et l'entretien, tous bâtiments et jardins non productifs faisant partie de ces biens ;

Considérant qu'il est nécessaire de transférer dans le palais domanial de l'Elysée, rue du Faubourg-Saint-Honoré, 55 et 57, les services de l'état-major de la garde nationale de la Seine et l'habitation du général commandant supérieur de cette garde nationale, lesquels sont actuellement installés dans l'hôtel municipal de la place Vendôme, 22 ;

Vu les avis des ministres des finances et des travaux publics, desquels il résulte que l'immeuble dont il s'agit peut recevoir la destination ci-dessus sans inconvénient pour leurs services respectifs ;

Sur le rapport du ministre de l'intérieur,

DÉCRÈTE :

Art. 1er. Le palais domanial de l'Elysée, situé rue du Faubourg-Saint-Honoré, nos 55 et 57, à Paris, est affecté au département de l'intérieur pour le service de l'état-major des gardes nationales de la Seine.

Art. 2. Les ministres de l'intérieur, des finances et des travaux publics sont chargés, chacun en ce qui le concerne, de l'exécution du présent décret.

Fait à Paris, le 17 décembre 1870.

Signé : Général TROCHU, JULES FAVRE, EMMANUEL ARAGO, JULES FERRY, GARNIER-PAGÈS, E. PELLETAN, JULES SIMON, ERNEST PICARD.

N° 186. — *Décret qui établit un bureau d'assistance judiciaire près la section temporaire de la Cour de cassation.*

LA DÉLÉGATION DU GOUVERNEMENT DE LA DÉFENSE NATIONALE,

Vu le décret du 25 octobre 1870, qui a institué une section temporaire de la Cour de cassation hors Paris ;

Vu l'article 5 de la loi du 22 janvier 1851 sur l'assistance judiciaire ;

Considérant que, pour faciliter l'accès de la justice aux indigents, il est indispensable de constituer un bureau d'assistance judiciaire près la section temporaire de la Cour de cassation, et de pourvoir à la désignation des membres de ce bureau, qui ne pourraient être nommés conformément à la loi de 1851,

DÉCRÈTE :

Art. 1er. Il est établi un bureau d'assistance judiciaire près la section temporaire de la Cour de cassation.

Art. 2. Ce bureau est composé de sept membres. Deux membres seront nommés par le directeur général délégué du ministère des finances, trois autres seront choisis par la section parmi les anciens membres de la Cour, les magistrats ou les anciens magistrats des Cours d'appel, les avocats ou anciens avocats près la Cour de cassation, les professeurs ou les anciens professeurs de droit. Les deux derniers membres seront nommés : l'un par le conseil de l'ordre des avocats près la Cour d'appel du siége de la section, l'autre par les avocats à la Cour de cassation qui seraient présents audit lieu.

Art. 3. Sont maintenues les autres dispositions de la loi du 22 janvier 1851.

Fait à Bordeaux, le 20 décembre 1870.

AD. CRÉMIEUX, GLAIS-BIZOIN, L. FOURICHON.

N° 187 — *Décret relatif à l'octroi de Bordeaux.*

LE GOUVERNEMENT DE LA DÉFENSE NATIONALE,

Vu l'ordonnance du 9 décembre 1814, relative aux octrois;
Vu la loi du 11 juin 1842 ;
Vu la loi du 24 juillet 1867 et le décret réglementaire du 12 février 1870 ;
Vu la délibération du conseil municipal de la ville de Bordeaux en date du 21 novembre 1870, tendant à la prorogation de certaines taxes dont l'autorisation expire au 31 décembre 1870,

DÉCRÈTE :

Art. 1er. Les taxes en vigueur à l'octroi de Bordeaux sur les meubles meublants, les fers et autres métaux ouvrés, destinés ou non aux constructions, les cuirs et peaux verts, secs, fabriqués ou ouvrés, les papiers et cartons, les bouteilles, verres, cristaux, vitres et glaces et les objets de toute espèce en porcelaine et aïence sont prorogées jusqu'au 31 décembre 1870.

Art. 2. Les ministres de l'intérieur et des finances sont chargés, chacun en ce qui le concerne de l'exécution du présent décret.

Fait à Bordeaux, le 21 décembre 1871.

AD. CRÉMIEUX, GLAIS-BIZOIN, L. FOURICHON.

N° 188 — *Décret qui proroge jusqu'au 31 décembre 1871 la perception de l'octroi établi dans la commune de Rieux.*

LE GOUVERNEMENT DE LA DÉFENSE NATIONALE,

Vu l'ordonnance du 9 décembre 1814, relative aux octrois, etc.,

DÉCRÈTE :

Art. 1er. A partir du 1er janvier, et jusqu'au 31 décembre 1871, la perception de l'octroi dans la commune de Rieux, département de la Haute-Garonne, continuera d'être opérée conformément aux réglement et tarif actuellement en vigueur.

Art. 2. Les ministres de l'intérieur et des finances sont chargés, chacun en ce qui le concerne de l'exécution du présent décret.

Fait à Bordeaux, le 21 décembre 1870.

Signé : Ad. CRÉMIEUX, Al. GLAIS-BIZOIN, L. FOURICHON.

N° 189 — *Décret qui proroge jusqu'au 31 décembre 1871 les tarifs et réglements de l'octroi de la commune de Rive-de-Giers.*

LE GOUVERNEMENT DE LA DÉFENSE NATIONALE,

Vu l'ordonnance du 9 décembre 1814, relative aux octrois, etc.,

DÉCRÈTE :

Art. 1er. Les tarif et règlement approuvés par décret du 9 août 1864, pour l'octroi de la commune de Rive-de-Gier département de la Loire, sont prorogés jusqu'au 31 décemdre 1871, excepté en ce qui concerne les objets désignés ci-après, sur lesquels les droits seront perçus de la manière suivante :

1° Agneaux, à raison de sept francs les 100 kilogrammes, ci. 7 fr.

2° Viande dépécée de porc, à raison de dix francs les 100 kilogrammes, ci. . . . . 10 fr.

3° Bières fabriquées à l'intérieur ou provenant de l'extérieur, à raison de sept francs l'hectolitre, ci.. . . . . . 7 fr.

Art. 2. Les ministres de l'intérieur et des finances sont chargés, chacun en ce qui le concerne, de l'exécution du présent décret.

Fait à Bordeaux, le 21 décembre 1870.

AD, CRÉMIEUX, GLAIS-BIZOIN, FOURICHON.

N° 190 — *Décret qui proroge jusqu'au 31 décembre 1875 la perception de l'octroi établi dans la commune de Partenay.*

LE GOUVERNEMENT DE LA DÉFENSE NATIONALE,

Vu l'ordonnance du 9 décembre 1814, relative aux octrois, etc.,

DÉCRÈTE :

Art. 1er. A partir du 1er janvier 1871, et jusqu'au 31 décembre 1875, la perception de l'octroi de la commune de Parthenay, département des Deux-Sèvres, continuera d'être opérée conformément aux réglement et tarif actuellement en vigueur, excepté en ce qui concerne les bières fabriquées, soit à l'intérieur, soit à l'extérieur, sur lesquels il sera perçu un droit uniforme de cinq francs par hectolitre,

Art. 2. Les ministres de l'intérieur et des finances sont chargés, chacun en ce qui le concerne de l'exécution du présent décret.

Fait à Bordeaux, le 21 décembre 1870.

AD. CRÉMIEUX, GLAIS-BIZOIN, L. FOURICHON.

N° 191 *Décret relatif à l'octroi de la commune de Chollet, (Maine-et-Loire.)*

LE GOUVERNEMENT DE LA DÉFENSE NATIONALE,

Vu l'ordonnance du 9 décembre 1814, relative aux octrois etc ;

DÉCRÈTE :

Art. 1er, A partir du 1er janvier jusqu'au 31 décembre 1871, les sucres et les cassonnades seront imposés à l'octroi de la commune de Chollet, département de Maine-et-Loire, à raison de 4 francs 60 c. les cent kilogrammes.

Seront également imposés à partir de la même époque et jusqu'au 31 décembre 1875 les bois ouvrés durs, à raison de 6 fr. le mètre cube et les bois en graine durs à raison de 4 francs 50 c. le mètre cube.

Art. 2. Les ministres de l'intérieur et des finances sont chargés, chacun en ce qui le concerne de l'exécution du présent décret.

Fait à Bordeaux, le 21 décembre 1870.

AD. CRÉMIEUX, GLAIS-BIZOIN, L. FOURICHON.

N° 192 — *Décret qui proroge jusqu'au 31 décembre 1871 les règlement et tarif de l'octroi de la ville de Rochefort.*

LE GOUVERNEMENT DE LA DÉFENSE NATIONALE,

Vu l'ordonnance du 9 décembre 1814, relative aux octrois, etc.,

DÉCRÈTE :

Art. 1er. Les règlement et tarif de l'octroi de la ville de Rochefort, ainsi que les taxes additionnelles actuellement en vigueur, sont prorogés jusqu'au 31 décembre 1871.

Art. 4. Le ministre de l'intérieur et le ministre des finances sont chargés, chacun en ce qui le concerne, de l'exécution du présent décret.

Fait à Bordeaux, le 21 décembre 1870.

Ad. CRÉMIEUX, FOURICHON, Al. GLAIS-BIZOIN.

N° 193 — *Décret relatif à l'octroi de la commune de Dinan,*

LE GOUVERNEMENT DE LA DÉFENSE NATIONALE,

Vu l'ordonnance du 9 décembre 1814 relative aux octrois, etc.,

DÉCRÈTE :

Art. 1er. A partir du 1er janvier 1871 et jusqu'au 31 décembre 1873, il sera perçu à l'octroi de la commune de Dinan, département des Côtes-du-Nord :

1° Une surtaxe de cinquante centimes par hectolitre de cidre ci. 0 50

2° Une surtaxe de quatre francs par hectolitre de vin ci. 4 »

3° Une surtaxe de six francs par hectolitre d'alcool, ci. . 6 »

Art. 2. Le produit de ces surtaxes sera spécialement affecté au remboursement de l'emprunt mentionné ci-dessus.

Art. 3. Les ministres de l'intérieur et des finances sont chargés, chacun en ce qui le concerne, de l'exécution du présent décret.

Fait à Bordeaux, le 21 décembre 1870.

Signé : AD. CRÉMIEUX, GLAIS-BIZOIN,
L. FOURICHON.

N° 194. — *Décret relatif à l'octroi de la commune de Monségur.*

LE GOUVERNEMENT DE LA DÉFENSE NATIONALE,

Vu l'ordonnance du 9 décembre 1814, relative aux octrois, etc.,

DÉCRÈTE :

Art. 1er. Les règlement et tarif de l'octroi actuellement en vigueur dans la commune de Monségur, département de la Gironde, sont prorogés jusqu'au 31 décembre 1871.

Art. 2. Les ministres de l'intérieur et des finances sont chargés, chacun en ce qui le concerne, de l'exécution du présent décret.

Fait à Bordeaux, le 21 décembre 1870.

AD. CRÉMIEUX, GLAIS-BIZOIN, L. FOURICHON

N° 195 — *Décret qui proroge les réglement et tarif de l'octroi de la commune de Grignols jusqu'au 31 décembre 1871.*

LE GOUVERNEMENT DE LA DÉFENSE NATIONALE,

Vu la loi du 11 juin 1842, etc.,

DÉCRÈTE :

Art. 1er. Les règlement et tarif de l'octroi, approuvés par décret du 9 août 1864, et actuellement en vigueur dans la commune de Grignols, département de la Gironde, sont prorogés jusqu'au 31 décembre 1871.

Les ministres de l'intérieur et des finances sont chargés, chacun en ce qui le concerne, de l'exécution du présent décret.

Fait à Bordeaux, le 21 décembre 1870.

Signé : Ad. CRÉMIEUX, GLAIS-CIZOIN,
L. FOURICHON.

N° 196 — *Décret qui proroge jusqu'au 31 décembre 1871 les réglement et tarif de la commune de Guîtres.*

LE GOUVERNEMENT DE LA DÉFENSE NATIONALE,

Vu l'ordonnance du 9 décembre 1814, relative aux octrois, etc.,

DÉCRÈTE :

Art. 1er. Les réglement et tarif d'octroi approuvés par décret du 31 décembre 1858, et actuellement en vigueur dans la commune de Guîtres, département de la Gironde, sont prorogés jusqu'au 31 décembre 1871.

Art. 2. Les ministres de l'intérieur et des finances sont chargés, chacun en ce qui le concerne, de l'exécution du présent décret.

Fait à Bordeaux, le 21 décembre 1870.

Signé : AD. CRÉMIEUX, GLAIS-BIZOIN,
L. FOURICHON.

N° 197 — *Décret relatif à l'octroi de la commune de Langon.*

LA DÉLÉGATION DU GOUVERNEMENT DE LA DÉFENSE NATIONALE,

Vu l'ordonnance du 9 décembre 1814, relative aux octrois, etc.,

DÉCRÈTE :

Art. 1er. Les règlement et tarif actuellement en vigueur et approuvés par décret du 24 novembre 1854, pour l'octroi de la commune de Langon, département de la Gironde, sont prorogés jusqu'au 31 décembre 1871.

Art. 2. Les ministres de l'intérieur et des finances sont chargés, chacun en ce qui le concerne de l'exécution du présent décret.

Fait à Bordeaux, le 21 décembre 1870.

AD. CRÉMIEUX, GLAIS-BIZOIN, L. FOURICHON.

N° 198 — *Décret relatif aux taxes applicables aux correspondances à destination ou provenant de l'étranger transportées par les paquebots britanniques desservant l'Égypte, l'Inde, Ceylan, etc.*

LE GOUVERNEMENT DE LA DÉFENSE NATIONALE,

Vu la loi du 14 floréal an X (4 mai 1802) ;

Vu les conventions qui règlent les relations de l'administration des postes de France avec les administrations des postes de la Grande-Bretagne et de l'Italie ;

Considérant que, par suite de la translation de Marseille à Brindisi du port d'attache des services maritimes britanniques affectés au transport des dépêches postales à destination ou provenant de l'Egypte, de l'Inde, de l'Australie et de l'extrême Orient, il est d'intérêt public que les correspondances échangées avec ces pays, au moyen desdits services, puissent désormais emprunter la voie d'Italie ;

Considérant que l'emploi de cette voie ne peut être obtenu qu'au prix d'un droit de transit italien qui entraîne nécessairement une augmentation des taxes perçues aujourd'hui sur les correspondances dont il s'agit par l'administration des postes.

DÉCRÈTE :

Art. 1er. Les taxes applicables, d'après la législation en vigueur, aux correspondances à destination ou provenant de l'étranger, qui sont transportées par les paquebots britanniques desservant l'Egypte, l'Inde, Ceylan, l'Australie, la Chine et le Japon, seront augmentées pour celles de ces correspondances qui emprunteront la voie d'Italie, savoir :

De 40 centimes par 10 grammes ou fraction de 10 grammes, pour les lettres ordinaires ou chargées ;

De 10 centimes par 40 grammes ou fraction de 40 grammes, pour les échantillons de marchandises et les imprimés de toute nature qui remplissent les conditions légales voulues pour être admis au bénéfice d'une modération de taxe.

De 50 centimes par 200 grammes ou fraction de 200 grammes pour les papiers de commerce ou d'affaires à destination ou provenant des établissements français dans l'Inde et en Cochinchine et de la Nouvelle-Calédonie.

Art. 2. Le ministre des finances est chargé de l'exécution du présent décret.

Fait à Bordeaux, le 21 décembre 1870.

AD. CRÉMIEUX, GLAIS-BIZOIN, FOURICHON,

N° 199. — *Décret relatif à l'octroi de la ville de Fontenay-le-Comte.*

LE GOUVERNEMENT DE LA DÉFENSE NATIONALE,

Vu la loi du 9 décembre 1814, relative aux octrois, etc.,

DÉCRÈTE :

Art. 1er. A partir du 1er janvier 1871, et jusqu'au 31 décembre 1880, la perception des objets imposés à l'octroi de la ville de

Fontenay-le-Comte, département de la Vendée, aura lieu conformément au tarif général établi par le décret réglementaire du 12 février 1870, sauf en ce qui concerne les fers et les métaux qui, quelle que soit leur destination antérieure et sans qu'à leur égard le droit d'entrepôt puisse être réclamé, seront soumis à une taxe uniforme de 25 centimes par 100 kilogrammes, ci. F. 0 25

Art. 2. A partir de la même époque, et jusqu'au 31 décembre 1871, les sucres seront soumis à une taxe de 3 fr. 50 centimes par 100 kilog., ci. . . . . F. 3 50

Les cassonnades blanches et brunes, à une taxe de 1 franc par 100 kilog., ci. . . . . F. 1 »

Les cafés et les chocolats, à une taxe de 10 fr. par 100 kilog., ci. . . . . F. 10 »

Art. 3. A partir du 1er janvier 1871, et jusqu'au 31 décembre 1873, il sera perçu, en outre, un décime par franc sur tous les objets énumérés audit tarif, y compris ceux spécifiés à l'article précédent.

Art. 4. Les ministres de l'intérieur et des finances sont chargés, chacun en ce qui le concerne, de l'exécution du présent décret.

Fait à Bordeaux, le 21 décembre 1870.

Ad. Crémieux, Glais-Bizoin, L. Fourichon.

N° 200. — *Décret relatif à l'octroi de la ville de La Rochelle.*

LE GOUVERNEMENT DE LA DÉFENSE NATIONALE,

Vu la loi du 11 juin 1842;

Vu l'art. 18 de la loi de finances du 22 juin 1854 ;

Vu la loi du 24 juillet 1867 et le décret du 12 février 1870 ;

Vu les délibérations de la commission administrative de La Rochelle des 14 novembre et 12 décembre 1870 ;

Considérant qu'il importe d'assurer à cette commune les ressources nécessaires pour couvrir la dépense qu'elle s'est imposée pour l'habillement, l'armement et la solde de la garde nationale mobilisée,

DÉCRÈTE :

Art. 1er partir du 1er janvier 1871, et jusqu'au 31 décembre 1875, il sera perçu à l'octroi de la ville de La Rochelle, département de la Charente-Inférieure, un second décime par franc sur les objets énumérés aux tarif et règlement approuvés par décret du 17 octobre 1870, excepté en ce qui concerne les vins, cidres, poirés et hydromels, alcools purs ou dénaturés, animaux vivants et viandes dépécées, lesquels ne seront soumis qu'à un seul décime.

Art. 2. Les ministres de l'intérieur et des finances sont chargés, chacun en ce qui le concerne, de l'exécution du présent décret.

Fait à Bordeaux, le 21 décembre 1870.

CRÉMIEUX, GLAIS-BIZOIN, FOURICHON.

N° 201. — *Décret plaçant sous l'autorité civile tous les territoires du Tell (Algérie).*

LA DÉLÉGATION DU GOUVERNEMENT DE LA DÉFENSE NATIONALE,

En attendant la constitution définitive des territoires civils dans les trois départements de l'Algérie, telle qu'elle sera déterminée ultérieurement,

DÉCRÈTE :

Art. 1er. Dans toute l'étendue du Tell, sont détachés des territoires dits militaires et passeront immédiatement sous l'autorité civile tous les territoires des tribus compris dans la zone de colonisation définie par la circulaire du 21 mai 1866, ainsi que ceux des tribus contiguës aux territoires civils actuellement existants, soit que ces tribus aient été précédemment soumises aux opérations du sénatus-consulte de 1863, soit qu'elles n'aient encore été l'objet d'aucune délimitation.

Art. 2. Jusqu'à l'érection de ces territoires en communes de plein exercice, le commissaire extraordinaire prendra, pour en assurer l'administration au moyen des autorités civiles communales et départementales les plus voisines, telles mesures qu'il y aura lieu dans chacun des trois départements.

Les chefs indigènes existant dans ces tribus continueront à y exercer leur autorité à titre d'adjoints municipaux. Les djemaâs existantes sont maintenues, et elles seront établies là où elles n'existent pas, comme s'il s'agissait de sections séparées de communes.

Art. 4. Les centimes additionnels afférents à ces tribus pour 1871 seront transportés, jusqu'à nouvel ordre, aux budgets départementaux, et les préfets en assureront, dans chaque département, la répartition et l'ordonnancement.

Art. 5. Des arrêtés du commissaire extraordinaire pourront étendre les effets du présent décret aux territoire des tribus qui formeront enclave dans les nouveaux territoires civils constitués en vertu de l'article 1er.

Art. 6. Tous les six mois, les préfets des départements,. après s'être concertés avec les généraux commandant les divisions, adresseront à l'autorité supérieure des propositions pour rattacher aux territoires civils les territoires des tribus limitrophes que l'autorité militaire aura préparées à cette transformation.

Art. 7. Le commissaire extraordinaire et le général commandant en chef les forces de terre et de mer sont chargés d'assurer l'exécution du présent décret.

Fait à Bordeaux, le 24 décembre 1870.

Signé : Ad. CRÉMIEUX, GLAIS-BIZOIN, L. FOURICHON.

N° 202. — *Décret qui prononce la dissolution des conseils généraux et des conseils d'arrondissement.*

LES MEMBRES DU GOUVERNEMENT DE LA DÉFENSE NATIONALE, délégués pour représenter le Gouvernement et en exercer les pouvoirs,

Vu les décrets des 12 et 16 septembre 1870 ;

Vu le décret du 13 septembre 1870, daté de Paris, par lequel le Gouvernement de la défense nationale a réglé les mesures françaises nécessaires pour assurer les services départementaux en 1871, et suppléer à l'action des conseils généraux et des conseils d'arrondissement;

Vu la circulaire ministérielle du 17 décembre du présent mois.

DÉCRÈTENT :

Art. 1er. Les conseils généraux et conseils d'arrondissement sont dissous. Seront également dissoutes les commissions départementales dans les départements où il en a été institué.

Art. 2. Les conseils généraux seront remplacés par des commissions départementales composées d'autant de membres qu'il y a de cantons dans le département. Elles seront instituées par le Gouvernement sur la proposition d'urgence des préfets.

Art. 3. Le budget départemental sera réglé conformément au décret du 13 septembre 1870 et à la circulaire du 17 décembre de la même année.

Art. 4. Le ministre de l'intérieur est chargé de l'exécution du présent décret.

Fait à Bordeaux, le 25 décembre 1870.

Signé : Ad. Crémieux, Léon Gambetta, Al. Glais-Bizoin, L. Fourichon.

N° 203. — *Décret qui déclare que le décret relatif aux conseils généraux et d'arrondissement n'est pas applicable à l'Algérie.*

Les membres du gouvernement de la défense nationale, délégués pour représenter le Gouvernement et en exercer les pouvoirs,

décrètent :

Article unique. Le décret du 25 décembre, relatif aux conseils généraux et d'arrondissement, n'est pas applicable aux trois départements de l'Algérie.

Fait à Bordeaux, le 26 décembre 1870.

Ad. Crémieux, L. Fourichon, Glais-Bizoin,

N° 204. — *Décret qui proroge jusqu'au 31 décembre 1872 les tarif et règlement de l'octroi de la ville de Lille.*

Le gouvernement de la défense nationale,

Vu l'ordonnance du 2 décembre 1814, relative aux octrois, etc.,

décrète :

Art. 1er. Les tarif et règlement de l'octroi de la ville de Lille, département du Nord, ainsi que les tarif et règlement établis dans la banlieue de cette ville et approuvés par décrets du 30 avril 1859 et du 31 janvier 1861, sont prorogés jusqu'au 31 décembre 1872.

Fait à Bordeaux, le 26 décembre 1870.

Ad. Crémieux, Glais-Bizoin, L. Fourichon.

N° 205. — *Décret qui reporte au chapitre 9 du budget extraordinaire du ministère des travaux publics, exercice 1871, une somme de 900,000 fr., et qui annule pareille somme au budget correspondant du budget de 1870.*

LA DÉLÉGATION DU GOUVERNEMENT DE LA DÉFENSE NATIONALE,

Sur le rapport du ministre des travaux publics,

Vu la loi du 27 juillet 1870, portant fixation du budget général des recettes et des dépenses de l'exercice 1871 ;

Vu la loi du 20 mai 1868, qui autorise la chambre de commerce de Bordeanx à faire au Trésor une avance de dix millions de francs (10,000,000 fr.) pour les travaux à effectuer au port de cette ville ;

Vu l'article 13 de la loi du 6 juin 1843, portant règlement définitif du budget de l'exercice 1840, ledit article ainsi conçu :

« Les fonds versés par des départements, des communes et des particuliers « pour concourir, avec ceux de l'Etat, à l'exécution des travaux publics, seront « portés en recette aux produits divers du budget. Un crédit de pareille somme « sera ouvert par ordonnance royale au ministère des travaux publics, additionnellement à ceux qui lui auront été accordés par le budget pour les mêmes « travaux, et la portion desdits fonds qui n'aura pas été employée pendant le « cours d'un exercice pourra être réimputée, avec la même affectation, aux budgets des exercices subséquents, en vertu d'ordonnances royales qui prononceront l'annulation des sommes restées sans emploi sur l'exercice expiré ; »

Vu les décrets des 12 mars et 10 septembre 1870, qui, à la suite de versements effectués au Trésor à titre de fonds de concours, ont ouvert sur le chapitre 10 (travaux d'amélioration et d'achèvement des ports maritimes) du budget extraordinaire de l'exercice 1870, au ministère des travaux publics, des crédits s'élevant ensemble à deux millions (2,000,000 fr.) ;

Vu les documents administratifs desquels il résulte que, sur les crédits dont il s'agit, il restera sans emploi, au 31 décembre prochain, une somme de neuf cent mille francs (900,000 fr.), dont le report à l'exercice 1871 peut être effectué en exécution des dispositions précitées ;

Vu la lettre du ministre des finances en date du 25 décembre courant,

DÉCRÈTE :

Art 1er. Est reportée au chapitra 9 (travaux d'amélioration et d'achèvement des ports maritimes) du buget extraordinaire du ministre des travaux publics, exercice 1871, une somme de neuf cent mille francs (900,000 fr.)

Pareille somme de neuf cent mille francs (900,000 fr.) est annulée au chapitre correspondant inscrit au budget extraordinaire de l'exercice 1870.

Art. 2. Il sera pourvu aux dépenses autorisées par l'article 1er du présent décret au moyen des ressources spéciales versées au Trésor à titre de fonds de secours.

Art. 3. Le ministre des travaux publics est chargé de l'exécution du présent décret, qui sera inséré au *Bulletin des Lois*.

Fait à Bordeaux, le 26 décembre 1870.

Ad. Crémieux, L. Fourichon, Glais-Bizoin.

N° 206. — *Décret qui proroge jusqu'au 31 décembre 1871 les taxes additionnelles perçues à l'octroi de la commune de Nyons.*

LE GOUVERNEMENT DE LA DÉFENSE NATIONALE,

Vu l'ordonnance du 9 décembre 1814, relative aux octrois, etc.,

DÉCRÈTE :

Art. 1er. Les taxes additionnelles et extraordinaires actuellement autorisées à l'octroi de la commune de Nyons, département de la Drôme, continueront d'être perçues jusqu'au 31 décembre 1871.

Art. 2. Les ministres de l'intérieur et des finances sont chargés, chacun en ce qui le concerne, de l'exécution du présent décret.

Fait à Bordeaux, le 26 décembre 1870.

Signé : Ad. Crémieux, Glais-Bizoin, L. Fourichon.

N° 207. — *Décret qui proroge jusqu'au 31 décembre 1871 les taxes additionnelles perçues à l'octroi de la commune de Thizy.*

LE GOUVERNEMENT DE LA DÉFENSE NATIONALE,

Vu l'ordonnance du 9 décembre 1814, relative aux octrois, etc.,

DÉCRÈTE :

Art. 1er. Les taxes additionnelles perçues à l'octroi de la commune de Thizy, département du Rhône, et dont la durée expire le 31 décembre 1870, sont prorogés jusqu'au 31 décembre 1871,

Art. 2. Les ministres de l'intérieur et des finances sont chargés, chacun en ce qui le concerne, de l'exécution du présent décret.

Fait à Bordeaux, le 26 décembre 1870.

Ad. Crémieux, Glais-Bizoin, L. Fourichon.

N° 208. — *Décret qui proroge jusqu'au 31 décembre 1873 les tarif et règlement de l'octroi de la commune de Lons-le-Saulnier.*

LE GOUVERNEMENT DE LA DÉFENSE NATIONALE,

Vu l'ordonnance du 9 décembre 1814, relative aux octrois, etc.,

DÉCRÈTE :

Art. 1er. A partir du 1er janvier 1871, et jusqu'au 31 décembre 1873, époque à laquelle est prorogée la durée du règlement principal en vigueur, il sera perçu à l'octroi de la commune de Lons-le-Saulnier, département du Jura :

1° Une surtaxe de 50 c. par hectolitre de vin ;

2° Une surtaxe de 3 fr. par hectolitre d'huile d'olive ;

3° Une surtaxe de 50 c. par hectolitre de graines oléagineuses ;

4° Une surtaxe de 6 fr. par tonne sur les ardoises ;

5° Une surtaxe de 5 fr. par hectolitre de limonades gazeuses ou d'eaux gazeuses ou minérales, à l'exception des eaux de seltz.

Art. 3. Les ministres de l'intérieur et des finances sont chargés, chacun en ce qui le concerne, de l'exécution du présent décret.

Fait à Bordeeux, le 26 décembre 1870,

Signé : Ad. CRÉMIEUX, L. FOURICHON, GLAIS-BIZOIN.

N° 209. — *Décret qui déclare non applicable à l'Algérie le décret du 25 décembre, relatif aux conseils généraux et d'arrondissement.*

LES MEMBRES DU GOUVERNEMENT DE LA DÉFENSE NATIONALE, délégués pour représenter le Gouvernement et en exercer les pouvoirs,

DÉCRÈTENT :

Article unique. Le décret du 25 décembre, relatif aux conseils généraux et d'arrondissement, n'est pas applicable aux trois départements de l'Algérie.

Fait à Bordeaux, le 26 décembre 1870.

Ad. CRÉMIEUX, GLAIS-BIZOIN, L. FOURICHON.

N° 210. — *Décret qui proroge jusqu'au 31 décembre 1871 les tarif et règlement de la ville de Rennes.*

LE GOUVERNEMENT DE LA DÉFENSE NATIONALE,

Vu l'ordonnance du 9 décembre 1814, relative aux octrois, etc.,

DÉCRÈTE :

Art. 1er. Les tarif et règlement, ainsi que les taxes additionnelles actuellement en vigueur à l'octroi de Rennes, comprenant la ville de Rennes et une partie du territoire de la commune de Saint-Jacques, comprise dans le périmètre précédemment déterminé, département d'Ille-et-Vilaine, sont prorogés jusqu'au 31 décembre 1871.

Art. 2. Les ministres de l'intérieur et des finances sont chargés, chacun en ce qui le concerne, de l'exécution du présent décret.

Fait à Bordeaux, le 26 décembre 1870.

AD. CRÉMIEUX, GLAIS-BIZOIN, FOURICHON.

N° 211. — *Décret qui proroge jusqu'au 31 décembre 1871 les tarif et règlement de l'octroi de la ville de Narbonne.*

LE GOUVERNEMENT DE LA DÉFENSE NATIONALE,

Vu l'ordonnance du 9 décembre 1814, relative aux octrois, etc.,

DÉCRÈTE :

Art. 1er. Les tarif et règlement approuvés par décret du 13 novembre 1860, et actuellement en vigueur à l'octroi de la ville de Narbonne, département de l'Aude, sont prorogés jusqu'au 31 décembre 1871.

Art. 2. Les ministres de l'intérieur et des finances sont chargés, chacun en ce qui le concerne, de l'exécution du présent décret.

Fait à Bordeaux, le 26 décembre 1870.

Ad. CRÉMIEUX, GLAIS-BIZOIN, L. FOURICHON.

N° 212. — *Décret qui proroge jusqu'au 31 décembre 1871, la durée des tarif et règlement en vigueur à l'octroi de la commune de Vichy.*

LE GOUVERNEMENT DE LA DÉFENSE NATIONALE,

Vu l'ordonnance du 9 décembre 1814, relative aux octrois, etc.,

DÉCRÈTE :

Art. 1er. Les tarif et règlement d'octroi en vigueur dans la commune de Vichy, département de l'Allier, sont prorogés jusqu'au 31 décembre 1871.

Art. 2. Les ministres de l'intérieur et des finances sont chargés, chacun en ce qui le concerne, de l'exécution du présent décret.

Fait à Bordeaux, le 26 décembre 1870.

Ad. Crémieux, Glais-Bizoin, L. Fourichon.

N° 213. — *Décret qui modifie les tarifs de l'octroi de la commune d'Auray.*

LE GOUVERNEMENT DE LA DÉFENSE NATIONALE,

Vu l'ordonnance du 9 décembre 1814, relative aux octrois, etc.,

DÉCRÈTE :

Art. 1er. A partir du 1er janvier 1871 et jusqu'au 31 décembre 1873, les objets ci-dessous désignés et compris au tarif de l'octroi de la commune d'Auray, département du Morbihan, seront imposés de la manière suivante :

Le vin, à raison de 2 fr. par hectolitre ;

Le cidre, à raison de 75 cent. par hectolitre ;

L'alcool, à raison de 6 fr. par hectolitre.

Art. 2. Les ministres de l'intérieur et des finances sont chargés, chacun en ce qui le concerne, de l'exécution du présent décret.

Fait à Bordeaux, le 26 décembre 1870.

Ad. Crémieux, Glais-Bizoin, L. Fourichon.

N° 214. — *Décret qui établit jusqu'au 31 décembre 1871 une surtaxe nouvelle à l'octroi de la ville de Vitré.*

LE GOUVERNEMENT DE LA DÉFENSE NATIONALE,

Vu l'ordonnance du 9 décembre 1814, relative aux octrois, etc.,

DÉCRÈTE :

Art. 1er. A partir du 1er janvier et jusqu'au 31 décembre 1871, il sera perçu à l'octroi de la commune de Vitré, départemet d'Ille-et-Vilaine, une surtaxe nouvelle de 0 fr. 40 c. par hectolitre de cidre.

Art. 2. Les ministres de l'intérieur et des finances sont chargés, chacun en ce qui le concerne, de l'exécution du présent décret.

Fait à Bordeaux, le 26 décembre 1870.

Signé : AD. CRÉMIEUX, AL. GLAIS-BIZOIN, L. FOURICHON.

N° 215. — *Décret qui proroge jusqu'au 31 décembre 1871 les tarif et règlement en vigueur à l'octroi de Samatan.*

LE GOUVERNEMENT DE LA DÉFENSE NATIONALE,

Vu l'ordonnance du 9 décembre 1814, relative aux octrois, etc.,

DÉCRÈTE :

Art. 1er. Les tarif et règlement en vigueur à l'octroi de Samatan, département du Gers, sont prorogés juqu'au 31 décembre 1871.

Art. 2. Les ministres de l'intérieur et des finances sont chargés, chacun en ce qui le concerne, de l'exécution du présent décret.

Fait à Bordeaux, le 26 décembre 1870.

AD. CRÉMIEUX, CLAIS-BIZOIN, L. FOURICHON.

N° 216. — *Décret qui proroge jusqu'au 31 décembre 1871 les tarif et règlement en vigueur à l'octroi de la commune de Lizieux.*

LE GOUVERNEMENT DE LA DÉFENSE NATIONALE,

Vu l'ordonnance du 9 décembre 1814, relative aux octrois, etc.,

DÉCRÈTE :

Art. 1er. — Les tarif et règlement d'octroi approuvés par décret du 14 septembre 1864, et actuellement en vigueur dans la commune de Lizieux, département du Calvados, sont prorogés jusqu'au 31 décembre 1871.

Art. 2. Les ministres de l'intérieur et des finances sont chargés, chacun en ce qui le concerne, de l'exécution du présent décret.

Fait à Bordeaux, le 26 décembre 1870.

Ad. Crémieux, Glais-Bizoin, L. Fourichon.

N° 217. — *Décret qui proroge jusqu'au 31 décembre 1880 les tarif et règlement en vigueur à l'octroi de Vinsobres.*

LE GOUVERNEMENT DE LA DÉFENSE NATIONALE,

Vu l'ordonnance du 9 décembre 1814, relative aux octrois, etc.,

DÉCRÈTE :

Art. 1er. Les tarif et règlement en vigueur à l'octroi de Vinsobres, département de la Drôme, sont prorogés jusqu'au 31 décembre 1880.

Art. 2. Les ministres de l'intérieur et des finances sont chargés, chacun en ce qui le concerne, de l'exécution du présent décret.

Fait à Bordeaux, le 26 décembre 1870.

Ad. Crémieux, Glais-Bizoin, L. Fourichon.

N° 218. — *Décret qui proroge jusqu'au 31 décembre 1871 certaines taxes établies à l'octroi de la ville de Saintes.*

LE GOUVERNEMENT DE LA DÉFENSE NATIONALE,

Vu l'ordonnance du 9 décembre 1814, relative aux octrois, etc.,

DÉCRÈTE :

Art. 1er, Les taxes sur les sucres, cafés et chocolats, établies à l'octroi de la ville de Saintes, sont prorogées jusqu'au 31 décembre 1871.

Art. 2. Les ministres de l'intérieur et des finances sont chargés, chacun en ce qui le concerne, de l'exécution du présent décret.

Fait à Bordeaux, le 26 décembre 1870.

Ad. Crémieux, Glais-Bizoin, L. Fourichon.

N° 219. — *Décret relatif à l'octroi de la commune de Die.*

LE GOUVERNEMENT DE LA DÉFENSE NATIONALE,

Vu l'ordonnance du 9 décembre 1814, relative aux octrois, etc.,

DÉCRÈTE :

Art. 1er. A partir du 1er janvier 1871 et jusqu'au 31 décembre 1874, la perception de l'octroi établi dans la commune de Die, département de la Drôme, sera opérée conformément au nouveau tarif adopté par le conseil municipal, le 25 octobre 1870.

Art. 2. Les porcs abattus dans le rayon de l'octroi ou au dehors, par les particuliers, dans l'intérêt exclusif de leur ménage, et le lard salé, qu'il vienne du dehors ou qu'il ait été préparé sur les lieux, mis en vente par les épiciers et bouchers, ne seront assujettis à aucun droit.

Art. 2. Les ministres de l'intérieur et des finances sont chargés, chacun en ce qui le concerne, de l'exécution du présent décret.

Fait à Bordeaux, le 26 décembre 1870.

Ad. Crémieux, Glais-Bizoin, Fourichon,

N° 220. — *Décret relatif à l'octroi de la commune de Mazamet.*

LE GOUVERNEMENT DE LA DÉFENSE NATIONALE,

Vu l'ordonnance du 9 décembre 1814, relative aux octrois, etc.,

DÉCRÈTE :

Art. 1er. A partir du 1er janvier 1871 et jusqu'au 31 décembre 1877, la perception de l'octroi établi dans la commune de Mazamet, département du Tarn, sera opérée conformément au nouveau tarif adopté par la commission municipale le 11 décembre, 1870, et annexé au présent décret, à l'exception des sirops, sucres, cafés et chocolats, lesquels seront exempts de tout impôt.

Art. 2. Les ministres de l'intérieur et des finances sont chargés, chacun en ce qui le concerne, de l'exécution du présent décret.

Fait à Bordeaux, le 26 décembre 1870.

Ad. Crémieux, Glais-Bizoin, L. Fourichon.

N° 221. — *Décret qui proroge jusqu'au 31 décembre 1873 les tarif et règlement de l'octroi de la commune de Pont-l'Evêque.*

LE GOUVERNEMENT DE LA DÉFENSE NATIONALE,

Vu l'ordonnance du 9 décembre 1814, relative aux octrois, etc.,

DÉCRÈTE :

Art. 1er. Les tarif et règlement d'octroi approuvés par le décret du 7 août 1866, et actuellement en vigueur dans la commune de Pont-l'Evêque, département du Calvados, sont prorogés jusqu'au 31 décembre 1873.

Art. 3. Les ministres de l'intérieur et des finances sont chargés, chacun en ce qui le concerne, de l'exécution du présent décret.

Fait à Bordeaux, le 26 décembre 1870.

Ad. Crémieux, Glais-Bizoin, Fourichon.

No 222. — *Décret qui ordonne la vente d'une quantité de 2,000,000 d'huîtres au profit des familles des marins inscrits, morts ou blessés en combattant pour le pays.*

LA DÉLÉGATION DU GOUVERNEMENT DE LA DÉFENSE NATIONALE,

Vu l'ordonnance du mois d'août 1681 sur la marine;

Vu l'édit du mois de juillet 1720, concernant les invalides de la marine;

Vu la loi du 3 brumaire an IV, sur le régime des classes;

Considérant que, depuis l'ouverture des hostilités, les marins inscrits ont donné des preuves de courage, de patriotisme et d'abnégation dont il est juste de tenir compte;

Considérant que, par suite de la guerre, l'industrie de ces marins est en souffrance;

Considérant qu'il existe sur les parcs de l'Etat, à Arcachon, des huîtres en quantité assez considérable pour qu'on puisse en distraire une partie sans crainte de nuire à la prospérité des parcs et des huîtrières du bassin,

DÉCRÈTE :

Art. 1er. Une quantité de deux millions d'huîtres sera prélevée sur les parcs de l'Etat, dans le bassin d'Arcachon, pour être vendue aux enchères publiques par lots, après annonces publiées dans les journaux, à la diligence des administrations des domaines et de la marine.

Art. 2. Le produit de cette vente sera affecté, jusqu'à due concurrence, à des secours aux familles des marins inscrits, morts ou blessés en combattant pour la défense du pays, et il sera ultérieurement ouvert à cet effet, au ministère de la marine un crédit égal à la recette qui aura été effectuée.

Fait à Bordeaux, le 27 décembre 1870.

Les membres de la délégation,

AD. CRÉMIEUX, AL. GLAIS-BIZOIN, L. FOURICHON.

N° 223. — *Décret qui reporte une somme de* 3,000,000 *fr. au budget de* 1871 *et qui annule pareille somme au budget de* 1870.

LA DÉLÉGATION DU GOUVERNEMENT DE LA DÉFENSE NATIONALE,

Sur le rapport du ministre des travaux publics;

Vu la loi du 27 juillet 1870, portant fixation du budget général des recettes et des dépenses de l'exercice 1871;

Vu le décret en date du 13 octobre 1870, qui ouvre au ministère des travaux publics (chapitre 20 du budget extraordinaire exercice 1870) un crédit de cinq millions de francs (5,000,000) applicable à la fabrication des cartouches, modèle 1866;

Vu le décret du 15 octobre suivant, qui rend le crédit ci-dessus de cinq millions de francs (5,000,000) applicable aux dépenses de toute nature faites dans l'intérêt de la défense sous la direction du ministre des travaux publics;

Vu les documents administratifs desquels il résulte que, sur le crédit ci-dessus, une somme de trois millions au moins restera sans emploi, au 31 décembre prochain;

Vu le règlement général du 31 mai 18(2 sur la comptabilité publique,

DÉCRÈTE :

Art. 1er. Sur le crédit de cinq millions de francs ouvert au ministère des travaux publics, exercice 1870, budget extraordinaire, chapitre 20, pour la fabrication des cartouches modèle 1866, et autres dépenses faites dans l'intérêt de la garde nationale, une somme de trois millions est reportée à l'exercice 1871.

Cette somme sera inscrite au budget extraordinaire, chapitre 20.

Pareille somme de trois millions (3,000,000) sera annulée au chapitre correspondant du budget extraordinaire de l'exercice 1870.

Art. 2. Le ministre des travaux publics est chargé de l'exécution du présent décret, qui sera inséré au *Bulletin des lois*.

Fait à Bordeaux, le 27 décembre 1870.

CRÉMIEUX, FOURICHON, GLAIS-BIZOIN.

N° 224. — *Décret qui abroge le décret du 11 juin 1870, relatif à l'élection des membres des conseils généraux de l'Algérie.*

LA DÉLÉGATION DU GOUVERNEMENT DE LA DÉFENSE NATIONALE,

Considérant que le décret du 11 juin 1870, qui a organisé l'élection des membres des conseils généraux de l'Algérie, est en opposition avec les principes du droit public, puisqu'il confère le droit d'électeur et d'éligible, en matière politique, à d'autres qu'aux citoyens français ou naturalisés français;

Considérant qu'il ne saurait y avoir dans les trois départements de l'Algérie, d'autre politique que la politique française;

Considérant, relativement à la différence qui existe entre le nombre des citoyens électeurs et le chiffre total de la population de ces départements, qu'il y a lieu de maintenir au sein des conseils les membres indigènes dont la présence a répondu dans le passé aux exigences du présent,

DÉCRÈTE :

Art. 1er. Le décret du 11 juin 1870 est abrogé dans toutes ces dispositions.

Art. 2. Les conseils généraux élus par application dudit décret sont dissous.

Art. 3. Les membres français des conseils généraux des trois départements de l'Algérie seront désormais nommés à l'élection, comme dans les 89 autres départements de la République, les citoyens français ou naturalisés français étant seuls électeurs et éligibles.

Art. 4. Les conditions d'éligibilité seront d'ailleurs celles qui existent actuellement en France, ou qui pourront être ultérieurement déterminées par la future Assemblée nationale.

Art. 5. Le nombre des membres du conseil général de chacun des trois départements est fixé à trente-six, savoir : trente membres ordinaires, citoyens français, et six membres assesseurs, choisis, comme par le passé, parmi les indigènes musulmans, naturalisés ou non.

Ces six membres indigènes seront nommés par le ministre de l'intérieur, sur les propositions combinées entre le préfet du département et le général de brigade, chargé de l'administration des territoires dits militaires.

Ces membres indigènes seront, pendant la durée des sessions, assistés d'un interprète désigné par le préfet, et qui prêtera serment entre les mains du président du conseil.

Pour le choix des membres assesseurs, et à mérite égal, d'ailleurs, entre les divers concurrents, les propositions des autorités départementales se porteront de préférence sur les notables indigènes qui auront acquis des notions pratiques de la langue française, afin qu'ils puissent par eux-mêmes se rendre compte de l'esprit des discussions et des intentions libératrices de la France à l'égard des populations musulmanes.

Art. 6. Un règlement d'administration publique, sanctionné par le ministère de l'intérieur, désignera les localités qui seront appelées à élire les membres ordinaires des conseils et le nombre des conseillers à élire par chaque circonscription électorale avec ou sans scrutin de liste, en attendant que, dans l'avenir, cette répartition soit modifiée, s'il y a lieu, par qui de droit, dans la forme qui sera adoptée par la future Assemblée nationale pour l'établissement des circonscriptions électorales des autres départements.

Art. 7. Le préfet du département et le général chargé de l'administration des territoires dits militaires devront être entendus par le conseil général toutes les fois qu'ils en exprimeront le désir, et devront, sur la demande du conseil se présenter devant lui pour lui fournir toutes les explications dont il pourrait avoir besoin.

Art. 8. Pour la durée de leurs pouvoirs, l'élection de leur président et de leur bureau, la police ou la publicité de leurs séances, les conseils généraux des trois départements de l'Algérie suivront d'ailleurs les règles qui seront établies par la future Assemblée nationale pour tous les conseils généraux de la République. Leurs attributions sont les mêmes.

Art. 9. Le commissaire extraordinaire de l'Algérie est chargé d'assurer l'exécution du présent décret.

Fait à Bordeaux, le 28 décembre 1870.

Signé : Ad. Crémieux, Glais-Bizoin, L. Fourichon, L. Gambetta.

N° 225. — *Décret relatif à l'emploi du crédit de 1,200,000 fr. mis à la disposition du commissaire extraordinaire de l'Algérie.*

LA DÉLÉGATION DU GOUVERNEMENT DE LA DÉFENSE NATIONALE

Considérant que le décret du 27 novembre 1870 a eu pour objet de multiplier en Algérie les espaces ensemencés;

Considérant que l'achat de semences par l'administration est signalé comme présentant des difficultés pratiques et pouvant entraîner des retards préjudiciables au double but que le Gouvernement s'est proposé;

Vu l'urgence,

DÉCRÈTE

Le crédit de douze cent mille francs mis à la disposition du commissaire extraordinaire de l'Algérie, pour achats de céréales pour semences, pourra être employé sous forme de prêts en argent aux cultivateurs des trois départements de l'Algérie, et sous les garanties qui seront déterminées par le commissaire extraordinaire.

Fait à Bordeaux, le 28 décembre 1870.

Signé : L. Gambetta, Ad. Crémieux, Al. Glais-Bizoin, L. Fourichon.

N° 226 — *Décret relatif aux annonces judiciaires et légales.*

LE GOUVERNEMENT DE LA DÉFENSE NATIONALE,

DÉCRÈTE :

Provisoirement, et jusqu'à ce qu'il en ait été autrement décidé, les annonces judiciaires et légales pourront être insérées, au choix des parties, dans l'un des journaux publiés en langue française dans le département. Néanmoins, toutes les annonces judiciaires relatives à une même procédure de vente seront insérées dans le même journal.

Fait à Bordeaux, le 28 décembre 1870.

AD. CRÉMIEUX, GLAIS-BIZOIN, L. FOURICHON.

N° 227. — *Décret relatif à l'octroi de Lons-le-Saulnier (Jura).*

LE GOUVERNEMENT DE LA DÉFENSE NATIONALE,

Vu l'ordonnance du 9 décembre 1814, relative aux octrois, etc.,

DÉCRÈTE :

Art. 1er. A partir du 1er janvier et jusqu'au 31 décembre 1871, il sera perçu à l'octroi de la commune de Lons-le-Saulnier (Jura), une surtaxe de 9 francs par hectolitre de bière, ci. . . . . . 9 fr.

Art. 2. Les ministres de l'intérieur et des finances sont chargés, chacun en ce qui le concerne, de l'exécution du présent décret.

Fait à Bordeaux, le 28 décembre 1870.

Signé : AD. CRÉMIEUX, L. FOURICHON, GLAIS-BIZOIN.

N° 228. — *Décret qui modifie jusqu'au 31 décembre 1871 la perception de l'octroi établi à Uzès (Gard).*

LE GOUVERNEMENT DE LA DÉFENSE NATIONALE,

Vu l'ordonnance du 9 décembre 1814, relative aux octrois, etc.,

DÉCRÈTE :

Art. 1er. Du 1er janvier au 31 décembre 1871, la perception de l'octroi établi à Uzès, dans le département du Gard, sera opérée conformément au nouveau tarif adopté par le conseil municipal le 17 juillet 1869, et modifié ainsi qu'il suit :

Le vinaigre fabriqué à l'intérieur est taxé à 1 fr. comme celui de l'extérieur; les bières de toutes espèces sont imposées à 8 fr.

Art. 2. Les ministres de l'intérieur et des finances sont chargés, chacun en ce qui le concerne, de l'exécution du présent décret.

Fait à Bordeaux, le 29 décembre 1870.

Ad. Crémieux, L. Gambetta, Fourichon, Glais-Bizoin.

N° 229. — *Décret qui proroge jusqu'au 31 décembre 1871 les tarif et règlement en vigueur à l'octroi de Saint-Amand.*

LE GOUVERNEMENT DE LA DÉFENSE NATIONALE,

Vu l'ordonnance du 9 décembre 1814, relative aux octrois, etc.,

DÉCRÈTE :

Art. 1er. Les tarif et règlement en vigueur à l'octroi de Saint-Amand, département du Cher, sont prorogés jusqu'au 31 décembre 1871.

Art. 2. Les ministres de l'intérieur et des finances sont chargés, chacun en ce qui le concerne, de l'exécution du présent décret.

Fait à Bordeaux, le 30 décembre 1870.

Ad. Crémieux, Léon Gambetta, Glais-Bizoin, L. Fourichon.

N° 230. — *Décret relatif à la perception de l'octroi établi dans la commune de Vitré.*

LE GOUVERNEMENT DE LA DÉFENSE NATIONALE,

Vu l'ordonnance du 9 décembre 1814, relative aux octrois, etc.,

DÉCRÈTE :

Art. 1er. A partir du 1er janvier jusqu'au 31 décembre 1871, la perception de l'octroi dans la commune de Vitré, département d'Ille-et-Vilaine, sera opérée suivant le règlement actuellement en vigueur et conformément au nouveau tarif adopté par le conseil municipal, le 9 octobre 1870, sauf la modification suivante : « Les sucres et cassonnades seront imposés comme précédemment, à raison de 2 centimes et demi le kil. »

Art. 2. Aucun changement n'est apporté dans le périmètre de l'octroi, et l'ancien règlement est, sous ce rapport, maintenu.

Rien, d'ailleurs, n'est changé au décret du 20 décembre 1870, qui établit une surcharge nouvelle de 40 centimes sur le cidre.

Art. 3. Les ministres de l'intérieur et des finances sont chargés, chacun en ce qui le concerne, de l'exécution du présent décret.

Fait à Bordeaux, le 30 décembre 1870.

Ad. Crémieux, Léon Gambetta, Glais-Bizoin, L. Fourichon.

N° 231. — *Décret relatif à la perception de l'octroi établi dans la commune de Vizila.*

Le gouvernement de la défense nationale,

Vu l'ordonnance du 9 décembre 1814, relative aux octrois, etc.,

Décrète :

Art. 1er. A partir du 1er janvier 1871 et jusqu'au 31 décembre 1873, la perception de l'octroi établi dans la commune de Vizila, département de l'Isère, sera opérée conformément au tarif et règlement adoptés par le conseil municipal le 30 juin 1870.

Art. 2. Les ministres de l'intérieur et des finances sont chargés, chacun en ce qui le concerne, de l'exécution du présent décret.

Fait à Bordeaux, le 30 décembre 1870.

Ad. Crémieux, Léon Gambetta, Glais-Bizoin, L. Fourichon.

N° 232 — *Décret qui crée en Algérie des inspecteurs généraux des territoires militaire*

Le gouvernement de la défense nationale,

Décrète :

Art. 1er. Il est créé en Algérie, pour chacun des trois départements, un inspecteur général des territoires dits militaires. Ses fonctions consistent à parcourir, visiter et inspecter les tribus du département, à entendre les réclamations, à recueillir toutes les observations utiles, à se rendre compte de la situation morale et des besoins du territoire militaire faisant partie du département dont l'inspection lui est confiée.

Art. 2. Ils feront tous les quinze jours, et plus souvent, s'ils le jugent utile, des rapports sur tous ce qui pourra éclairer le Gouvernement. Ces rapports seront faits en double exemplaire, l'un adressé au préfet du département, l'autre au général-administrateur des territoires dits militaires.

Art. 3. Les inspecteurs généraux sont nommés par le ministre de l'intérieur; ils doivent avoir au moins cinq ans de résidence effective en Algérie au moment de leur nomination. Ils sont choisis de préférence parmi les fonctionnaires civils jouissant de la prime pour leur connaissance de la langue arabe.

Art. 4. Le traitement de chaque inspecteur général est de douze mille francs; il a droit à une indemnité de dix francs par jour pour chaque jour de déplacement effectif. La résidence de chacun d'eux est au chef-lieu du département où l'inspection leur est confiée.

Art. 4. Le commissaire extraordinaire de la République en Algérie et le général commandant les forces de terre et de mer sont chargés d'assurer l'exécution du présent décret.

Fait à Bordeaux, le 30 décembre 1870.

AD. CRÉMIEUX, GAMBETTA, GLAIS-BIZOIN, FOURICHON.

N° 233 — *Décret relatif à l'octroi de la commune de Guingamp.*

LE GOUVERNEMENT DE LA DÉFENSE NATIONALE,

Vu l'ordonnance du 9 décembre 1814, revative aux octrois, etc.,

DÉCRÈTE :

A partir du 1er janvier et jusqu'au 31 décembre 1871, il sera perçu à l'octroi de Guingamp, département des (Côte-du-Nord):

1° Une surtaxe de 4 fr. par hect. de vin;
2° Une surtaxe de 6 fr. par hect d'alcool;
3° Une surtaxe de 1 fr. par hect. de cidre;
4° Une surtaxe de 1 fr. par hect. de bière.

Art. 2. Les ministres de l'intérieur et des finances sont chargés, chacun en ce qui le concerne, de l'exécution du présent décret.

Fait à Bordeaux, le 30 décembre 1870.

Signé : L. GAMBETTA, Ad. CRÉMIEUX, L. FOURICHON, Al. GLAIS-BIZOIN.

N° 234 — *Décret relatif à la perception de l'octroi établi dans la commune de Guéméné (Morbihan).*

LE GOUVERNEMENT DE LA DÉFENSE NATIONALE,

Vu l'ordonnance du 9 décembre 1814, relative aux octrois etc.,

DÉCRÈTE :

Art. 1er. A partir du 1er janvier 1871 jusqu'au 31 décembre 1875, la perception de l'octroi établi dans la commune de Guéméné département du Morbihan, sera opérée conformément au nouveau tarif adopté par le conseil municipal le 16 novembre 1870.

Art. 2. Les ministres de l'intérieur et des finances sont chargés, chacun en ce qui le concerne, de l'exécution du présent décret,.

Fait à Bordeaux, le 30 déembre 1870.

Signé : AD. CRÉMIEUX, FOURICHON, GLAIS-BIZOIN, L. GAMBETTA.

N° 235 — *Décret relatif à l'octroi de la commune de Caudan.*

LE GOUVERNEMENT DE LA DÉFENSE NATIONALE,

Vu l'ordonnance du 9 décembre 1814, relative aux octrois, etc.,

DÉCRÈTE :

Art. 1er. A partir du 1er janvier 1871, et jusqu'au 31 décembre 1875, il sera perçu à l'octroi de la commune de Caudan departement du Morbihan :

1° Une surtaxe de 42 c. par hect. de vin en cercles ;

2° Une surtaxe de 29 c. par cent bouteilles ;

3° Une surtaxe de 32 centimes par hectolitre de cidre, poiré et hydromel ;

4° Une surtaxe de 12 c. par hect. de fruits à cidre;

5° Une surtaxe de 1 fr. 54 c. par hect. d'alcool contenu dans les eaux-de-vie et esprits en cercles, les esprits et eaux-de-vie en bouteilles, les liqueurs et fruits à l'eau-de-vie ;

6° Une surtaxe de 40 c. par hect. de bière.

Art. 2. Les ministres de l'intérieur et des finances sont chargés, chacun en ce qui le concerne de l'exécution du présent décret.

Fait à Bordeaux, le 30 décembre 1870.

Ad. CRÉMIEUX, Léon GAMBETTA, GLAIS-BIZOIN, FOURICHON.

N° 236 — *Décret relatif à l'octroi établi dans la commune de Dunkerque.*

LE GOUVERNEMENT DE LA DÉFENSE NATIONALE,

Vu l'ordonnance du 9 décembre 1814. relative aux octrois, etc.,

DÉCRÈTE :

Art. 1er. A partir du 1er janvier 1871 et jusqu'au 31 décembre 1875, la perception de l'octroi établi dans la commune de Dunkerque, département du Nord, sera opérée conformément aux tarif et règlement adoptés par le conseil municipal le 14 novembre 1870.

Art. 2. Les ministres de l'intérieur et des finances sont chargés, chacun en ce qui le concerne, de l'exécution du présent décret.

Fait à Bordeaux, le 30 décembre 1870.

Signé : AD. CRÉMIEUX, GLAIS-BIZOIN, FOURICHON, L. GAMBETTA.

N° 237 — *Décret relatif à l'octroi de la ville de Paris.*

LE GOUVERNEMENT DE LA DÉFENSE NATIONALE,

Considérant que les circonstances actuelles et le surcroît de charges que supporte en ce moment la ville de Paris exigent le maintien provisoire des diverses taxes qui constituent le revenu municipal :

DÉCRÈTE :

Art. 1er. Le second décime par franc établi par les décrets des 17 juin 1848 et 2 octobre 1851, sur toutes les taxes de l'octroi de Paris, autres que celles qui frappent les vins en cercles, les cidres et poirés, les bières fabriquées dans Paris et les viandes, est et demeure maintenu pour l'année 1870.

Art. 2. Le ministre de l'intérieur est chargé de l'exécution du présent décret.

Fait à Paris, le 30 décembre 1871.

Général Trochu, Emmanuel Arago, Jules Ferry, Jules Favre, Garnier-Pagès, E. Pelletan, picard, Jules Simon.

N° 238 — *Décret relatif à l'octroi établi dans la commune de Limoux.*

LE GOUVERNEMENT DE LA DÉFENSE NATIONALE,

Vu l'ordonnance du 9 décembre 1814, relative aux octrois, etc.,

DÉCRÈTE :

Art. 1er. Les tarif et règlement actuellement en vigueur à l'octroi de Limoux, département de l'Aude, sont prorogés jusqu'au 31 décembre 1871.

Art. 2. Les ministres de l'intérieur et des finances sont chargés, chacun en ce qui le concerne, de l'exécution du présent décret.

Fait à Bordeaux, le 31 décembre 1870.

Signé : Ad. Crémieux, Glais-Bizoin, Fourichon, L. Gambetta.

N° 239 . — *Arrêté relatif aux annonces judiciaires légales prescrites par le droit civil, le Code de procédure et de commerce; et les lois spéciales.*

Le membre du gouvernement, délégué à l'administration du département de la Seine,

Considérant que la législation actuellement en vigueur sur les annonces judiciaires et légales ne saurait être utilement modifiée dans les circonstances présentes, et qu'il importe d'assurer provisoirement l'exécution des lois existantes,

ARRÊTE :

Art. 1er. Les annonces judiciaires et légales prescrites par le droit civil, les Codes de procédure et de commerce, et les lois spéciales, pour la publicité et la validité des actes, des procédures ou des contrats, devront (sauf ce qui sera dit ci-après, art. 2, au sujet des faillites), être insérées, pendant les trois premiers mois de l'année 1871, pour le département de la Seine, dans un, au moins, des quatre journaux ci-dessous désignés :

Le *Journal général d'Affiches*, dit *Petites-Affiches*.
La *Gazette des Tribunaux*.
Le *Droit*.
Les *Affiches parisiennes*.

Art. 2. Sont obligatoires dans les trois premiers journaux ci-dessus désignés, les publications auxquelles les articles 442 et suivants du Code de commerce assujettissent les opérations de faillite.

Art. 3. Le tarif du prix d'insertion des annonces comprises dans les deux articles qui précèdent est fixé à 20 centimes par chaque ligne de 34 lettres, et à 25 centimes par ligne de 45 lettres et au-dessus, caractère *gaillarde* (l'alphabet entier pris pour type de justification).

Par exception, le tarif des insertions relatives aux jugements de faillite et aux convocations et délibérations de créanciers, est fixé, au total, à 1 fr. 25 centimes par chaque insertion faite suivant la formule usitée.

Art. 4. Le coût d'un exemplaire légalisé est réglé, non compris le droit d'enregistrement, à 75 centimes.

Néanmoins, ce prix sera réduit, en ce qui concerne les publications relatives aux faillites, à 50 centimes, dont 25 centimes pour le coût de l'exemplaire et 25 centimes pour vacation à la légalisation seulement.

Art. 5. Devront être insérées gratuitement, dans les quatre journaux sus-désignés, les annonces et publications qui seraient nécessaires pour la validité et la publicité des contrats et procédures dans les affaires suivies par application de la loi des 29 novembre, 7 décembre 1850 et 22 janvier 1851, sur l'assistance judiciaire.

Art. 6. Conformément au paragraphe dernier de l'article 696 du Code procédure civile, les annonces de toute espèce, relatives à la même affaire, seront insérées dans la feuille qui aura reçu la première.

Art. 7. Les quatre journaux ci-dessus indiqués en l'art. 1er, inséreront quotidiennement et gratuitement un avis ainsi conçu :

« La publication légale des actes de société est obligatoire, pen-
» dant les trois premiers mois de l'année 1871, dans l'un des qua-
» tre journaux suivants :

» Le *Journal général d'affiches*, dit *Petites-Affiches*,

» La *Gazette des Tribunaux*,

» Le *Droit*,

» Les *Affiches Parisiennes*. »

Fait à l'Hôtel-de-Ville de Paris, le 31 décembre 1870.

Jules FERRY.

N° 240. — *Décret qui proroge jusqu'au 31 décembre 1871, les tarif et règlement d'octroi en vigueur dans la ville d'Aix.*

LE GOUVERNEMENT DE LA DÉFENSE NATIONALE,

Vu la loi du 9 décembre 1814, relative aux octrois, etc.,

DÉCRÈTE :

Art. 1er. Les tarif et règlement d'octroi en vigueur dans la ville d'Aix sont prorogés jusqu'au 31 décembre 1871,

Art. 2. Les ministres de l'intérieur et des finances sont chargés, chacun en ce qui le concerne, de l'exécution du présent décret.

Fait à Bordeaux, le 31 décembre 1870.

Signé : Ad. CRÉMIEUX, GLAIS-BIZOIN, L. FOURICHON.

N° 241. — *Décret qui soumet dans les trois départements de l'Algérie, l'exercice des pouvoirs militaires aux mêmes règles que celles en vigueur dans les autres départements de la République.*

LA DÉLÉGATION DU GOUVERNEMENT DE LA DÉFENSE NATIONALE,

Considérant que, dans les départements de l'Algérie, la confusion, dans la main d'un seul et même général, des pouvoirs administratifs, s'étendant en fait sur la plus grande partie des territoires, et des pouvoirs militaires proprement dits, présente des inconvénients au point de vue de la transformation des traditions;

Considérant que l'exercice de ces pouvoirs, si différents par leur caractère et par leur objectif, exige des aptitudes opposées qui ne sauraient être demandées aux mêmes hommes;

Considérant d'ailleurs que si les généraux investis de l'autorité militaire son mis par la République à la disposition des administrateurs qui la représentent pour faire exécuter la loi et assurer la sécurité, ils ne peuvent et doivent relever dans l'exercice de leurs fonctions que de leurs supérieurs hiérarchiques, tandis qu'il est naturel et nécessaire que les généraux de brigade détachés de l'état-major de l'armée pour administrer la partie non encore civilisée des trois départements, exercent ce mandat sous la haute direction du ministre de l'intérieur.

Considérant d'ailleurs qu'il peut y avoir utilité à faire commander par des généraux de division les importantes divisions militaires des départements algériens, et que le décret du 24 octobre n'a disposé que provisoirement à cet égard,

DÉCRÈTE :

Art. 1er. Dans les trois départements de l'Algérie, l'exercice des pouvoirs militaires proprement dits, sera soumis aux mêmes règles, et ne comportera pas d'autres attributions que celles en vigueur dans les autres départements de la République.

Art. 2. Les officiers généraux ou autres, investis, comme par le passé des pouvoirs administratifs dans les territoires *dits militaires*, sont considérés comme détachés de l'armée pour un service spécial, et mis par le département de la guerre à la disposition du ministre de l'intérieur.

Art. 3. L'avancement de ces officiers sera concerté entre le ministre de l'intérieur et le ministre de la guerre.

Art. 4. Ils sont placés, au point de vue de leurs fonctions, dans chacun des trois départements, sous la haute direction personnelle du préfet de la République. Cette direction ne s'exercera jamais que par l'entremise du général de brigade administrateur des territoires dits militaires, lequel est considéré, non comme un subordonné, mais comme un collègue du préfet.

Art. 5. Le général-administrateur est le chef du personnel dont il dispose et de l'administration qui lui est confiée; les nominations et révocations de pouvoirs seront faites par le ministre de l'intérieur, sur sa proposition. Il n'a d'instructions à recevoir du général commandant la division qu'au point de vue du concours qu'il peut prêter au service purement militaire. En ce qui concerne l'administration du pays, il se concerte avec le préfet pour rendre compte au ministre de l'intérieur.

Art. 6. Quant aux préséances, le général-administrateur prend rang immédiatement après le préfet du département et le général commandant la division militaire.

Art. 7. Partout où il existera des corps de troupes en dehors des chefs-lieux de division et de subdivision, soit en permanence, soit temporairement, le commandement militaire sera exercé par le chef du détachement le plus élevé en grade.

Néanmoins, et suivant les besoins du service, lorsque le chef du détachement n'aura pas le grade d'officier, le général de division pourra confier le commandement militaire à l'officier administrateur qui se trouvera sur les lieux, mais ces délégations d'autorité seront faites nominativement, et pour un temps qui ne pourra excéder six mois.

Art. 8. Il y aura, en Algérie, autant de généraux commandant les divisions militaires qu'il y a de départements.

Il y aura un nombre égal de généraux administrateurs.

Le traitement afférent au grade des généraux et officiers administrateurs continuera à être supporté par le budget de la guerre, et les dépenses accessoires d'administration seront à la charge du budget de l'intérieur.

Art. 9. La résidence du général-administrateur pourra n'être pas la même que celle du général-commandant la division militaire. Elle sera déterminée par un arrêté du ministre de l'intérieur.

Art. 10. Les subdivisions militaires actuelles sont provisoirement conservées, ainsi que leurs chefs-lieux, sauf réorganisation militaire ultérieure. Mais les généraux-commandant ces subdivisions seront immédiatement remplacés par des officiers administrateurs pour ce qui concerne l'administration des districts portant le nom de ces subdivisions.

Art. 11. Les résidences de ces officiers-administrateurs seront fixées par le ministre de l'intérieur.

Art. 12. Le commissaire extraordinaire, comme représentant temporaire du ministre de l'intérieur, aura sous ses ordres les préfets des départements et les généraux-administrateurs qui disposeront désormais de tout le personnel des bureaux arabes. Les correspondances relatives à la politique et à l'administration du pays parviendront au département de l'intérieur par son intermédiaire.

Le général commandant les forces de terre et de mer, comme représentant temporaire du ministre de la guerre et du ministre de la marine, aura sous ses ordres les généraux commandant les divisions et les subdivisions militaires, et disposera de l'armée et de la marine comme par le passé.

Ces deux hauts fonctionnaires assureront immédiatement, et de concert entre eux, la séparation des pouvoirs consacrée par les articles ci-dessus.

Art. 13. Est abrogé le décret provisoire du 24 octobre 1870, relatif aux divisions et subdivisions militaires de l'Algérie. Sont également abrogés les articles 13 et 14 du décret du 24 octobre 1870 portant réorganisation provisoire de l'Algérie, ainsi que l'article 7 du second décret du même jour portant fixation de l'indemnité attribuée aux membres du comité consultatif.

Art. 14. Le commissaire extraordinaire de la République et le général commandant les forces de terre et de mer en l'Algérie sont chargés d'assurer l'exécution du présent décret.

Fait à Bordeaux, le 1er janvier 1871.

Signé : Crémieux, Glais-Bizoin, L. Fourichon, L. Gambetta.

N° 242. — *Décret qui accorde un délai de trois mois aux locataires habitant le département de la Seine.*

Le Gouvernement de la Défense nationale,

Vu les décrets du 30 septembre et du 9 octobre 1870 ;

Considérant que les circonstances qui ont motivé les mesures consacrées par ces décrets, nécessitent, par leur durée, la prolongation desdites mesures,

Décrète :

Art. 1er. Un nouveau délai de trois mois est accordé aux locataires habitants le département de la Seine, qui déclareront être dans la nécessité d'y recourir pour le payement du terme du loyer échu le 1er janvier 1871 et des termes précédemment échus qui ne seraient pas encore acquittés.

Art. 2. En cas de contestation entre propriétaire et locataire, la déclaration prescrite par l'article 1er devra être faite en personne par le locataire. S'il est dans l'impossibilité de se présenter, les motifs de son empêchement seront laissés à l'appréciation du juge de paix.

Art. 3. Le propriétaire sera admis à justifier que son locataire est en état de payer tout ou partie des termes échus.

Le locataire qui aura fait une fausse déclaration sera déchu du bénéfice de sa déclaration, sans préjudice de tous dommages-intérêts envers le propriétaire, s'il y a lieu.

Art. 4. Les juges de paix auront compétence, en fait de payement des loyers, quelle que soit la somme en litige, jusqu'à ce qu'il en soit autrement disposé.

Art. 5. Les juges de paix statueront, en cette matière, comme amiables compositeurs.

Art. 6. Toutes les dispositions des décrets des 30 septembre et 9 octobre 1870 et du présent décret, sera dispensée de tous frais de timbre et d'enregistrement.

Fait à Paris, le 3 janvier 1871.

Général TROCHU, JULES FAVRE, GARNIER-PAGÈS, JULES FERRY, JULES SIMON, EUGÈNE PELLETAN, ERNEST PICARD.

N° 243. — *Décret qui autorise le département de Saône-et-Loire à emprunter 1,500,000 fr.*

LES MEMBRES DU GOUVERNEMENT DE LA DÉFENSE NATIONALE, délégués pour représenter le Gouvernement et en exercer les pouvoirs,

Vu les décrets des 12 et 16 septembre 1870;

Vu la délibération prise par le conseil général de Saône-et-Loire, dans sa session extraordinaire du 24 novembre 1870, à l'effet d'assurer les ressources nécessaires à la défense nationale;

Vu les propositions du préfet,

DÉCRÈTENT :

Art. 1er. Le département de Saône-et-Loire est autorisé, conformément à la demande qu'en a faite le conseil général, dans sa session extraordinaire du 21 novembre 1870, à emprunter aux meilleures conditions possibles, une somme de quinze cent mille francs (1,500,000 fr.) qui sera affectée, jusqu'à concurrence de onze cent mille francs (1,100,000 fr.), aux besoins de la Défense nationale et, pour le surplus, à venir en aide aux classes ouvrières par l'organisation de travaux d'intérêt communal ou départemental.

Ledit emprunt pourra être contracté soit avec publicité et concurrence, soit de gré à gré, soit au moyen de souscriptions avec faculté d'émettre des obligations transmissibles par voie de simple endossement.

Art. 4. Le ministre de l'intérieur est chargé de l'exécution du présent décret.

Fait à Bordeaux, le 4 janvier 1871.

Ad. Crémieux, Léon Gambetta, L. Fourichon, Glais-Bizoin.

N° 244. — *Décret relatif à l'appel de la classe de 1871.*

LE GOUVERNEMENT DE LA DÉFENSE NATIONALE,

Vu la loi du 21 mars 1832 sur le recrutement de l'armée et celle du 1er février 1868, sur l'organisation de la garde nationale mobile;

Vu la loi du 10 août 1870 sur l'augmentation des forces militaires pendant la durée de la guerre;

Considérant que les opérations nécessitées par l'appel des classes atteignent une durée de près de deux mois, et qu'il importe, dès lors, de ne pas attendre, pour procéder à cet appel, que l'emploi des forces mobilisées soit épuisé,

DÉCRÈTE :

Art. 1er. L'appel de la classe de 1871 pourra avoir lieu immédiatement après la promulgation du présent décret.

Art. 2. Les tableaux de recensement seront publiés et affichés, conformément aux dispositions de l'article 8 de la loi du 21 mars 1832, les dimanches 15 et 22 janvier 1871.

Art. 3. Les jeunes gens appartenant aux départements envahis par l'ennemi pourront se faire inscrire sur les tableaux de recensement dans les départements non envahis. Ils ne seront tenus à aucune justification de domicile dans le canton où ils demanderont leur inscription.

Art. 4. Le contingent se composera de tous les jeunes gens figurant sur les tableaux de recensement qui auront été reconnu propres au service.

Il n'y aura pas de tirage au sort.

Art. 5. Sont seuls maintenus les cas d'exemption prévus par les paragraphes numérotés 1° et 2° de l'article 13 de la loi du 21 mars 1832.

Art. 7. Les opérations pour la levée de la classe 1871, dans les départements occupés par l'ennemi, sont remises à une époque ultérieure.

Art. 8. La durée du service des jeunes gens de la classe 1871 comptera du 1er janvier de la présente année.

Art. 9. Le ministre de l'intérieur et de la guerre est chargé de l'exécution du présent décret.

Fait à Bordeaux, le 5 janvier 1871.

Les membres du Gouvernement,
L. Gambetta, Ad. Crémieux, Glais-Bizoin,
L. Fourichon.

N° 245. — *Décret relatif au budget 1870-1871.*

LES MEMBRES DU GOUVERNEMENT DE LA DÉFENSE NATIONALE, délégués pour représenter le Gouvernement et en exercer les pouvoirs,

Vu les décrets des 12 et 16 septembre 1870;

Vu la loi du 27 juillet 1870 portant fixation du budget général des recettes et des dépenses de l'exercice 1871;

Vu le décret en date du 28 novembre 1870, qui ouvre au ministère de l'intérieur un crédit de six millions pour favoriser l'ouverture d'ateliers de travaux d'utilité communale;

Vu les documents administratifs desquels il résulte que, sur le crédit ci-dessus, une somme de 5,559,350 fr. restait disponible au 31 décembre 1870;

Vu le règlement général du 31 mai 1862 sur la comptabilité publique,

DÉCRÈTENT :

Art. 1er. Sur le crédit de six millions de francs ouverts au ministre de l'intérieur, exercice 1870, budget extraordinaire, chapitre XV, pour favoriser l'ouverture d'ateliers de travaux d'utilité communale, une somme de cinq millions cinq cent cinquante-neuf mille trois cent cinquante francs (5,559,350 fr.) est reportée à l'exercice 1871.

Cette somme sera inscrite au budget extraordinaire, chapitre XI. Pareille somme de 5,559,350 fr. sera annulée au budget extraordinaire de l'exercice 1870.

Art. 2. Le ministre de l'intéreur est chargé de l'exécution du présent décret, qui sera inséré au *Bulletin des lois*.

Fait à Bordeaux, le 6 janvier 1871.

Signé : Ad. Crémieux, Léon Gambetta, Glais-Bizoin, L. Fourichon.

N° 246. — *Décret qui proroge de cinq mois l'échéance des effets de commerce souscrits antérieurement au 15 août 1870.*

LES MEMBRES DU GOUVERNEMENT DE LA DÉFENSE NATIONALE,

Considérant que les lois et décrets des 13 août, 10 septembre, 11 et 16 octobre, 5 et 14 novembre et 9 décembre 1870, ayant successivement prorogé l'échéance des effets de commerce, il importe de faire cesser toute incertitude sur l'interprétation des dispositions susvisées et de préciser celles de ces dispositions qui sont applicables aux diverses catégories d'effets, suivant l'époque de leur création,

DÉCRÈTENT :

Art. 1er. L'échéance des effets de commerce souscrits antérieurement au 15 août 1870 demeure prorogée de cinq mois.

Celle des effets souscrits depuis le 15 août jusqu'au 14 octobre 1870 inclusivement demeure prorogée de trois mois; néanmoins, si parmi les derniers effets il est dans les èchéances prorogées de trois mois sont antérieures au 15 janvier courant, ces ordonnances sont prorogées jusqu'audit 15 janvier.

Les effets souscrits depuis le 14 octobre restent soumis aux dispositions du Code de commerce.

Art. 2. Les prorogations spécifiées aux paragraphes 1 et 2 de l'article précédent sont calculées de date à date.

Art. 3. Jusqu'au 15 avril prochain, le délai du protêt fixé à vingt-quatre heures par l'article 162 du Code de commerce est porté à dix jours à partir du jour de l'échéance, ainsi qu'elle est déterminée par l'article 1er du présent décret.

Art. 4. Jusqu'à la fin de la guerre, il ne pourra, à la suite du protêt, être exercé aucune poursuite contre les souscripteurs, accepteurs et endosseurs des effets de commerce créés antérieurement au 15 août 1870.

Art. 5. Toutes poursuites sont également suspendues jusqu'à la fin de la guerre contre tous souscripteurs, acepteurs et endosseurs d'effets de commerce qui sont ou seront sous les drapeaux, quelle que soit d'ailleurs l'époque à laquelle ces effets auront été créés.

Art. 6. Les dispositions de l'article 6 du décret du 5 novembre 1870, relatives aux départements envahis, même en partie, sont maintenues.

Art. 7. Toutes autres dispositions contraires au présent décret sont et demeurent abrogées.

Fait à Bordeaux, le 8 janvier 1871.

Ad. Crémieux, Glais-Bizoin, L. Fourichon, L. Gambetta.

N° 247. — *Décret relatif au budget 1870-1871.*

LL GOUVERNEMENT DE LA DÉFENSE NATIONALE,

Vu les décrets en date des 13, 20 et 23 septembre, 8 octobre, 5 novembre et 1er décembre 1870, qui ont successivement ouvert sur l'exercice 1870, au ministre des travaux publics (chapitre 19 du budget extraordinaire), des crédits montant ensemble à la somme de 117,000,000 de francs pour les dépenses à faire par la commission de l'armement national par l'industrie privée ;

Vu la lettre en date du 5 janvier 1871, du président de la commission, de laquelle il résulte que, sur les crédits ci-dessus, une somme de 24 millions au moins, restait sans emploi au 31 décembre 1770, et qu'il y a lieu de rendre cette somme immédiatement disponible sur l'exercice 1871 ;

Vu le règlement général du 31 mai 1862, sur la comptabilité publique ;

DÉCRÈTE :

Art. 1er. Sur les crédits, montant ensemble à cent dix-sept millions cinq cent mille francs ouverts, comme il est dit ci-dessus, au ministre des travaux publics, exercice 1870, budget extraordinaire, chapitre 19, pour les dépenses à faire par la commission de l'armement national par le concours de l'industrie privée, une somme de vingt-quatre millions est reportée à l'exercice 1871.

Cette somme sera inscrite au budget extraordinaire, chapitre 19 dudit exercice.

Pareille somme de vingt-quatre millions sera annulée au chapitre correspondant du budget extraordinaire de l'exercice 1870.

Le ministre des travaux publics est chargé de l'exécution du présent décret qui sera inséré au *Bulletin des lois*.

Fait à Bordeaux, le 10 janvier 1871.

Les membres du Gouvernement de la défense nationale,
Signé : L. Gambetta, Ad. Crémieux,
Glais-Bizoin, L. Fourichon.

N° 248. — *Décret qui maintient pour l'année 1871 les listes annuelles du jury arrêtées antérieurement au premier janvier 1871.*

LE GOUVERNEMENT DE LA DÉFENSE NATIONALE,

Vu les décrets sur le service du jury des 14 octobre, 25 novembre et 27 décembre 1870;

Considérant qu'en présence des obligations multipliées qui incombent aux municipalités, et pour empêcher des réunions répétées à l'occasion du même travail, il est utile de maintenir les travaux des commissions cantonales qui, composées de tous les maires et adjoints du canton, auraient fonctionné avec le concours des juges de paix, mais sous une présidence autre que celle prévue par le décret du 27 décembre,

DÉCRÈTE :

Sont maintenus, comme valables pour l'année 1871, les listes annuelles du jury qui, antérieurement au 1er janvier 1871, ont pu être arrêtées dans les réunions de commissions cantonales auxquelles ont été régulièrement convoqués le juge de paix et les maires et adjoints de toutes les communes du canton, sans qu'il puisse résulter d'irrégularité, soit de ce qu'un ou plusieurs suppléants du juge de paix n'auraient pas été convoqués, dans les cas où ils ne sont pas exclus par la disposition maintenue du paragraphe 2 de l'article 4 du pécret du 14 octobre, soit de ce que, même en présence du juge de paix, le maire du chef-lieu aurait présidé l'assemblée.

Fait à Bordeaux, le 10 janvier 1871.

L. Gambetta, Ad. Crémieux, Glais-Bizoin,
L. Fourichon.

N° 249. — *Décret qui assimile au soldat frappé par l'ennemi tout Français atteint par les bombes prussiennes.*

LE GOUVERNEMENT DE LA DÉFENSE NATIONALE,

Considérant que les devoirs de la République sont les mêmes à l'égard des victimes du bombardement de Paris qu'à l'égard de ceux qui succombent les armes à la main pour la défense de la patrie,

DÉCRÈTE :

Tout Français atteint par les bombes prussiennes est assimilé au soldat frappé par l'ennemi.

Les veuves de ceux qui auront péri par l'effet du bombardement de Paris, les orphelins de père ou de mère qui auront péri de même, sont assimilés aux veuves et aux orphelins des soldats tués à l'ennemi.

Fait à Paris, le 11 janvier 1871.

Général TROCHU, Emmanuel ARAGO, GARNIER-PAGÈS, E. PELLETAN, E. PICARD, Jules SIMON, FERRY, Jules FAVRE.

N° 250. — *Décret relatif aux effets de commerce*

LE GOUVERNEMENT DE LA DÉFENSE NATIONALE,

Vu la loi des 13 août, les decrets des 10 septembre, 11 octobre, 10 novembre, et 12 décembre 1870, relatifs aux effets de commerce,

DÉCRÈTE :

Art 1er. La prorogation de délais accordée par la loi et les décrets susvisés, est augmentée d'un mois à partir du 14 janvier courant, pour tous les effets souscrits antérieurement à la loi du 13 août 1870.

Elle est augmentée de quinze jours pour tous les effets souscrits postérieurement à la loi du 13 août 1870 et aux décrets de prorogation qui l'ont suivie.

Art. 2. Toutes les autres dispositions de la loi du 13 août 1870 sont maintenues.

Art. 3. Le présent décret sera immédiatement exécutoire.

Fait à Paris, le 12 janvier 1871.

Général TROCHU, Jules FAVRE, Emmanuel ARAGO, GARNIER-PAGÈS, Jules SIMON, E. PICARD, Eug. PELLTAN, Jules FERRY.

N° 251. — *Décret relatif au budget 1870-1871.*

LES MEMBRES DU GOUVERNEMENT DE LA DÉFENSE NATIONALE délégués pour représenter le Gouvernement et en exercer les pouvoirs ;

Vu les décrets des 12 et 16 septembre 1870 ;

Vu le décret du 11 novembre 1870, ouvrant au ministère de l'intérieur, pour les dépenses concernant le service de la délégation spéciale chargée de la construction des batteries d'artillerie mises à la charge des départements, un crédit de 300,000 fr. prélevé sur celui de vingt-cinq millions affecté à l'organisation de la garde nationale sédentaire ;

Considérant que, sur ce crédit, il reste sans emploi, au 31 décembre 1870, une somme de deux cent cinquante mille francs ,

Vu le règlement général du 31 mai 1862 sur la comptabilité publique,

DÉCRÈTENT :

Art. 1er. Sur le crédit de trois cent mille francs ouvert au ministère de l'intérieur, exercice 1870, chapitre 17 du budget extraordinaire pour les dépenses de la délégation spéciale chargée de la construction des batteries d'artillerie de la garde nationale mobilisée, une somme de deux cent mille francs est reportée à l'exercice 1871.

Pareille somme de deux cent cinquante mille francs sera annulée au budget extraordinaire de l'exercice 1870.

Art. 2. Le secrétaire général et le délégué spécial du ministère de l'intérieur sont chargés chacun en ce qui le concerne de l'exécution du présent décret.

Fait à Bordeaux, le 14 janvier 1871.

AD CRÉMIEUX, GLAIS-BIZOIN, L. FOURICHON.
LÉON GAMBETTA.

N° 252. — *Décret relatif au budget 1870-1871*

LE GOUVERNEMENT DE LA DÉFENSE NATIONALE,

Vu les décrets des 12 et 16 septembre 1870 ;

Vu le décret du 12 novembre 1810, ouvrant un crédit de vingt millions au ministère de l'intérieur, à titre d'avance aux départements les moins riches, pour l'exécution de leurs batteries d'artillerie ;

Considérant que sur ce crédit il reste sans emploi, au 31 décembre 1870, une somme de douze millions sept cent quatre-vingt-quatre mille francs.

Vu le règlement général du 31 mai 1862 sur la comptabilité publique.

DÉCRÈTE :

Art. 1er. Sur le crédit de vingt millions de francs ouvert au ministère de l'intérieur, exercice 1870, chapitre 16 du budget extraordinaire, à titre d'avance aux départements les moins riches, pour l'exécution de leurs batteries d'artillerie, une somme de douze millions sept cent quatre-vingt-quatre mille francs, est reportée à l'exercice 1871.

Pareille somme de douze millions sept cent quatre-vingt-quatre mille francs sera annulée au budget extraordinaire de l'exercice 1870.

Art. 2. Le secrétaire général et le délégué du ministère de l'intérieur sont chargés, chacun en ce qui le concerne, de l'exécution du présent décret.

Fait à Bordeaux, le 14 janvier 1871.

Ad. CRÉMIEUX, L. GAMBETTA, GLAIS-BIZOIN, L. FOURICHON.

N° 253.— *Décret qui autorise la ville d'Alger à s'imposer extraordinairement d'une somme de 12,000 francs.*

LE GOUVERNEMENT DE LA DÉFENSE NATIONALE,

Vu l'ordonnance du 28 septembre 1847, art. 40 n° 6 et 42 n° 1 ;

Vu la loi du 15 mars 1850, art. 40 ;

Vu les délibérations du conseil municipal de la ville d'Alger, tendant à obtenir l'autorisation de créer une taxe municipale sur le revenu des immeubles pour un produit annuel de cent vingt mille francs (120,000 francs) destinés : 1° pour cinquante mille francs à couvrir des dépenses relatives à la défense nationale ; et 2° pour soixante-dix mille francs (70,000 francs) à subvenir à l'insuffisance des ressources ordinaires pour parer aux dépenses d'entretien des écoles communales primaires ; la durée de ladite imposition ne devant pas excéder une période de quinze années, et son recouvrement devant cesser, d'ailleurs, dès qu'elle pourra être remplacée par des centimes additionnels aux contributions directes, comme en France ;

Considérant que, si la propriété immobilière a été jusqu'ici exemptée dans les trois départements algériens de tout impôt foncier pour favoriser la colonisation du pays, et s'il y a lieu de réserver aux futures assemblées nationales la consécration d'un tel impôt sur les points et dans les conditions qui seront jugés convenables, les communes de plein exercice sont formellement autorisées par l'ordonnance du 28 septembre 1847 à se créer des ressources extraordinaires par voie de contributions directes ;

Considérant qu'en demandant à imposer le revenu des immeubles, la commune d'Alger, où ce revenu est aussi solidement établi que dans les autres villes de la France, s'adresse à la seule faculté contributive qui soit restée exempte de charges, et que cette taxe municipale étant demandée par les élus de la population, il y a lieu d'en conclure que cette charge est d'avance acceptée par l'opinion publique ;

Considérant que les droits de l'État et du département se trouvent réservés d'autant mieux que ladite taxe doit être remplacée par des centimes additionnels aux contributions directes le jour où ces droits se trouveront à leur tour exercés ;

Considérant que l'emploi des sommes à provenir de la taxe la rend au plus haut point légitime, puisqu'il s'agit de satisfaire au plus sacré des devoirs, la défense nationale, et au premier de tous les besoins, l'instruction primaire ;

Vu l'avis du commisaire extraordinaire de la République en Algérie ;

DÉCRÈTE :

Art. 1er. La commune d'Alger est autorisée à s'imposer extraordinairement d'une somme de cent vingt mille francs (120,000 fr.) par an, au moyen d'une taxe municipale portant sur le revenu net des immeubles situés dans cette commune.

Art. 2. Le produit de cette imposition sera spécialement affecté, savoir : cinquante mille francs au remboursement d'un emprunt de quatre cent mille francs projeté en vue du concours à prêter à la défense nationale, et soixante-dix mille francs par an aux dépenses de l'instruction primaire.

Art, 3. Le durée de la taxe est limitée à une période de quinze année ; elle cessera, d'ailleurs, d'être perçue dès quelle pourra être remplacée, comme en France, par des centimes additionnels aux quatre contributions directes.

Art. 4 Le montant annuel de la taxe municipale autorisée par les articles précédents, sera réparti entre les imposables au prorata des facultés contributives de chacun, constatées par des rôles spéciaux.

Pourront être consultés, à titre de renseignement, pour la confection de ces rôles, les rôles de la taxe des loyers, les matrices cadastrales, et généralement tous les documents publics dont les répartiteurs pourront avoir besoin.

Le recouvrement s'effectuera conformément aux règles prescrites pour la taxe sur les loyers par l'arrêté du 4 novembre 1848.

Art. 5. Il sera ajouté au principal de la contribution, savoir : 1° cinq centimes par franc, dont le produit est destiné à couvrir les décharges, réductions, remises ou modérations, ainsi que les frais d'impression et de confection des matrices et des rôles ; 2° cinq centimes par côte pour frais de premier avertissement.

Art. 6. Le commissaire extraordinaire de la République en Algérie est chargé d'assurer l'exécution du présent décret.

Fait à Bordeaux, le 17 janvier 1871.

AD. CRÉMIEUX, L. FOURICHON, L. GAMBETTA, GLAIS-BIZOIN.

N° 254. — *Décret qui augmente d'un suppléant le tribunal civil de première instance de l'arrondissement de Marseille.*

LA DÉLÉGATION DU GOUVERNEMENT DE LA DÉFENSE NATIONALE,

Vu :

L'art. 87 du décret du 20 avril 1870 ;

Le décret du 18 août 1810 ;

Le décret du 27 octobre 1867 ;

DÉCRÈTE :

Art. 1er. Le tribunal civil de première instance de l'arrondissement de Marseille est augmenté d'un juge suppléant.

Il se compose en conséquence de :

Un président, quatre vice-présidents, dix juges, sept juges suppléants, un procureur de la République, cinq substituts, un greffier, quatre commis-greffiers.

Art. 2. Le garde des sceaux, ministre de la justice, est chargé de l'exécution du présent décret, qui sera inséré au *Bulletin des lois*,

Fait à Bordeaux, le 18 janvier 1871.

Ad. CRÉMIEUX, GLAIS-BIZOIN, FOURICHON.

N° 255. *Décret relatif à l'administration de l'assistance publique à Marseille.*

LES MEMBRES DU GOUVERNEMENT DE LA DÉFENSE NATIONALE, délégués pour représenter le Gouvernement et en exercer les pouvoirs ;

Vu les décrets des 12 et 16 septembre 1870 ;

Vu la loi du 10 janvier 1849 sur l'organisation de l'assistance publique à Paris et le décret du 24 avril 1849 sur le même objet ;

Les propositions du préfet des Bouches-du-Rhône des 22 décembre 1870 et 3 janvier 1871 ;

Sur le rapport du ministre de l'intérieur,

DÉCRÈTENT :

Art. 1er. L'administration de l'assistance publique à Marseille comprend le service des secours à domicile et le service des hôpitaux et hospices civils.

Art. 2. Cette administration est gérée par un conseil composé de la manière suivante :

Le maire de Marseille, président;
Deux membres du conseil général ;
Deux membres de la magistrature ;
Deux membres du corps médical de Marseille ;
Un membre de la chambre de commerce;
Un membre de la chambre des notaires ;
Un membre du conseil des prud'hommes (patrons pêcheurs);
Un membre du grand conseil des sociétés de secours mutuels ;
Un membre de la société des portefaix ;
Cinq membres pris en dehors des catégories ci-dessus indiquées.

Art. 3. Les membres du conseil d'administration de l'assistance publique à Marseille, autres que le maire de Marseille, président, sont nommés par le préfet, sur une liste de trois candidats élus par chacun des corps qu'ils représentent. La nomination et le renouvellement des membres du conseil auront lieu conformément aux règles tracées par les articles 2 et 3 du décret réglementaire du 24 avril 1840, relatif au conseil de surveillance de l'administion de l'assistance publique à Paris.

Art. 4. Le conseil est présidé par le maire, et, à son défaut, par un vice-président choisi par le conseil dans son sein et élu chaque année.

En cas de partage, la voix du président est prépondérante.

Art. 5. Les membres du conseil ne peuvent être révoqués que par le ministre de l'intérieur sur la proposition du préfet.

Art. 6. Le conseil d'administration dirige et surveille les services intérieurs et extérieurs. Il prépare les budgets, ordonnance toutes les dépenses et présente, chaque année, le compte moral des établissements placés sous sa direction.

Art. 7, La distinction des budgets et compte des hospices et du bureau de bienfaisance devra être maintenue, ainsi que celle des dotations. Toutefois, le conseil pourra user de la faculté ouverte par l'article 17 de la loi du 7 août 1851 sur les hospices, en se conformant aux prescriptions de l'article 18 de la même loi.

Art. 8. Le conseil est investi de toutes les attributions dévolues aux commissions administratives des hospices et aux bureaux de bienfaisance.

Ses délibérations sont soumises à l'avis du conseil municipal et suivent, quant aux autorisations, les mêmes règles que les délibérations de ce conseil.

Néanmoins, l'aliénation des biens immeubles des hospices et du bureau de bienfaisance ne peut avoir lieu que sur l'avis conforme du conseil municipal.

Art. 9. Les médecins, chirurgiens et pharmaciens des hospices et hôpitaux sont nommés au concours. Leur nomination est soumise à l'approbation du préfet ; ils ne peuvent être révoqués que par lui, sur la proposition du conseil d'administration.

Art. 10. Les médecins, chirurgiens et pharmaciens attachés au service des secours à domicile sont nommés et révoqués par le préfet, sur la proposition du même conseil.

Art. 11. Les règlements du service intérieur des hospices et des secours à domicile, arrêtés par le conseil d administration, seront provisoirement approuvés par le préfet et soumis, dans un délai de trois mois, à la sanction du ministre de l'intérieur.

Art. 12. Le ministre de l'intérieur est chargé de l'exécution du présent décret.

Fait à Bordeaux, le 18 janvier 1871.

Ad. CRÉMIEUX, L. FOURICHON, GLAIS-BIZOIN.

N° 256.— *Décret qui ouvre un crédit additionnel de 52 millions 500,000 fr. au ministère des travaux publics sur l'exercice 1871.*

LE GOUVERNEMENT DE LA DÉFENSE NATIONALE,

Sur le rapport du ministre des travaux publics;

Vu les décrets en date des 13, 20 et 23 septembre, 2 octobre 5 novembre et 1er décembre 1870, qui ont successivement ouvert sur l'exercice 1870 au ministre des travaux publics (chapitre 19 du budget extraordinaire) des crédits montant ensemble à la somme de 117,500,000 fr. pour les dépenses à faire par la commission de l'armement national par l'industrie privée ;

Vu le décret du 10 janvier 1871 qui reporte à l'exercice 1871, chapitre 19 du budget extraordinaire du ministère des travaux publics, une somme de 24,000,000 francs restée sans emploi au 31 décembre 1870 sur le crédit ci-dessus de 117,500,000 fr.,

Vu les documents produits par le président de la commission de l'armement national desquels il résulte :

1° Qu'une somme de 22,500,000 fr. est nécessaire pour la liquidation des marchés en cours d'exécution.

2° Qu'il y a lieu, pour être en mesure de satisfaire à tous les besoins, de faire de nouveaux achats d'armes et de munitions, et de mettre à cet effet à la disposition de la commission un crédit additionnel de 30,000,000 de francs;

Vu le règlement général sur la comptabilité publique du 31 mai 1862 ;

DÉCRÈTE :

Art. 1er. Un crédit additionnel de cinquante-deux millions cinq cent mille francs (52,500,000 fr.) est ouvert au ministère des travaux publics sur l'exercice 1871, pour les dépenses à faire par la commission de l'armement national, par le concours de l'industrie privée.

Ce crédit sera inscrit au chapitre 19 du budget extraordinaire (exécution des mesures relatives à l'armement national par le concours de l'industrie privée.

Art. 2. Le ministre des travaux publics et le ministre des finances sont chargés, chacun en ce qui le concerne, de l'exécution du present décret qui sera publié au *Moniteur* et inséré au *Bulletin des lois*.

Fait à Bordeaux, le 18 janvier 1871.

(Suivent les signatures.)

N° 257. — *Décret relatif à la médaille militaire.*

LE GOUVERNEMENT DE LA DÉFENSE NATIONALE,

Considérant que les motifs en vue desquels la médaille militaire a été exclusivement attribuée aux sous-officiers et soldats de l'armée, ainsi qu'aux généraux qui ont commandé en chef, ne sont pas applicables à la garde nationale, dont tous les grades sont le resultat de l'élection,

DÉCRÈTE :

Art. 1er. Les officiers de tous grades appartenant à la garde nationale, et qui ne sont pas membres de la Légion d'honneur, pourront recevoir, pour fait de guerre, la médaille militaire.

Art. 2. Les ministres de l'intérieur et de la guerre sont chargés, chacun en ce qui le concerne, de l'exécution du présent décret.

Fait à Paris, le 20 janvier 1871.

Général TROCHU, Jules SIMON, Emmanuel ARAGO, Jules FERRY, GARNIER-PAGÈS, Ernest PICARD, Eugène PELLETAN.

N° 258. — *Décret qui décide que la commune de Poiré-sous-Napoléon prendra à l'avenir le nom de Poiré-sur-Vie.*

LES MEMBRES DU GOUVERNEMENT DE LA DÉFENSE NATIONALE, délégués pour représenter le Gouvernement et en exercer les pouvoirs,

Vu les décrets des 12 et 16 septembre 1870,

DÉCRÈTENT :

Art. 1er. La commune de Poiré-sous-Napoléon, arrondissement de La Roche-sur-Yon, prendra à l'avenir le nom de Poiré-sur-Vie.

Art. 2. Le ministre de l'intérieur est chargé de l'exécution du présent décret.

Fait à Bordeaux, le 20 janvier 1871.

Signé : Ad. CRÉMIEUX, GLAIS-BIZOIN, L. FOURICHON.

N° 259. — *Décret qui déclare 14 magistrats déchus de leur siége et exclus de la magistrature.*

LA DÉLÉGATION DU GOUVERNEMENT DE LA DÉFENSE NATNALE,

Considérant qu'en 1852, après l'attentat du 2 décembre, quand un pouvoir usurpateur, violant toutes les lois, brisait l'Assemblée des représentants du peuple, anéantissait la constitution républicaine, il s'est trouvé dans l'ordre judiciaire, c'est-à-dire dans les rangs des gardiens de la loi, des hommes qui ont associé leurs noms aux odieuses persécutions du tyran et l'ont aidé à proscrire les ennemis de son usurpation, les amis de la République ;

Considérant que ces hommes ont accepté, eux magistrats, eux la justice, de faire partie de commissions politiques, c'est-à-dire de participer à l'abolition de toute justice ; qu'en effet ils ont prononcé des condamnations contre des concitoyens sans les entendre, sans les appeler ; ils ont inventé contre eux des peines qui n'existent pas dans nos lois, telles que l'exil et l'internement ; ils ont même condamné à être transportés à Cayenne une innombrable quantité d'hommes irréprochables.

Considérant qu'ils ont ainsi voué à la ruine et à la mort un nombre considérable de citoyens, amis inébranlables de la Patrie, et réduit leurs familles à la misère et au désespoir ;

Considérant qu'aucun crime ni aucun délit n'avait été commis par ces victimes d'une impitoyable colère, que les plus coupables aux yeux des commissaires étaient ceux qui s'étaient levés pour défendre ou venger la Constiution, mise sous leur garde, et que le plus grand nombre a été condamné non pour des actes, mais pour des opinions républicaines ;

Considérant que notre première révolution, fondée sur le droit et la loi, proclamait en 1790 *que les citoyens ne pourront être distraits de leurs juges naturels par aucune commission ;* que la République de 1790, fondée sur le droit et la loi, doit, par un exemple mémorable, rappeler ce principe protecteur et relever la majesté de la justice,

DÉCRÈTE :

Sont déchus de leurs siéges et exclus de la magistrature :

MM. *Devienne,* premier président de la Cour de cassation ;
Raoul Duval, premier président de la Cour de Bordeaux ;
De Bigorie de Laschamps, premier président de la Cour d'appel de Colmar ;
Massot, premier président de la Cour d'appel de Rouen ;
Legentil, conseiller à la Cour d'appel de Rouen ;
Vincendon, conseiller à la Cour de Grenoble ;
Payen Dumoulin, conseiller à la Cour d'Aix ;
Dubois, conseiller à la Cour de Lyon ;
Dupuy, président du tribunal de Brest ;
Villeneuve, conseiller à la Cour d'appel de Toulouse ;
Lesueur de Pérès, conseiller à la Cour d'appel d'Agen ;
Jeannez, conseiller à la Cour d'appel de Besançon ;
Villemot, conseiller à la Cour de Besançon ;
Chaudreau, président du tribunal de La Rochelle.

Art. 2. Le ministre de la justice est chargé de l'exécution du présent décret.

Fait à Bordeaux, le 20 janvier 1871,

Les membres de la Délégation,
Ad. Crémieux, L. Gambetta, L. Fourichon, Glais-Bizoin.

N° 260. — *Décret qui proroge jusqu'au 31 décembre 1871 les règlement et tarif en vigueur à l'octroi de la commune de Chalabre.*

LE GOUVERNEMENT DE LA DÉFENSE NATIONALE,

Vu la loi du 9 décembre 1814, relative aux octrois ;
Vu la loi du 11 juin 1842 ;
Vu le décret du 17 mars 1852 ;
Vu l'article 18 de la loi de finances du 22 juin 1854 ;

DÉCRÈTE :

Art. 1er. Les tarif et règlement actuellement en vigueur à l'octroi de Chalabre (département de l'Aube), sont prorogés jusqu'au 31 décembre 1871..

Art. 2. Les ministres de l'intérieur et des finances sont chargés, chacun en ce qui le concerne, de l'exécution du présent décret.

Fait à Bordeaux, le 20 janvier 1871.

AD. CRÉMIEUX. GLAIS-BIZOIN, L. FOURICHON, L. GAMBETTA.

N° 261.— *Décret qui autorise les préfets à choisir des inspecteurs spéciaux.*

LE GOUVERNEMENT DE LA DÉFENSE NATIONALE,

Considérant qu'il importe de connaître la situation dans laquelle l'empire a laissé l'instruction primaire, que les préfets doivent avoir des pouvoirs complètement indépendants qui leur permettent d'obtenir à cet égard tous les renseignements qui peuvent éclairer, par un examents sérieux, la question si grave des résultats produits par la législation de 1850 et de 1854.

DÉCRÈTE :

Les préfets sont autorisés, sans qu'il soit besoin d'un rapport ou d'un avis de l'inspecteur d'académie, à choisir des inspecteurs spéciaux, qui auront pour mission de visiter les écoles de garçons, enfants et adultes, de constater l'état réel, tant matériel que moral, de chaque école ou établissement dans les diverses villes ou communes, de s'entourer de tous renseignements, de faire aux préfets des rapports exacts et détaillés, renfermant leurs impressions et de proposer, s'il y a lieu, les mesures qu'ils croiront utiles pour établir les améliorations qui leur sembleront devoir être réalisées.

Fait à Bordeaux, le 23 janvier 1871.

AD. CRÉMIEUX, GLAIS-BIZOIN, L. FOURICHON.

N° 262.— *Décret qui punit, d'un emprisonnement, d'un mois à six mois, quiconque, pendant la durée de la guerre, aura tenté de détruire ou détruit, en dehors du colombier, un pigeon.*

LES MEMBRES DU GOUVERNEMENT DE LA DÉFENSE NATIONALE, délégués pour représenter le Gouvernement et en exercer les pouvoirs ;

Considérant que l'intérêt public et les nécessités de la défense nationale prescrivent de protéger le plus efficacement possible la circulation des pigeons voyageurs chargés des dépêches du Gouvernement et des particuliers,

DÉCRÈTENT :

Art. 1er. Pendant la durée de la guerre, quiconqne aura chassé ou aura détruit ou tenté de détruire, en dehors du colombier, par un procédé quelconque, comme armes à feu, engins, oiseaux de proie, un pigeon, quelle qu'en soit l'espèce, sera puni d'un emprisonnement d'un mois à six mois.

Art. 2. S'il est établi que le prévenu savait que le pigeon était porteur de dépêches ou destiné à servir de messager, la peine sera de trois ans à cinq ans d'emprisonnement.

Art. 3. L'agent qui aura constaté personnellement le délit, aura droit à une prime de cinquante francs au moins et cent francs au plus, qui sera fixée par le tribunal, et comprise dans les frais mis à la charge du condamné.

Art. 4. L'article 463 du code pénal ne sera pas applicable aux délits prévus par le présent décret.

Fait à Bordeaux, le 23 janvier 1871.

AD. CRÉMIEUX, GLAIS-BIZOIN, L. FOURICHON.

N° 264.— *Décret qui proroge, à dater du 1er janvier 1871, de six mois le délai de deux ans dans lequel les brevetés doivent mettre leur invention en exploitation en France.*

LES MEMBRES DU GOUVERNEMENT DE LA DÉFENSE NATIONALE, délégués pour représenter le Gouvernement et en exercer les pouvoirs ;

Vu l'article 32 de la loi du 5 juillet 1844, sur les brevets d'invention ;

Vu le décret du 10 septembre 1870, qui proroge les délais fixés pour l'acquittement des annuités de brevets d'invention ;

Sur le rapport du ministre de l'agriculture et du commerce,

DÉCRÈTENT :

Le délai de deux ans, dans lequel les brevetés doivent, à peine de déchéance, mettre leurs inventions en exploitation en France, est prorogé de six mois à dater du 1er janvier 1871, pour les brevets pris moins de deux ans avant cette date.

Fait à Bordeaux, le 25 janvier 1871.

AD. CRÉMIEUX, GLAIS-BIZOIN, L. FOURICHON.

N° 264.— *Décret qui admet les Israélites algériens à concourir aux élections au même titre que les autres citoyens Français.*

LA DÉLÉGATION DU GOUVERNEMENT DE LA DÉFENSE NATIONALE,

Vu le décret du 24 octobre 1870, accordant la naturalisation collective aux indigènes israélites de l'Algérie ;

Considérant qu'en vertu de ce décret, il ne doit plus exister dans les conseils généraux et municipaux des membres au titre d'israélite;

Considérant que jusqu'à la clôture des listes électorales, laquelle, aux termes de la loi, aura lieu le 31 mars prochain, les élections doivent se faire d'après les listes arrêtées en 1870 ;

Considérant qu'il est impossible que des électeurs soient privés de l'exercice de leur droit électoral, en vertu même d'un décret qui a pour objet de leur conférer la plénitude des droits civiques ,

DÉCRÈTE,

Art. 1er Les israélites algériens inscrits sur les dernières listes électorales de 1870 seront admis à concourir aux élections au même titre que les autres citoyens français jusqu'au 31 mars 1871.

Art. 2. A cet effet, la liste spéciale des électeurs israélites pour 1870 sera réunie à la liste des électeurs français.

Art. 3. Le commissaire extraordinaire de la République en Algérie est chargé d'assurer l'exécution du présent décret.

Fait à Bordeaux, le 25 janvier 1871.

Signé : Ad. CRÉMIEUX, GLAIS-BIZOIN, L. GAMBETTA,
L. FOURICHON.

N° 265. — *Décret qui déclare la section de Mustapha distraite de la commune, d'Alger et érigée en commune séparée.*

LE GOUVERNEMENT DE LA DÉFENSE NATIONALE,

Considérant que, depuis plusieurs années, la section de Mustapha demande à être séparée de la commune d'Alger, et qu'une enquête dirigée en 1870 a été favorable à cette séparation;

Considérant que la commission syndicale élue par Mustapha ayant conclu dans le même sens, cette séparation ne saurait être indéfiniment ajournée, et qu'elle devient opportune en présence du prochain renouvellement du conseil municipal, dont elle entraînerait la dissolution;

Sur la proposition du commissaire extraordinaire de la République en Algérie,

DÉCRÈTE :

Art. 1er. La section de Mustapha est distraite de la commune d'Alger et érigée en commune séparée.

Art. 2. Les limites actuelles sont maintenues.

Art. 3. Le corps municipal de chacune des communes d'Alger et de Mustapha est composé comme il suit :

Pour Alger : vingt-quatre conseillers municipaux, y compris le maire et deux adjoints;

Pour Mustapha : douze conseillers municipaux, y compris le maire et un adjoint.

Art. 4. Des dispositions ultérieures règleront les détails d'exécution, en ce qui concerne l'établissement des budgets et le partage à faire des charges tant actives que passives.

Art. 5. Le commissaire extraordinaire de la République en Algérie est chargé d'assurer l'exécution du présent décret.

Fait à Bordeaux, le 26 janvier 1871.

Ad. Crémieux, L. Gambetta, Fourichon, Glais-Bizoin.

N° 266. — *Décret relatif aux effets de commerce.*

LE GOUVERNEMENT DE LA DÉFENSE NATIONALE,

Vu la loi du 13 août, les décrets des 10 septembre, 11 octobre, 10 novembre 12 décembre 1870 et 12 janvier 1871, relatifs aux effets de commerce ;

Considérant que dans les circonstances actuelles, il importe de suspendre provisoirement toutes poursuites en matière commerciale,

DÉCRÈTE :

Art. 1er. La prorogation de délais accordée pas le paragraphe 2 du décret du 12 janvier 1870, aux effets souscrits postérieurement à la loi du 13 août 1870 et aux décrets de prorogation qui l'ont suivie, est étendue jusques et y compris le 13 février prochain.

Art. 2. Le présent décret sera immédiatement exécutoire.

Fait à Paris, le 27 janvier 1871.

Général TROCHU, Jules FAVRE, Emmanuel ARAGO, Jules FERRY, GARNIER-PAGÈS, E. PELLETAN, Jules SIMON.

N° 267. — *Décret qui autorise la ville de Paris à prélever 8 millions, sur la somme de 83 millions. (art. 3 loi du 23 juillet 1870).*

LE GOUVERNEMENT DE LA DÉFENSE NATIONALE,

DÉCRÈTE :

La ville de Paris est autorisée à prélever une somme de trois millions sur celle de quatre-vingt-trois millions que l'article 3 de la loi du 25 juillet 1870 l'a autorisée à se procurer au moyen de l'émission de bons sur la caisse municipale, pour l'exécution de travaux neufs, et à employer ladite somme de trois millions aux dépenses de toute nature faites ou à faire par suite de la guerre, consistant, soit en travaux, soit en secours.

Fait à Paris, le 27 janvier 1871.

Général TROCHU, Jules FAVRE, Emmanuel ARAGO, GARNIER-PAGÈS, Ernest PICARD, Jules FERRY, Eugène PELLETAN, J. SIMON.

N° 268. — *Décret relatif à l'administration des hospices et hôpitaux du département de la Seine.*

LE GOUVERNEMENT DE LA DÉFENSE NATIONALE,

Vu les articles 35 de la loi du 18 juillet 1837 et 17 de la loi du 24 juillet 1867, ensemble l'article 1406 du règlement du 20 juin 1859, sur la comptabilité publique ;

Vu le budget des recettes et des dépenses de l'administration de l'Assistance publique pour l'exercice 1870 ;

Vu l'arrêté pris par le conseil général des hospices le 28 janvier courant, ledit arrêté approuvé par le membre du Gouvernement délégué pour l'administration du département de la Seine et à la mairie de Paris ;

Considérant que les événements survenus depuis plusieurs mois n'ont pas permis et ne permettent pas encore d'apprécier suffisamment les éléments des recettes et des dépenses à effectuer par l'administration pendant l'année 1871 ;

Considérant que, dans cette situation, il y a lieu pour ne pas entraver la marche des services, d'effectuer les recettes et les dépenses ainsi qu'il est prévu par la loi, à défaut du budget régulier,

DÉCRÈTE :

Art. 1er. En attendant la présentation et l'approbation du budget de 1871, l'administration des hospices et hôpitaux du département de la Seine effectuera ses recettes et ses dépenses ordinaires pendant l'année 1871, conformément au budget de l'assistance publique voté et approuvé pour l'exercice 1870.

Art. 2. Le ministre de l'intérieur, le membre du Gouvernement délégué à l'administration du département de la Seine et à la mairie de Paris, et l'agent général des hospices sont chargés de l'exécution du présent décret.

Fait à Paris, le 28 janvier 1871.

Général TROCHU, Jules FAVRE, Emmanuel ARAGO, Jules FERRY, GARNIER-PAGÈS, Ernest PICARD, Jules SIMON.

N° 269. — *Décret qui admet en franchise à tous les bureaux de douane de la frontière française certains objets.*

LES MEMBRES DU GOUVERNEMENT DE LA DÉFENSE NATIONALE,

En vertu des pouvoirs à eux délégués,

DÉCRÈTENT :

Art. 1er. Sont admis en franchise à tous les bureaux de douane de la frontière française les effets de harnachement, d'équipement et d'habillement achetés ou à acheter à l'étranger pour le compte de l'un des départements de la guerre, de la marine et de l'intérieur, sous la condition d'une déclaration indiquant la quantité et la destination.

Il sera fait exception pour les achats déjà faits dans lesquels les vendeurs auront pris l'engagement d'acquitter les droits d'entrée.

Art. 2. Les ministres de la guerre, de la marine, de l'intérieur et des finances sont chargés, chacun en ce qui le concerne, de l'exécution du présent décret.

Fait à Bordeaux, le 28 janvier 1871.

Les membres du Gouvernement,
L. GAMBETTA, A. CRÉMIEUX, L. FOURICHON,
GLAIS-BIZOIN.

N° 270. — *Décret relatif à la composition du tribunal civil de première instance de l'arrondissement de la Rochelle*

LE GOUVERNEMENT DE LA DÉFENSE NATIONALE,

Vu l'article 37 de la loi du 20 avril 1811 ;
Le décret du 18 août 1810 ;
Le décret du 27 octobre 1867 ;

DÉCRÈTE :

Art. 1er. Le décret du 12 décembre 1866 est et demeure abrogé.

Art. 2. Le tribunal civil de première instance de l'arrondissement de La Rochelle se compose en conséquence de :

Un président, trois juges, trois juges-suppléants, un procureur de la République, un substitut, un greffier.

Art. 3. Le garde des sceaux, ministre de la justice, est chargé de l'exécution du présent decret, qui sera inséré au *Bulletin des lois*.

Fait à Bordeaux, le 28 janvier 1871.

Ad. CRÉMIEUX, L. FOURICHON, GLAIS-BIZOIN.

N° 271. — *Décret qui proroge jusqu'au 31 décembre 1871 la perception de l'octroi dans la commune d'Ajaccio*

LE GOUVERNEMENT DE LA DÉFENSE NATIONALE,

Vu l'ordonnance du 9 décembre 1814, relative aux octrois, etc. ;

DÉCRÈTE :

Art. 1er. Les règlement et tarif actuellement en vigueur à l'octroi d'Ajaccio, département de la Corse, sont prorogés jusqu'au 31 décembre 1871.

Art. 2. A partir du 1er janvier et jusqu'au 31 décembre 1871, il sera perçu audit octroi un décime par franc sur les taxes principales.

Art. 3. Pendant le même espace de temps, il sera perçu en outre sur les objets énumérés ci-dessous, une taxe temporaire, non soumise au décime, qui sera appliquée de la manière suivante :

Lièvres, quinze centimes par tête.

Perdrix, dix centimes par tête.

Bécasses et canards, quinze centimes par tête.

Sangliers, cerfs et mouflons, cinq francs par tête.

Volailles, cinq centimes par tête.

Paille-chaume, cinquante centimes les 100 kilog.

Dalles en pierre pour pavage dites de Brando, vingt-cinq centimes les 100 kilog.

Marbres bruts de toute espèce, cinq francs le mètre cube.

Marbres ouvrés, un franc les 100 kilog.

Fers en barres plates, courtes ou rondes, un fr. les 100 kilog,

Art. 2. Les ministres de l'intérieur et des finances sont chargés, chacun en ce qui le concerne, de l'exécution du présent décret, qui sera inséré au *Bulletin des lois*.

Fait à Bordeaux, le 28 janvier 1871,

Signé : Ad. Crémieux, L. Gambetta, Glais-Bizoin, L. Fourichon.

N° 272.— *Décret relatif à l'octroi de la commune de Lesneven (Finistère).*

LE GOUVERNEMENT DE LA DÉFENSE NATIONALE,

Vu l'ordonnance du 9 décembre 1814, relative aux octrois, etc.;

DÉCRÈTE :

Art. 1er. A partir de la promulgation du présent décret et jusqu'au 31 décembre 1875, il sera perçu comme précédemment à l'octroi de Lesneven, département du Finistère, une surtaxe de 10 fr. par hect. d'alcool pur et liqueurs.

Art. 2. Les ministres de l'intérieur et des finances sont chargés, chacun en ce qui le concerne, de l'exécution du présent décret.

Fait à Bordeaux, le 28 janvier 1871.

Signé : Ad. Crémieux, L. Gambetta, I. Fourichon Glais-Bizoin.

N° 273. — *Décret qui dissout tous les corps francs faisant fonction de l'armée de Paris.*

LE GOUVERNEMENT DE LA DÉFENSE NATIONALE,

Vu l'article 7 de la Convention, du 28 janvier 1871, portant :

« Tous les corps de francs-tireurs seront dissous par une ordonnance du Gouvernement français. »

DÉCRÈTE :

Art. 1er. Tous les corps francs (éclaireurs, francs-tireurs, guérillas, etc.) faisant fonction de l'armée de Paris sont dissous.

Art. 2. Un règlement spécial déterminera le mode de licenciement et de désarmement de ces corps.

Art. 3. Ceux de ces corps qui perçoivent des allocations en deniers ou en nature continueront à les recevoir jusqu'au 1er avril.

Art. 4. Le ministre de la guerre est chargé de l'exécution du présent décret.

Fait à Paris, le 29 janvier 1871.

Signé : Général Trochu, J. Favre, E. Picard, Emm. Arago, J. Simon, J. Ferry, Garnier-Pagès Eug. Pelletan.

N° 274. — *Décret relatif à l'octroi de la commune de Réalmont. (Tarn)*

LE GOUVERNEMENT DE LA DÉFENSE NATIONALE,

Considérant qu'il importe d'assurer à cette commune les ressources nécessaires pour faire face aux dépenses qu'elle s'est imposées dans les circonstances actuelles.

DÉCRÈTE :

Art. 1er. A partir du 1er février et jusqu'au 31 décembre 1871, les objets ci-après détaillés seront imposés à l'octroi de la commune de Réalmont, département du Tarn, ainsi qu'il suit, savoir :

Le vin, à raison de 65 centimes par hect. — la bière, 3 c. par litre ; — la limonade, 2 c. la bouteille ; — les bœufs et vaches, 3 c. le kilogramme ; — les veaux, 5 c. le kilog. — les moutons 5 c. le kilog. — les porcs, 3 c. le kilog. — l'avoine 30 c. l'hect. — le bois de chauffage, 50 c. la pagelle (le stère et demi) ; — le charbon de bois, 50 c. les 100 kilogrammes.

Art. 3. Les ministres de l'intérieur et des finances sont chargés, chacun en ce qui le concerne, de l'exécution du présent décret,

Fait à Bordeaux, le 30 janvier 1871.

Signé : Ad. Crémieux, L. Fourichon, L. Gambetta, Glais-Bizoin.

N° 275. — *Décret qui ouvre au ministère de l'intérieur un crédit de 1,000,000 fr.*

Les membres du gouvernement de la défense nationale, délégués pour représenter le Gouvernement et en exercer les pouvoirs,

Vu les décrets des 12 et 16 septembre 1870 ;

Considérant que c'est pour le Gouvernement un devoir impérieux de venir en aide aux communes qui ont eu à subir les violences et les déprédations de l'ennemi ;

Considérant qu'en attendant qu'il puisse être procédé régulièrement à l'évaluation des dommages causés, il importe de prendre dès à présent des mesures qui permettent de faire face aux besoins urgents ;

Décrètent :

Art. 1er. Il est ouvert au ministère de l'intérieur, sur l'exercice 1871, un premier crédit de un million (1,000,000), pour venir en aide aux communes victimes de l'invasion.

Art. 2. Les ministres de l'intérieur et des finances sont chargés, chacun en ce qui le concerne, de l'exécution du présent décret.

Fait à Bordeaux, le 31 janvier 1871.

Ad. Crémieux, Gambetta, Glais-Bizoin, L. Fourichon.

N° 276.— *Décret qui autorise la ville d'Alger à emprunter 400,000 fr.*

LE GOUVERNEMENT DE LA DÉFENSE NATIONALE,

Vu l'ordonnance du 28 septembre 1847, art. 42, n° 1 ;

Vu la délibération du conseil municipal de la ville d'Alger, en date du 30 décembre 1870, tendant à obtenir l'autorisation : 1° de contracter un emprunt de 400,000 fr., dont le produit est destiné à la défense nationale par des achats de matériel et notamment de batteries d'artillerie ; 2° d'affecter à l'amortissement de cet emprunt une taxe municipale imposée sur le revenu des immeubles, pour une somme annuelle de 50,000 fr. au maximum, et pour une durée qui n'excédera pas quinze années ;

Vu le décret du 17 janvier courant, qui a autorisé la taxe municipale annuelle dont il s'agit ;

Vu l'avis du commissaire extraordinaire de la République en Algérie,

DÉCRÈTE :

Art. 1er. La commune d'Alger est autorisée à contracter un emprunt de quatre cent mille francs (400,000 fr.), dont le produit sera spécialement affecté aux nécessités de la défense nationale.

Art. 2. L'emprunt pourra être réalisé soit avec publicité et concurrence, soit auprès d'un établissement de crédit, soit par voie de souscription, soit de gré à gré, avec facilité d'émettre des obligations au porteur, ou transmissibles par voie d'endossement.

Le taux de l'intérêt dudit emprunt ne pourra excéder *huit fr. cinquante centimes* (8 fr. 50) p. 0/0 et par an.

Art. 3. Les conditions des traités à passer de gré à gré seront préalablement soumises à l'approbation du Gouvernement.

Art. 4. Une somme annuelle de cinquante mille francs (50,000), prélevée sur le produit de la taxe spéciale autorisée par le décret du 17 janvier courant, sera affectée au paiement des intérêts et du remboursement de cet emprunt.

Le remboursement du capital devra être effectué dans une période de quinze années.

Art. 5. Le commissaire extraordinaire de la République en Algérie est chargé de l'exécution du présent décret.

Fait à Bordeaux, le 31 janvier 1871.

AD. CRÉMIEUX, L. FOURICHON, AL. GLAIS-BIZOIN, L. GAMBETTA.

N° 277. *Décret qui autorise l'établissement d'un octroi dans la commune de Liancourt.*

LE GOUVERNEMENT DE LA DÉFENSE NATIONALE,

Vu l'ordonnance du 14 décembre 1814, et les dispositions des lois des 28 avril 1816 et 24 juin 1824, relative aux octrois, etc.,

Considérant qu'il importe d'assurer à cette commune les ressources nécessaires pour faire face aux dépenses qu'elle s'est imposée dans les circonstances actuelles ;

DÉCRÈTE :

Art. 1er. L'établissement d'un octroi dans la commune de Liancourt, département de l'Oise, est autorisé.

A partir de la publication du présent décret et jusqu'au 31 décembre 1875, la perception de l'octroi établi dans cette commune sera opérée conformément aux tarif et règlement ci-annexés.

Art. 2. Les ministres de l'intérieur et des finances sont chargés, chacun en ce qui le concerne, de l'exécution du présent décret.

Fait à Bordeaux, le 31 janvier 1871

A. Crémieux, L. Fourichon, Glais-Bizoin.
Gambetta.

N° 278. — *Décret qui convoque des assemblées électorales pour nommer des représentants du peuple à l'Assemblée nationale.*

LES MEMBRES DU GOUVERNEMENT DE LA DÉFENSE NATIONALE, délégués pour représenter le Gouvernement et en exercer les pouvoirs,

DÉCRÈTENT :

Art. 1er. Les assembléees électorales sont convoquées pour nommer les représentants du peuple à l'Assemblée nationale.

Art. 2. Elles se réuniront le mercredi 8 février prochain, pour procéder aux élections dans les formes de la loi.

Art. 3. Un décret, rendu aujourd'hui, règle les dispositions légales ; il va être immédiatement publié.

Art. 4. Les préfets, sous-préfets et maires sont chargés de l'exécution du présent décret qui sera publié, affiché et exécuté, aux termes de l'article 4 de l'ordonnance du 27 novembre 1816 et de l'ordonnance du 18 janvier 1817.

Fait à Bordeaux, le 31 janvier 1871.

Signé : Ad. Crémieux, L. Gambetta, Al. Glais-Bizoin, L. Fourichon.

N° 279. — *Décret qui frappe d'inéligibilité diverses catégories de personnes.*

LES MEMBRES DU GOUVERNEMENT DE LA DÉFENSE NATIONALE délégués pour représenter le Gouvernement et en exercer les pouvoirs,

Considérant qu'il est juste que tous les complices du régime qui a commencé par l'attentat du 2 décembre pour finir par la capitulation de Sedan, en léguant à la France la ruine et l'invasion, soient frappés momentanément de la même déchéance politique que la dynastie à jamais maudite dont ils ont été les coupables instruments;

Considérant que c'est là une sanction nécessaire de la responsabilité qu'ils ont encourue en aidant et assistant avec connaissance de cause l'ex-empereur dans l'accomplissement des divers actes de son gouvernement qui ont mis la patrie en danger ;

DÉCRÈTENT :

Art. 1er. Ne pourront êre élus représentants du peuple à l'Assemblée nationale les individus qui, depuis le 5 décembre 1851 jusqu'au 4 septembre 1870, ont accepté les fonctions de ministre, sénateur, conseiller d'état et préfet.

Art. 2. Sont également exclus de l'éligibilité à l'Assemblée nationale les individus qui, aux élections législatives qui ont eu lieu depuis le 2 décembre 1851 jusqu'au 4 septembre 1870, ont accepté la candidature officielle, et dont les noms figurent dans la liste des candidatures recommandées par les préfets aux suffrages des électeurs, et ont été publiées au *Moniteur-officiel* avec les mentions : Candidat du Gouvernement, candidat de l'administration ou candidat officiel.

Art. 3. Sont nuls de nullité absolue les bulletins de vote portant les noms des individus compris dans les catégories ci-dessus désignés. Ces bulletins ne seront pas comptés dans la supputation des voix.

Art. 4. Le ministre de l'intérieur est chargé de l'exécution du présent décret.

Fait à Bordeaux, le 31 janvier 1871.

Ad. CRÉMIEUX, GLAIS-BIZOIN, L. FOURICHON, L. GAMBETTA.

N° 280. — *Décret relatif à la confection des listes du jury dans le département de la Seine.*

LE GOUVERNEMENT DE LA DÉFENSE NATIONALE,

Considérant qu'il y a lieu de procéder immédiatement à la formation des listes du jury, conformément au décret du 14 octobre 1870, dont les nécessités du siége ont retardé l'exécution dans le département de la Seine;

Considérant, toutefois, qu'il est nécessaire que le cours de la justice criminelle ordinaire ne reste pas plus longtemps suspendu,

DÉCRÈTE :

Art. 1er. Il sera procédé immédiatement à la confection des listes du jury dans le département de la Seine, conformément au décret du 14 octobre 1870.

Art. 2. La cour d'assises de la Seine reprendra son fonctionnement à partir du 15 février 1871.

Il sera procédé provisoirement au tirage du jury sur la liste dressée d'après la loi du 4 juin 1853, pour l'année 1871.

Art. 3. Aucune excuse tirée du service antérieur ne sera admise.

Art. 4. Le garde des sceaux ministre de la justice, et le ministre de l'intérieur sont chargés chacun en ce qui le concerne de l'exécution du présent décret.

Fait à Paris, le 4 février 1871.

Général TROCHU, Jules FAVRE, Jules FERRY, Jules SIMON, Emmanuel ARAGO, GARNIER-PAGÈS, Ernest PICARD, Eugène PELLETAN.

N° 281. — *Décret qui ouvre au ministère de l'intérieur un crédit de 50,000 fr.*

LES MEMBRES DU GOUVERNEMENT DE LA DÉFENSE NATIONALE, délégués pour représenter le Gouvernement et en exercer les pouvoirs,

Vu les décrets des 12 et 16 septembre 1870;

Considérant qu'il est nécessaire de pourvoir au paiement des travaux d'appropriation d'une salle provisoire destinée à la réunion de la prochaine Assemblée nationale dans la ville de Bordeaux,

DÉCRÈTENT :

Art. 1er. Il est ouvert au ministère de l'intérieur, sur les fonds de l'exercice 1871, un crédit extraordinaire de cinquante mille francs, pour l'appropriation des bâtiments du Grand-Théâtre de la ville de Bordeaux, affectés aux travaux intérieurs de l'Assemblée nationale.

Art. 2. Les ministres de l'intérieur et des finances sont chargés, chacun en ce qui le concerne, de l'exécution du présent décret.

Fait à Bordeaux, le 4 février 1871.

GLAIS-BIZOIN, L. GAMBETTA, L. FOURICHON.

N° 282. — *Décret qui annule les crédits alloués au ministère de la guerre pour les dépenses de l'Algérie (1871), et qui transfère ces crédits aux budgets des ministères de l'intérieur, de la justice, des finances, de la guerre, de la marine, etc., etc.,*

LA DÉLÉGATION DU GOUVERNEMENT DE LA DÉFENSE NATIONALE,

Vu la loi des finances du 27 juillet 1870, portant fixation par chapitres du budget général des recettes et des dépenses de l'exercice 1871 ;

Considérant que les décrets du 24 octobre 1870 et du 1er janvier 1871 ont eu pour objet d'assimiler progressivement le régime des départements algériens à celui des départements du continent ; que, par ce motif, il y a lieu de rendre à chacun des ministères compétents les attributions et la libre disposition des crédits concernant les services dès à présent assimilables,

DÉCRÈTE :

Art. 1er. Les crédits montant à la somme de quarante et un millions trois cent quatre-vingt-treize mille six cent onze francs (41,393,611 fr.) allouée par la loi susvisée du 27 juillet 1870, au ministère de la guerre, pour l'ensemble des dépenses ordinaires, sur ressources spéciales et extraordinaires du gouvernement général de l'Algérie, pendant l'exercice 1871, sont annulés au titre de ce ministère.

Art. 2. Des crédits montant ensemble à la somme de quarante et un millions trois cent quatre-vingt-treize mille six cent onze francs (41,393,611 fr.) sont transférés, pour ledit exercice, aux budgets des ministères de l'intérieur, de la justice, des finances, de la guerre, de la marine et des colonies, de l'instruction publique et des cultes, de l'agriculture et du commerce, des travaux publics, conformément à la répartition ci-après :

DÉPENSES ORDINAIRES

CHAPITRES par ministère.				
	Ministère de l'intérieur.			
	(ALGÉRIE.)			
25	Administration générale et départementale	A.	2,364,510	
26	Publications, expositions, missions et récompenses		55,500	
27	Prisons		972,367	
28	Télégraphie		1,095,000	
29	Topographie et constitution de la propriété individuelle		1,119,750	
30	Colonisation		1,125,600	
31	Service des ports et transports par mer.	B.	729,010	
32	Dépenses secrètes		80,000	
				7,541,735
	Ministère de la justice.			
14	Justice française en Algérie	C.	1,200	
14 bis.	Justice musulmane en Algérie		217,000	
				218,200
	Ministère des finances.			
	2e partie. — Service général. — Administration centrale des finances.			
28	Personnel		27,000	
29	Matériel		3,000	
				D. 30,000
	Ministère de la guerre.			
6 bis.	Maghzens en Algérie		240,000	
				240,000
	Ministère de la marine et des colonies.			
26	Surveillance de la pêche en Algérie		61,787	
				61,787
	Ministère de l'instruction publique et des cultes.			
	Service de l'instruction publique.			
12	Etablissements astronomiques		10,300	
15	Lycées et collèges communaux		176,700	
18	Dépenses de l'instruction primaire imputables sur les fonds généraux de l'Etat		121,047	
	Service des cultes.			
10	Culte musulman en Algérie		68,500	
	A reporter...			376,547

	Report......			376,547

Ministère de l'agriculture et du commerce.

7 bis.	Ecoles des arts et métiers en Algérie....		20,000	
11 bis.	Poids et mesures en Algérie...........		51,900	
				71,900

Ministère des travaux publics.

1	Personnel de l'administration centrale...		5,000	
21	Travaux publics en Algérie.............		3,695,157	
				3,500,157

Ministère des finances.

3e partie. — Frais de régie, de perception et d'exploitation des impôts et revenus publics.

Contributions directes.
(Service administratif dans les départements.)

40 bis.	Personnel à affecter aux expertises cadastrales en Algérie..................		68,625	

Enregistrement, domaine et timbre. —
(Service administratif de perception et d'exploitation dans les départements.)

40 bis.	Enregistrement, domaine et timbre en Algérie...........................		873,950	

Forêts. — (Service administratif et de surveilance dans les départements.)

51 bis.	Service des forêts en Algérie...........	*E.*	664,482	

Contributions indirectes. —
(Service administratif de perception et d'exploitation dans les départements.)

59 bis.	Service des contributions diverses, de la garantie et des poudres à feu en Algérie............................	*F.*	736,910	

Postes. —
(Service administratif de perception et d'exploitation dans les départements.)

69 bis.	Service des postes en Algérie...........	*G.*	676,330	
				3,020,297
	Total des dépenses ordinaires.......			15,260,[illegible]25

OBSERVATIONS.

A. Les crédits nécessaires pour le payement du personnel qui sera rattaché plus tard aux administrations centrales des divers services, seront répartis par un décret ultérieur.

B. Crédit à répartir ultérieurement entre les divers ministères intéressés.

C. Exécution du décret du 15 décembre 1870.

D. Attribution éventuelle pour le service de la liquidation des dépenses des exercices 1869 et 1870 et l'administration provisoire, savoir :

Service liquidateur.

Personnel	22,000 fr.
Matériel	3,000
	25,000
Administration provisoire (Personnel)	5,000
Egal	30,000 fr.

E. Y compris 3,650 fr. pour augmentation de petits traitements (1re annuité.)
F. Y compris 17,00 fr. id. id.
G. Y compris 6,900 fr. id. id.

DÉPENSES SUR RESSOURCES SPÉCIALES.

Ministère de l'intérieur.

4	Exposition permanente des produits de l'Algérie, à Paris	27,000		
5	Constitution de la propriété arabe, à la charge des tribus	100,000		
			127,000	

Ministère de l'instruction publique et des cultes.

Service de l'instruction publique.

3	Remboursement du prix des bourses à l'école normale primaire mixte d'Alger		11,420	

Ministère des travaux publics.

8	Contrôle et surveillance des chemins de fer en Algérie		54,800	
				193,200
				15,453,8·5

DÉPENSES EXTRAORDINAIRES.

Ministère de l'intérieur.

15	Bâtiments civils en Algérie		413,000

Ministère des finances.

1 bis.	Reboisements et travaux forestiers en Algérie	1,000,666	
3	Constructions en Algérie	20,000	
			1,020,666

Ministère de l'instruction publique et des cultes.

Service de l'instruction publique.

5	Constraction de maisons d'écoles en Algérie	10,000	

Service des cultes.

10	Subventions aux communes pour constructions d'églises en Algérie	267,000	
	A reporter..		277,000

			Report....	277,000
	Ministère des travaux publics.			
21	Travaux extraordinaires exécutés en Algérie au moyen d'une partie des annuités de la société générale algérienne................	15,666,000		
22	Annuité à payer à la compagnie concessionnaire des chemins de fer de l'Algérie	3,661,100		
23	Annuité à payer à la société générale algérienne	4,902,000		
			24,229,100	
				25,939,766
	Total général..............			41,393,611

Art. 3. Les crédits compris dans la répartition qui précède, à l'exception de ceux dont les ministres compétents se seront réservés l'emploi par voie d'ordonnancements directs, seront mis, par délégation de ces ministres, à la disposition des ordonnateurs secondaires qu'ils désigneront par des arrêtés spéciaux.

Art. 4. Les ministres de l'intérieur, de la justice, des finances, de la guerre, de la marine et des colonies, de l'instruction publique et des cultes, de l'agriculture et du commerce, des travaux publics, sont chargés, chacun en ce qui le concerne, de l'exécution du présent décret.

Fait à Bordeaux, le 4 février 1871.

Signé : AD. CRÉMIEUX, GLAIS-BIZOIN, GAMBETTA, L. FOURICHON.

N° 283. — *Décret qui charge le ministre des finances de la liquidation des dépenses et de la reddition des comptes des exercices 1869-1870, en ce qui concerne l'Algérie.*

LA DÉLÉGATIONDU GOUVERNEMENT DE LA DÉFENSE NATIONALE,

Vu le décret du 4 février 1871, portant répartition, entre les budgets des divers ministères, des crédits alloués au budget de la guerre de l'exercice 1871, pour l'ensemble des dépenses du gouvernement général de l'Algérie,

DÉCRÈTE :

Art. 1er. Le ministre des finances est chargé de la liquidation des dépenses et de la reddition des comptes des exercices 1869 et 1870, ainsi que de l'apurement des dépenses des exercices clos antérieurs à 1869, en ce qui concerne les services spéciaux du gouvernement général de l'Algérie (budget de l'Etat). A cet effet, il transmettra directement ses instructions aux autorités compétentes et aux ordonnateurs secondaires de l'Algérie.

Art. 2. Les crédits alloués par les lois de finances pour les dépenses et au titre des exercices précités, sont mis à la disposition du ministre des finances.

Art. 3. Les crédits nécessaires pour acquitter les dépenses du service liquidateur seront ouverts au budget du ministère des finances.

Art. 4. Le ministre des finances est chargé de l'exécution du présent décret.

Fait à Bordeaux, le 4 février 1871.

Signé : L. GAMBETTA, AD. CRÉMIEUX, AL. GLAIS-BIZOIN, L. FOURICHON.

N° 284 — *Décret qui annule le décret du 29 janvier 1871.*

LE GOUVERNEMENT DE LA DÉFENSE NATIONALE,

Vu un décret en date du 31 janvier 1871, émané de la délégation du Gouvernement de Bordeaux, par lequel sont frappés d'inéligibilité diverses catégories de citoyens éligibles aux termes des décrets du Gouvernement, du 29 janvier 1871 ;

Considérant que les restrictions imposées au choix des électeurs par le susdit décret sont incompatibles avec le principe de la liberté du suffrage universel,

DÉCRÈTE :

Le décret susvisé, rendu par la délégation du Gouvernement à Bordeaux, est annulé.

Les décrets du 29 janvier 1871 sont maintenus dans leur intégrité.

Fait à Paris, le 4 février 1871.

Général TROCHU, Jules FAVRE, Emmanuel ARAGO, Jules FERRY, GARNIER-PAGÈS, E. PELLETAN, Ernest PICARD.

N° 285.— *Décret qui autorise la ville de Lyon à établir diverses taxes municipales.*

LES MEMBRES DU GOUVERNEMENT DE LA DÉFENSE NATIONALE,

délégués pour représenter le Gouvernement et en exercer les pouvoirs,

Vu les décrets des 12 et 16 septembre 1870 ;

Vu la délibération du conseil municipal de Lyon, en date du 30 décembre 1870,

Considérant que la ville de Lyon a fait, dans l'intérêt de la défense nationale et pour sa propre défense, des dépenses considérables qui ne peuvent être acquittées av moyen de ses ressources ordinaires ;

Considérant que la mesure proposée par le conseil municipal a pour but de pourvoir aux dépenses précitées et d'atténuer le déficit résultant de la suppression de l'octroi ; qu'elle est essentiellement provisoire et qu'elle ne devra être appliquée qu'à l'exercice 1871 seulement ;

Vu l'auis favorable de la commission des finances,

DÉCRÈTENT :

Art. 1er. La ville de Lyon (Rhône) est autorisée à établir, en 1871, les taxes municipales suivantes :

1° Une taxe de 50 centimes pour cent francs sur la valeur des propriétés immobilières.

2° Une taxe progressive sur les loyers autres que ceux servant au commerce et à l'industrie, basée ainsi qu'il suit :

Un dixième du loyer pour ceux de 500 fr. et au-dessus.
Un neuvième id. pour ceux de 501 à 1,000 fr.
Un huitième id. pour ceux de 1,001 à 1,500 fr.
Un septième id. pour ceux de 1,501 à 2,000 fr.
Un sixième id. pour ceux de 2,001 à 3,000 fr.
Un cinquième id. pour ceux de 2,001 à 4,000 fr.
Un quart id pour ceux de. . 4,001 à 5,000 fr.
Un tiers id. pour ceux de. . 5,001 et au-dessus.

3° Une taxe de 50 c. par franc au principal des patentes.

Art. 2. Les immeubles exemptés jusqu'à ce jour par une disposition particulière, rentreront dans le droit commun et seront soumis à cette taxe.

Art 3. Les rôles seront dressés par le directeur des contributions directes, et les recouvrements faits par les percepteurs comme en matière de contributions directes.

Art. 3. Les ministres de l'intérieur et des finances sont chargés, chacun en ce qui le concerne de l'exécution du présent décret, qui sera inséré au *Bulletin des lois*.

Signé : Ad. CRÉMIEUX, L. GAMBETTA, GLAIS-BIZOIN, L. FOURICHON.

N° 286. *Décret qui déclare nulle et non avenue la décision impériale du 25 avril 1860.*

LA DÉLÉGATION DU GOUVERNEMENT DE LA DÉFENSE NATIONALE,

Considérant qu'une décision impériale, en date du 25 avril 1860, a fait aliéner au profit du département de la guerre les immeubles qui cessent d'être nécessaires au service militaire, au lieu d'en opérer la restitution au domaine de l'Etat ;

Considérant que cette décision est contraire aux principes financiers, et notamment au règlement du 31 mai 1862 sur la comptabilité publique, lequel dispose que les ministres ne peuvent accroître, par aucune ressource particulière, le montant des crédits affectés aux dépenses de leurs services respectifs ;

Considérant que, dans les trois départements de l'Algérie en particulier, la mise en vigueur de cette décision a eu pour résultat de frapper d'interdit un grand nombre d'immeubles que l'Etat aurait avantage à affecter à ses services ou à ceux des départements et des communes dont les dotations sont jusqu'ici demeurées au-dessous des besoins,

DÉCRÈTE :

Art. 1er. La décision impériale du 25 avril 1860 sera à l'avenir considérée comme nulle et non avenue.

Art. 2. Le prix des immeubles remis au service des domaines pour être aliénés au profit du génie militaire, mais dont la vente n'a pas encore été effectuée à la date du présent décret, sera encaissée pour le compte de l'Etat.

Art. 3. Tous les immeubles actuellement compris dans le domaine militaire en Algérie, et qui ne sont pas indispensables au service de la guerre, seront immédiatement restitués au domaine de l'Etat, et il en sera disposé dans les conditions prévues par la législation en vigueur dans les départements algériens, en ce qui concerne les biens domaniaux ordinaires.

Art. 2. Le ministre de la guerre et le ministre des finances sont chargés d'assurer l'exécution du présent décret,

Fait à Bordeaux, le 6 février 1871.

Ad. CRÉMIEUX, Emm. ARAGO, Eug. PELLETAN, GARNIER-PAGÈS, GLAIS-BIZOIN, FOURICHON.

N° 287. — *Décret qui supprime le fonds commun qui existait entre les trois anciennes provinces de l'Algérie.*

LA DÉLÉGATION DU GOUVERNEMENT DE LA DÉFENSE NATIONALE,

Vu le décret du 4 février 1871, portant répartition des crédits afférents aux trois départements algériens entre les divers ministres et en vue de l'assimilation de ces trois départements aux quatre vingt-neuf autres.

DÉCRÈTE :

Art. 1er. Le fonds commun qui existait entre les trois anciennes provinces de l'Agérie, dans la constitution des budgets provinciaux, est supprimé.

Art. 2. Pour éviter toute interruption dans la marche des services publics, il ne sera pas apporté de modification aux budgets départementaux provisoirement en vigueur, et la suppression du fonds commun ne sera appliquée que du jour de la mise en vigueur de budgets départementaux régulièrement votés par le conseil général de chaque département.

Art. 3. Les ministres de l'intérieur et de la guerre sont chargés, chacun en ce qui le concerne, de l'exécution du présent décret.

Fait à Bordeaux, le 6 février 1871.

Signé : Ad. CRÉMIEUX, EMM. ARAGO, EUG. PELLETAN, GARNIER-PAGÈS, GLAIS-BIZOIN, FOURICHON.

N° 288. — *Décret relatif aux bureaux arabes.*

LE GOUVERNEMENT DE LA DÉFENSE NATIONALE,

Considérant que le premier paragraphe de l'article 8 du décret du 24 octobre, qui confie à l'autorité militaire les nominations des officiers administrateurs, a été modifié par le décret du 24 décembre, à un moment où la séparation absolue de pouvoirs administratifs et des pouvoirs militaires n'avait pas encore été prononcée dans les trois départements algériens ;

Vu le décret du 1er janvier 1871,

DÉCRÈTE :

Art. 1er. Sont abrogés le premier paragraphe de l'article 8 du décret du 24 octobre 1870 et l'art. 1er du décret du 24 décembre sur les bureaux arabes.

Art. 2. Les officiers administrateurs des territoires dits militaires, ainsi que les chefs et adjoints de bureaux arabes, seront mis par l'autorité militaire à la disposition du général administrateur dans chacun des trois départements. Ils seront nommés aux divers postes qu'ils occuperont par le ministre de l'intérieur, sur la présentation du général administrateur, et après avis du préfet.

Art. 3. Le ministre de l'intérieur pourra déléguer aux préfets des départements les nominations dans les bureaux arabes ; mais les révocations de pouvoirs ne pourront être prononcées que par la loi.

Art. 4. L'avancement de ces officiers dans les cadres militaires continuera à être conféré par le ministre de la guerre, après concert avec le ministre de l'intérieur, conformément au décret du 1er janvier 1871.

Art. 2. Les ministres de l'intérieur et de la guerre sont chargés, chacun en ce qui le concerne, de l'exécution du présent décret.

Fait à Bordeaux, le 6 février 1871.

Ad. Crémieux, Emmanuel Arago, Garnier-Pagès, Eug. Pelletan, Glais-Bizoin, Fourichon.

N° 289. — *Décret qui déclare que les deux sections de la Cour d'assises de la Seine siégeront simultanément.*

LE GOUVERNEMENT DE LA DÉFENSE NATIONALE,

Considérant que, par suite de l'interruption du service de la Cour d'assises de la Seine, conséquence des nécessités du siége, cette Cour serait aujourd'hui dans l'impossibilité d'expédier dans le courant du 1er trimestre de 1871 la totalité des procès renvoyés devant elle, si les deux sections dont elle est composée ne siégeaient simultanément.

DÉCRÈTE :

Art. 1er. A partir du 15 février prochain, et jusqu'à ce qu'il en soit autrement ordonné, les deux sections de la Cour d'assises de la Seine, au lieu de siéger alternativement, siégeront simultanément.

Art. 2. Le garde des sceaux, ministre de la justice, est chargé de l'exécution du présent décret.

Paris, le 6 février 1871.

Le vice-président du Gouvernement, ministre des affaires étrangères,
Jules Favre.

N° 290. — *Décret relatif à l'octroi de Privas (Ardèche).*

LE GOUVERNEMENT DE LA DÉFENSE NATIONALE,

Vu l'ordonnance du 9 décembre 1814, relative aux octrois, etc.,

DÉCRÈTE :

Art. 1er. A partir de la promulgation du présent décret et jusqu'au 31 décembre 1875, les objets désignés ci-dessous seront imposés à l'octroi de Privas, département de l'Ardèche, de la manière suivante, savoir :

Les métaux non ouvrés, à raison de 0 fr. 75 c. les 100 kilog.;

Les métaux ouvrés, à raison de 1 fr. 50 c. les 100 kilog.

Art. 2. Les ministres de l'intérieur et des finances sont chargés, chacun en ce qui le concerne, de l'exécution du présent décret.

Fait à Bordeaux, le 8 février 1871.

AD. CRÉMIEUX, GLAIS-BIZOIN, L. FOURICHON

N° 291. — *Décret qui autorise la ville d'Arles à affecter à l'extinction des dettes de la commune les sommes restant disponibles sur l'emprunt de 300,000 fr.*

LES MEMBRES DU GOUVERNEMENT DE LA DÉFENSE NATIONALE,

En vertu des pouvoirs à eux délégués ;
Vu les lois des 18 juillet 1837 et 24 juillet 1867 ;
Vu le décret du 31 octobre 1870,

DÉCRÈTENT :

Art. 1er. La ville d'Arles (Bouches-du-Rhône) est autorisée à affecter à l'extinction des dettes de la commune et à la liquidation de sa situation financière les sommes restant disponibles sur l'emprunt de 300,000 fr., qu'elle a été autorisée à contracter par décret du 30 octobre dernier, après qu'il aura été opéré le prélèvement nécessaire pour faire face aux dépenses d'organisation de la garde nationale.

Art. 2. Le ministre de l'intérieur est chargé de l'exécution du présent décret, qui sera inséré au *Bulletin des lois*.

Fait à Bordeaux, le 8 février 1871.

AD. CRÉMIEUX, EMMANUEL ARAGO, GARNIER-PAGÈS, EUGÈNE PELLETAN, JULES SIMON, FOURICHON. GLAIS-BIZOIN.

N° 292. — *Décret relatif au budget 1870-1871.*

LE GOUVERNEMENT DE LA DÉFENSE NATIONALE,

Vu les décrets des 1er octobre et 18 novembre 1870 ;

Vu le règlement général du 31 mai 1862 sur la comptabilité publique ;

Considérant que les crédits ouverts sur l'exercice 1370 pour la publication du *Bulletin des lois*, spécial à la Délégation du Gouvernement de Paris, sont restés sans emploi jusqu'à concurrence d'une somme de huit cents francs soixante centimes (800 fr. 60 c.) ;

Que cette somme est insuffisante pour solder les dépenses faites et à faire jusqu'à la réunion de l'Assemblée nationale,

DÉCRÈTE :

Art. 1er. La somme de huit cents francs soixante centimes restant sans emploi sur les crédits ouverts au ministère de la justice (chapitre 19), est annulée au budget de l'exercice 1871.

Pareille somme de huit cents francs soixante centimes (800 fr. 60 c.) est reportée à l'exercice 1871 (chapitre 19).

Art. 2. Un nouveau crédit de cinq mille francs (5,000 fr.) est ouvert au ministère de la justice (chapitre 19, exercice 1871) pour a publication du *Bulletin des lois* de la Délégation du Gouvernement hors de Paris.

Fait à Bordeaux, le 8 février 1871.

Ad. CRÉMIEUX, L. FOURICHON, GLAIS-BIZOIN, Emmanuel ARAGO, JulesSIMON, GARNIER-PAGÈS, E. PELLETAN.

N° 293. — *Décret qui approuve l'arrêté du maire de Paris, relatif à la répartition du contingent personnel mobilier.*

LE GOUVERNEMENT DE LA DÉFENSE NATIONALE,

Vu l'arrêté, en date du 1er février 1871, par lequel le maire de Paris a proposé de répartir le contingent personnel mobilier assigné à cette ville pour 1871 d'après les bases suivantes :

« Les loyers matriciels d'habitation de 4,000 fr. et au-dessus seront taxés à.. 11 0/0

Ceux de 2,500 à 4,999 fr., à........................ 10 —

— 1,500 à 2,499 fr., à........................ 10 —

— 1,000 à 1,499 fr., à........................ 8 —

— 600 à 999 fr., à........................ 6 —

— 400 à 599 fr., à........................ 4 —

» Les locaux d'une valeur matricielle inférieure à 400 fr, seront affranchis de toute cotisation.

» Toutefois, cette exonération ne sera pas applicable :

» 1° Aux propriétaires logés dans leur propre maison, ni aux personnes ayant un simple pied-à-terre à Paris ;

» 2° Aux propriétaires qui, alors même qu'ils n'habiteraient pas leur propriété paieraient à Paris une contribution foncière s'élevant à 300 fr.;

» 3° Aux patentés dont le loyer d'habitation, réuni au loyer industriel, s'élèvera à 400 fr.

» La somme nécessaire pour parfaire, avec le produit du rôle, le montant du contingent, sera prélevée sur les produits de l'octroi. »

Vu l'art. 20 de la loi du 21 avril 1832 et l'art. 5 de la loi du 3 juillet 1846 ;

Sur le rapport du ministre des finances,

DÉCRÈTE :

Art. 1er. L'arrêté susvisé du maire de Paris est approuvé.

Art. 2. Le ministre des finances est chargé de l'exécution du présent décret.

Fait à Paris, le 8 février 1871.

Général TROCHU, JULES FAVRE, ERNEST PICARD, JULES FERRY.

N° 294. — *Décret qui autorise la ville de Tourcoing à emprunter 60,000 fr.*

LES MEMBRES DU GOUVERNEMENT DE LA DÉFENSE NATIONALE, en vertu des pouvoirs à eux délégués ;

Vu les lois des 18 juillet 1837 et 24 juillet 1867,

DÉCRÈTENT :

Art. 1er. La ville de Tourcoing (Nord) est autorisée à emprunter, à un taux d'intérêt qui n'excède pas 5 0/0, une somme de soixante mille francs (60,000 fr.), remboursable en quatre années, à partir de 1877, au moyen de ses revenus ordinaires, et destinée à payer les dépenses d'organisation de la garde nationale sédentaire.

Cet emprunt pourra être réalisé soit avec publicité et concurrence, soit par voie de souscription publique, soit de gré à gré, avec faculté d'émettre des obligations au porteur ou transmissibles par voie d'endossement.

Art. 3. Le ministre de l'intérieur est chargé de l'exécution du présent décret qui sera inséré au *Bulletin des lois*.

Fait à Bordeaux, le 8 février 1871.

Ad. CRÉMIEUX, Emmanuel ARAGO, GLAIS-BIZOIN, GARNIER-PAGÈS, Jules SIMON, FOURICHON, Eugène PELLETAN.

N° 295. — *Décret qui proroge jusqu'au 31 décembre 1871 la perception des droits d'octroi établis dans la commune de la Valette.*

LE GOUVERNEMENT DE LA DÉFENSE NATIONALE,

Vu l'ordonnance du 9 décembre 1814, relative aux octrois, etc.,

DÉCRÈTE :

Art. 1er. A partir du 1er janvier 1871 et jusqu'au 31 décembre 1875, la perception de l'octroi établi dans la commune de la Valette, département du Var, sera opérée suivant le règlement actuellement en vigueur et conformément au nouveau tarif adopté par le conseil municipal le 30 décembre 1870 et annexé au présent décret.

Art. 2. Les ministres de l'intérieur et des finances sont chargés, chacun en ce qui le concerne, de l'exécution du présent décret.

Fait à Bordeaux, le 8 février 1871.

Signé : Ad. CRÉMIEUX, L. FOURICHON, GLAIS-BIZOIN.

N° 296. *Décret relatif aux effets de commerce.*

LE GOUVERNEMENT DE LA DÉFENSE NATIONALE,

Vu la loi du 13 août 1870 et les décrets des 10 septembre, 11 octobre, 10 novembre, 12 décembre 1870, 12 et 27 janvier 1871, relatifs aux effets de commerce;

Considérant qu'il est désirable de revenir dans le plus bref délai possible à la stricte exécution des engagements, qui est la loi fondamentale du commerce;

Qu'il y a lieu d'espérer que le délai d'un mois est suffisant pour permettre le libre rétablissement des relations commerciales ;

Qu'il est donc juste de proroger encore d'un mois les délais impartis par les lois et décrets susvisés, sauf à édicter plus tard les dispositions nécessaires pour concilier les prescriptions de la loi commerciale avec les difficultés que présente la liquidation de la situation anormale créée par les événements,

DÉCRÈTE :

Art. 1er. Les décrets dans lesquels doivent être faits les protêts et tous actes conservant les recours aux termes de la loi et des décrets susvisés sont prorogés d'un mois à partir du 13 février présent mois.

Art. 2. Les intérêts continueront à courir du jour de l'échéance.

Art. 3. Il n'est point dérogé aux autres dispositions de la loi du 13 août 1870.

Art. 4. Le présent décret est applicable à l'Algérie.

Art. 5. Toutes dispositions aux présentes contenues dans d'autres décrets sont et demeureront annulées.

Fait à Paris, le 9 février 1871.

Signé : Général TROCHU, J. FAVRE, J. FERRY, ERNEST PICARD.

N° 297. — *Décret qui autorise la ville de Paris à emprunter 200,000,000 de fr.*

LE GOUVERNEMENT DE LA DÉFENSE NATIONALE,

Considérant que par l'article 11 de la convention du 28 janvier 1871, la ville de Paris a été frappée d'une contribution municipale de guerre de deux cents millions de francs, dont le payement doit être effectué avant le quinzième jour de l'armistice ;

Considérant que la ville de Paris ne peut se procurer cette somme que par la voie de l'emprunt ;

Considérant qu'il est nécessaire d'établir, pour faire face à la contribution de guerre, de nouvelles taxes municipales qui deviendront naturellement le gage de l'emprunt de deux cents millions et qui pourront recevoir, à cet effet, une affectation spéciale ;

Considérant, enfin, que pour donner à la ville de Paris toute liberté d'action et offrir aux tiers toutes les garanties qui pourraient être réclamées, il convient d'autoriser également la ville de Paris à disposer, à titre de gage ou d'hypothèque, de son domaine immobilier,

DÉCRÈTE :

Art. 1er. La ville de Paris est autorisée à emprunter aux

meilleures conditions qui pourront être réalisées, et sous telle forme qu'il lui conviendra d'adopter, la somme de deux cents millions, plus une somme afférente aux frais d'émission ou de négociation, lesquels ne pourront dépasser cinq pour cent du principal.

Art. 2. La ville de Paris établira, pour faire face au service de l'emprunt, une taxe municipale de guerre sur tels objets de consommation qu'il lui plaira d'imposer, et cette taxe pourra être attribuée, par une affectation spéciale, aux souscripteurs de l'emprunt.

Art. 3. La ville de Paris est également autorisée à engager, en tant que de besoin, pour la garantie de l'emprunt de tous les biens immobiliers qu'elle possède et qui ne sont pas affectés à un service public.

Fait à Paris, le 10 février 1871.

Général TROCHU, JULES FAVRE, JULES FERRY, ERNEST PICARD.

N° 298. — *Décret relatif au budget extraordinaire de la ville de Paris.*

LE GOUVERNEMENT DE LA DÉFENSE NATIONALE,

Vu la loi du 23 juillet 1870, portant fixation du budget extraordinaire de la ville de Paris pour l'exercice 1870 et autorisant l'émission des bons de la caisse municipale jusqu'à concurrence de la somme de soixante-trois millions à employer confoimémeut au tableau B annexé à ladite loi, avec faculté de reporter les excédants disponibles à l'exercice 1871 ;

Vu l'état des sommes à rembourser en 1871, par la caisse municipale, sur le principal des bons de la caisse des travaux de Paris,

DÉCRÈTE :

Art. 1er. Sur le crédit de soixante-trois millions inscrit au budget extraordinaire de la ville de Paris pour l'exercice 1870, chapitre 5, il sera opéré un prélèvement de la somme de onze millions six cent trente mille neuf cents francs destiné au remboursement des bons de la caisse des travaux venant à échéance pendant le premier semestre 1871.

Art. 2. Le maire de Paris est chargé de l'exécution du présent décret.

Fait à Paris, le 10 février 1871.

Général TROCHU, JULES FAVRE, JULES FERRY, ERNEST PICARD.

N° 299. — *Décret relatif à l'octroi de la commune de Sarlat.*

LE GOUVERNEMENT DE LA DÉFENSE NATIONALE,

Vu l'ordonnance du 9 décembre 1814, relative aux octrois, etc.,

DÉCRÈTE :

Art. 1er. A partir de la promulgation du présent décret et jusqu'au 31 décembre 1875, la perception de l'octroi établi dans la commune de Sarlat (Dordogne) sera opérée suivant le règlement actuellement en vigueur et conformément au tarif adopté par le conseil municipal le 3 janvier 1871, sauf en ce qui concerne les objets désignés ci-dessus, lesquels ne seront imposés que jusqu'au 13 décembre 1871 et ainsi qu'il suit, savoir :

Les sucres, à raison de	3 fr. 50	les 100 kil.
Les cassonnades,	1 fr.	—
Les cafés et chocolats,	10 fr.	—

Art. 2. A partir de la même époque et jusqu'au 31 décembre 1871, il sera perçu en outre vingt centimes par franc sur tous les objets énumérés au tarif, y compris ceux spécifiés à l'article précédent.

Art. 3. Les ministres de l'intérieur et des finances sont chargés, chacun en ce qui le concerne, de l'exécution du présent décret.

Fait à Bordeaux, le 11 février 1871.

Ad. Crémieux, Emmanuel Arago, Glais-Bizoin, Garnier-Pagès, J. Simon, Fourichon, Eug. Pelletan.

NOTE A

Loi du 13 août 1870 sur les échéances des effets de commerce.

NAPOLÉON,

Par la grâce de Dieu et la volonté nationale, empereur des Français,

A tous présents et à venir, salut ;

Nous avons proposé, les Chambres ont adopté, nous avons sanctionné et sanctionnons, promulgué et promulguons ce qui suit :

Art. 1er. Les délais dans lesquels doivent être faits les protêts et tous actes conservant les recours, pour toute valeur négociable souscrite avant la promulgation de la présente loi, sont prorogés d'un mois.

Le remboursement ne pourra être demandé aux endosseurs et aux autres obligés, pendant le même délai. Les intérêts seront dus depuis l'échéance jusqu'au paiement.

Art. 2. Aucune poursuite ne pourra être exercée, pendant la durée de la guerre, contre les citoyens appelés au service militaire, en vertu de l'article 2 de la loi du 11 août 1870, et les gardes mobiles présents sous les drapeaux.

La présente loi, discutée, délibérée et adoptée par le Sénat et par le Corps législatif, sera exécutée comme loi de l'Etat.

Mandons et ordonnons, etc.

Fait en conseil des ministres, au palais des Tuileries, le 13 août 1870.

Pour l'empereur et en vertu des pouvoirs qu'il nous a confiés,

EUGÉNIE.

RAPPORT ET ANALYSE DE LA DISCUSSION

Séance du vendredi 12 août 1870.

M. le président Schneider : La parole est à M. Agence pour donner lecture du rapport de la Commission qui a été chargée d'examiner d'urgence le projet de loi relatif à la prorogation des échéances des effets de commerce.

M. Argence : Messieurs, la situation dans laquelle se trouve une partie de notre territoire, à raison de la guerre dans laquelle est engagée la France, appelait l'attention du Corps législatif.

En effet, dans plusieurs de nos départements, la vie commerciale est arrêté, les transactions sont impossibles. Des négociants ont quitté leur maison pour courir à la défense de la patrie. Des tribunaux de commerce, parmi lesquels le tribunal de la Seine, des chambres de commerce se sont adressés au Gouvernement en sollicitant son intervention. M. le ministre du commerce, ému de ces instances, nous a présenté un projet de loi sur les échéances des billets et valeurs négociables. Précédemment plusieurs propositions, dues à l'initiative parlementaire, destinées à venir en aide au commerce et à l'industrie, avaient été renvoyées à votre commission.

Nous vous faisons connaître le résultat de l'examen auquel elle s'est livrée.

La proposition de loi émanant de M. Le Cesne était ainsi conçue :

« Nous demandons, pendant la durée de la guerre : Les billets de la banque de France auront immédiatement cours légal.

« L'escompte est autorisé pour les effets de commerce à deux signatures, et jusqu'à quatre mois d'échéance, par les conseils de la Banque. »

La loi présentée hier et votée par le Corps législatif a rendu superflue la première partie de la proposition ; quant à la seconde, la commission pense qu'il n'est pas nécessaire de changer les conditions de la Banque de France.

La loi nouvelle votée hier permet de donner satisfaction à toutes les exigences de la situation, en procurant les moyens d'admettre un plus grand nombre de valeurs à l'escompte.

Nous ne voulons pas intervenir dans les opérations de notre premier établissement de crédit et changer les conditions de son existence.

La commission a la conviction, et se fait un devoir de le déclarer, que la Banque de France comprendra l'importance de sa mission, et qu'elle tiendra à honneur de donner au commerce et à l'industrie le concours dont ils ont besoin.

Le projet de loi présenté par le Gouvernement et la proposition de MM. Crémieux et Magnin sont identiques ; ils reproduisent les dispositions des décrets de 1848, rendus dans des circonstances analogues à celles où nous nous trouvons placés. Ils ont pour objet de proroger d'un mois l'échéance des effets de commerce.

En voici le texte :

« Art. 1er. Les échéances des effets de commerce payables depuis le 11 aout jusqu'au 20 septembre sont prorogés de *trente jours,* de manière à ce que le effets payables le 11 août ne soient exigibles que le 11 septembre prochain, et ainsi de suite,

» Art. 2. Tout protêt, recours en garantie ou prescriptions sont également prorogés pendant trente jours.

» Art. 3. Les protêts reçus en garantie ou tout autre acte conservatoire valablement fait avant la promulgation de la présente loi sont maintenus. Toute assignation donnée jusqu'à ce jour est valable, mais le jugement ne pourra être poursuivi qu'à l'expiration du délai de trente jours, à compter du jour de l'échéance légale de l'assignation. »

La proposition présentée par M. Argence et plusieurs de ses collègues, était ainsi conçue :

« Les délais dans lesquels doivent être faits les protêts et tous actes concernant les recours pour toute valeur commerciale, souscrite avant la guerre et en cours de circulation, sont prorogés d'un mois. »

La commission repousse les deux premiers projets de lois relatifs aux retards des échéances de valeurs commerciales, et adopte la proposition avec une légère modification. Voici les motifs de sa détermination : reculer d'un mois les échéances, c'est pendant ce laps de temps supprimer toute espèce de recettes, et, en anéantissant les recettes, c'est supprimer toute avance, tout paiement. Ce serait la vie commerciale complétement arrêtée, ce serait enlever aux négociants la possibilité de continuer leur fabrication, les obliger à renvoyer leurs ouvriers.

En effet, si on supprime toutes recettes, les comptes courants, les dépôts pourront-ils rester en dehors des nouvelles dispositions législatives? Le banquier n'est-il pas, au moyen des dépôts qu'il reçoit, le caissier des industriels? Si on refuse au banquier toute recette, on lui rend impossible l'exécution de ses obligations. Enfin, Messieurs, la France a des engagements contractés avec l'étranger, elle a besoin de continuer ses transactions. Le pourrait-elle, si on disait qu'en France tous les paiements sont suspendus?

La commission pense qu'il suffira d'accorder pour les effets de commerce un délai d'un mois, pendant lequel aucun protêt ne pourra être fait et aucune poursuite exercée. Le protêt est considéré comme un acte entachant l'honneur commercial; nous devons le proscrire quand nous savons que le souscripteur est victime d'événements malheureux et qu'il a abandonné ses affaires pour défendre sa patrie.

Nous estimons que tous les négociants qui auront la possibilité de payer feront honneur à leur signature, et c'est le plus grand nombre qui est dans ce cas. Nous ajouterons que c'est aujourd'hui un devoir pour tous les bons citoyens, pour tous les hommes de cœur, de faciliter les transactions commerciales.

Il nous a paru juste, et nous l'indiquons dans le projet de loi, que les intérêts soient dus depuis l'échéance jusqu'au paiement.

Deux amendements ont été proposés par MM. Millet et Dalloz. Le premier, celui de M. Dalloz, est ainsi conçu :

« En matière civile comme en matière commerciale, aucune poursuite, et par suite, aucuns frais ne pourront avoir lieu contre un débiteur dans les trente jours qui suivront le vote de la présente loi.

» Pendant ce même délai, aucune prescription ne courra contre les créanciers. »

Voici les termes du second amendement de MM. Miller, Vendre et Planat :

« Art. 1er. L'échéance de toutes dettes civiles et commerciales est prorogée pendant trois mois : toutes poursuites et exécutions ayant pour objet leur recouvrement sont interdites et suspendues.

» Art. 2. La présente loi n'est point applicable aux dépôts de sommes faits sans intérêts, aux arrérages des rentes viagères et autres, aux intérêts échus de toutes créances, aux fermages payables en argent ou en nature, aux dividendes et intérêts provenant de tous établissements de crédit, et de toutes sociétés industrielles.

» Elle ne fera pas obstacle aux actes purement conservatoires que les tribunaux civils de commerce pourront autoriser et ordonner d'urgence à la requête des parties intéressées.

» Elle cessera d'avoir son effet quinze jours après la conclusion de la paix. »

Quelque respectable que soit la pensée qui a dicté les amendements, la commission ne saurait les accepter. Il n'y a aucune analogie entre la situation d'un commerçant et celle d'un débiteur civil. Le premier est sous le coup d'un engagement rigoureux qui n'admet pas de délai, le second peut, au contraire, aux termes de la loi, obtenir des magistrats, si un créancier résiste, les délais nécessaires et, assurément, il n'est pas aujourd'hui un tribunal qui refuserait d'accorder des sursis demandés.

L'amendement présenté par M. Chagot est ainsi conçu :

« Porter à soixante jours l'échéance des effets de commerce, et étendre cette faculté aux remboursements des fonds en compte courant ainsi qu'aux engagements des sociétés civiles. »

Les motifs donnés ci-dessus nous paraissent suffisants pour justifier le rejet de cet amendement.

Les dispositions législatives que nous vous soumettons auront certainement pour résultat de rassurer les esprits, de créer de nouvelles facilités et d'assurer le crédit. La loi votée hier et celle que nous vous proposons d'adopter feront disparaître des inconvénients momentanés, les inquiétudes exagérées que les événements ont causées.

La loi serait incomplète, et la commission ne croirait pas avoir entièrement rempli sa mission si elle ne vous proposait un dernier article.

Vous avez voté une loi qui appelle sous les drapeaux tous les citoyens qui ont satisfait à la loi du recrutement, depuis 25 ans jusqu'à 35 ans ; dans peu de jours, ces citoyens seront des soldats rangés sous les drapeaux ; ils répondront dignement à l'appel subit fait à leur patriotisme. Ils partiront sans préoccupation aucune, avec ardeur, avec l'élan qu'inspire l'amour de la patrie, nous le savons ; mais, au nom de la France qui les suit, qui les accompagne de ses vœux ardents, n'avons-nous rien à faire ? Nous croyons qu'un témoignage de notre vive et profonde sympathie doit être inscrit dans la loi.

Nous trouvons dans nos annales un exemple que nous vous proposons d'adopter : Sous la monarchie absolue, à l'époque d'une des grandes guerres soutenues par la France, une ordonnance royale avait décidé qu'aucune poursuite ne pourrait être exercée contre les officiers présents sous les drapeaux. Ce que la France aristocratique de Louis XIV faisait pour ses officiers, la France démocratique doit le faire pour ses enfants qui vont rejoindre notre héroïque armée.

Ils apprendront à nos ennemis que lorsqu'une nation entière se lève pour sa défense, elle est invincible.

Nous avons l'honneur de vous soumettre l'adoption du projet de loi suivant :

Projet de loi relatif aux échéances des effets de commerce.

« Art. 1er. Les délais dans lesquels doivent être faits les protêts et tous actes conservant les recours, pour toute valeur commerciale souscrite avant la promulgation de la présente loi, sont prorogés d'un mois.

» Les intérêts seront dus depuis l'échéance jusqu'au paiement.

» Art. 2. Aucune poursuite ne pourra être exercée, pendant la durée de la guerre, contre les citoyens appelés au service militaire en vertu de l'art. 2 de la loi du 11 août 1870. »

Séance du 13 août 1870.

M. le président Schneider : L'ordre du jour appelle la suite de la discussion du projet de loi relatif aux effets de commerce. La parole est à M. le rapporteur.

M. le rapporteur : Messieurs, votre commission s'est réunie de nouveau pour organiser une proposition qui avait été faite et entendre les représentants du commerce de Paris. Voici les quelques modifications que nous proposons au projet de loi primitif.

L'amendement qui a été renvoyé à la commission est signé par MM. Monjaret de Kerjégu, Sénéca, Fouquet, Chagot ; il est ainsi conçu :

« Ajouter à l'article 1er le paragraphe suivant :

» Les dispositions sont applicables aux créances résultant des comptes courants. »

On a fait valoir en faveur de l'amendement l'argument suivant :

Pendant un mois, les valeurs commerciales ne seront pas payées, et vous défendez de faire des poursuites ; cela donne droit aux souscripteurs de ne pas faire honneur à leur signature. Or, comment pouvez-vous obliger les débiteurs des comptes courants à payer les sommes qu'ils doivent ? D'un côté ils ne pourront pas recevoir, et de l'autre ils seront obligés d'effectuer leurs paiements.

Voici ce qui a été répondu : Les comptes courants sont indispensables pour la vie commerciale ; on ne comprend pas des ateliers ouverts, des fabriques marchant, des ouvriers occupés sans l'existence de comptes courants. Il faut que les fabricants puisent chez leurs banquiers les sommes dont ils ont besoin chaque jour pour payer les ouvriers qui travaillent à la fabrique. Arrêter les comptes courants et les empêcher de produire leurs effets, c'est fermer les ateliers et conduire le commerce à la mort.

Voilà quels sont les motifs qui ont déterminé la commission, et elle est unanime, à adopter cette résolution.

Maintenant on a parlé des factures acceptées. On nous a dit : Il faut étendre à ces factures acceptées le bénéfice que vous appliquez aux valeurs négociables.

Nous avons examiné cette question et voici la réponse que nous avons faite : Les factures acceptées ne sont pas des valeurs négociables et habituellement, on ne les fait pas circuler.

Toutefois il est évident qu'une quantité considérable de négociants emploient les factures acquittées, et que ces négociants sont très-dignes d'intérêt, mais voici la solution qui a été trouvée : Au lieu de faire une facture acceptée, comme il y a toujours deux signatures, celle du négociant qui la fait, et celle du négociant qui l'accepte, on remplacera la facture par un effet de commerce qui contiendra deux signatures.

Voilà les deux points qui ont été discutés en ce qui concerne l'art. 1er.

Uue autre question a été soulevée. Lorsqu'un billet a été présenté à l'acceptation et que le souscripteur use du délai d'un mois que lui accorde la loi, le porteur impayé va au remboursement, c'est-à-dire qu'il s'adresse non à celui qui a souscrit le billet, mais aux endosseurs ; et alors la situation des endosseurs nous disait-on, se trouverait très-grave, car ils seraient exposés au remboursement.

A cela nous répondons que la loi est générale, qu'elle s'applique aux souscripteurs comme aux endosseurs et qu'il est impossible d'en diviser le bénéfice et l'application.

Néanmoins la commission, tenant compte des observations des représentants du commerce, et après avoir mûrement examiné la question s'est décidée à proposer la modification suivante à l'art. 1er de la loi.

« Après le premier paragraphe prorogeant les délais d'un mois elle propose celui-ci:

» Le remboursement ne pourra être demandé aux endosseurs pendant le même délai. »

M. Chagot et plusieurs de nos collègues avaient présenté une demande ayant pour but d'étendre aux sociétés civiles le bénéfice de la disposition de l'article 1er du projet de loi.

La commission a cru devoir, en changeant un mot dans la rédaction de l'article pouvoir donner la satisfaction demandée par nos honorables collègues : Nous vous proposons au lieu du mot commercial, de dire les délais pour toute valeur négociable. De cette manière la disposition s'appliquera aux valeurs commerciales proprement dites, et aux valeurs qui seraient émises par les sociétés civiles.

Telles sont les modifications que nous vous proposons d'accepter.

Je termine par une dernière observation :

On nous a fait cette objection : Vous prohibez les protêts, les poursuites pendant le délai d'un mois, mais le paiement n'aura pas lieu, et comme il n'est pas besoin de protêt pour constater que le négociant n'a pas fait honneur à sa signature, on pourra par suite le faire déclarer en faillite en se fondant uniquement sur la suspension des paiements.

Nous avons répondu : Qu'il n'était pas possible en présence de la loi, des motifs qui l'ont dictée, de son esprit bien compris de poursuivre une déclaration de faillite lorsque, usant du bénéfice des dispositions législatives, le débiteur, le souscripteur n'aura pas payé.

Cependant, comme les causes qui entraînent la déclaration de faillite sont nombreuses, il n'est pas possible de dire à l'avance que telle circonstance se produisant, on ne pourra pas faire déclarer la faillite. En un mot la prohibition de déclarer la faillite ne peut pas être insérée dans la loi. Les tribunaux de commerce apprécieront les cas de mauvaise foi.

Voilà Messieurs le résultat de l'examen de la commission.

M. le président Schneider : M. Le Cesne a la parole.

M. Le Cesne : Messieurs, le projet de loi proposé par le gouvernement, tel qu'il est amendé par votre commission, suffit-il à toutes les exigences, ou au contraire les dépassant dans certaines circonstances n'arrive-t-il pas plutôt à empirer le mal qu'à l'atténuer?

La prorogation des échéances est une chose grave, dangereuse.

Le passif et l'actif du pays sont intimement confondus, et par cela seul que vous supprimeriez les paiements, vous supprimeriez les rentrées. En prorogeant l'échéance des effets de commerce, vous anéantirez momentanément les dépôts, les comptes courants, tous les éléments du mouvement commercial et industriel, et vous arrêterez même jusqu'aux salaires mensuels. Or, les ouvriers sans travail n'est-ce pas l'équivalent des ouvriers sans salaire?

On parle du petit commerce; mais il vit du grand commerce. Le petit commerce ne pourra vivre un instant si on lui supprime les sources où il est habitué à puiser chaque jour.

La commission a voulu évidemment que ceux qui pouvaient payer payassent. Eh bien, les effets de la loi sont diamétralement opposés au but que l'on a en vue; en voici la preuve:

Il y a deux catégories de débiteurs : la première, nombreuse, composée de personnes qui veulent faire honneur à leurs engagements; la seconde, moins nombreuse, est celle qui ne pourra pas payer.

Que faut-il chercher? Evidemment les moyens de faire que les non-paiements soient l'exception, et les paiements la règle générale. Vous ne pouvez atteindre ce but qu'en écrivant une sanction dans la loi, et cette sanction a été complétement écartée. Il faut une sanction. si minime qu'elle soit; il faut, selon moi, que, par le protêt, vous puissiez inviter, pousser, encourager, forcer au sacrifice pour arriver au paiement; en un mot, il faut faire vouloir le paiement.

Sans doute il se trouvera des négociants qui paieront, bien qu'il n'y ait aucune pénalité; mais, pour beaucoup d'autres, l'intérêt personnel sera leur guide, ils s'abriteront derrière la loi, d'autres seront frappés, succomberont par contre-coup.

Vous verrez alors des commerçants qui, ne pouvant pas payer ou ne le voulant pas, exerceront une influence sur leur entourage, pour augmenter le nombre de ceux qui substitueront l'indolence à l'effort d'un sacrifice. Le stigmate moral sera certainement amoindri par le nombre.

C'est ce qu'avant tout nous devons éviter. Nous devons vouloir imposer l'obligation morale de l'initiative, non en offrant une prime à l'usure, mais par le protêt réduit à ses limites les plus simples, dont les frais seront diminués autant que vous l'ordonnerez.

La suspension des paiements devrait être non pas d'un mois, mais de toute la durée de la guerre.

Et si à la suppression de ces poursuites vous ajoutez la garantie du protêt, vous aurez sûrement atteint le résultat que nous désirons tous.

L'absence de protêt est en outre très-dangereux en ce qui concerne les relations commerciales avec l'étranger.

Une masse de papiers porte des signatures étrangères; ces valeurs ne sauraient subir les conséquences de votre législation exceptionnelle.

M. le président Schneider : La parole est à M. Dalloz.

M. Edouard Dalloz : Il me serait impossible de me mettre d'accord avec l'opinion de l'honorable M. Le Cesne, car je trouve que l'un des avantages du projet de loi, c'est l'absence de protêt. Dans le système du projet de loi, il n'y a pas quelqu'un qui *devra*, il y a quelqu'un qui *doit ;* le débiteur demeure débiteur ; ce n'est pas un terme accordé à la dette, c'est un délai accordé dans les moyens dont on usera pour les recouvrer : la poursuite est suspendue par force majeure, mais la conscience du débiteur est mise en demeure, s'il a les ressources nécessaires pour payer.

Ceci dit, je passe à l'objet qui m'a fait prendre la parole.

J'ai eu l'honneur de présenter un amendement ainsi conçu :

« En matière civile comme en matière commerciale, aucune poursuite, et par suite, aucun frais ne pourront avoir lieu contre un débiteur dans les trente jours qui suivront le vote — et non la promulgation — de la présente loi.

« Pendant le même délai, aucune prescription ne courra contre les créanciers. »

Cet amendement se résume dans les trois points suivants :

Je propose d'étendre le bénéfice de la loi à la matière civile limitée aux actes passés devant notaire.

Voici quelques exemples des cas dans lesquels se présente une application des avantages de la modification que je réclame:

Il s'agit d'un prêt fait sur hypothèque chez un notaire : les circonstances empêchent la réalisation immédiate des valeurs sur lesquelles comptait le débiteur. Ces valeurs ont baissé d'un sixième ; il n'a plus les ressources nécessaires. N'est-il pas juste d'étendre, dans ce cas-là, le bénéfice de la loi sur les échéances ?

Autre cas : Il s'agit, par exemple, d'une succession qui vient de s'ouvrir. Les héritiers doivent verser des sommes considérables pour frais d'enregistrement. Si la succession s'était ouverte il y a un mois, ils eussent pu sans réalisation déastreuse, à l'aide de valeurs composant l'actif de la succession, acquitter les droits d'enregistremcnt. Des circonstances graves sont intervenues, et les héritiers sont dans une situation insoutenable, qu'un délai pourra sauvegarder.

Puisqu'il n'y a pas d'inconvénients à étendre le bénéfice de la loi aux sociétés civiles, je ne vois pas pourquoi on ne l'étendrait pas aux personnes civiles.

Je dis que cela aurait peu d'inconvénients, car les officiers ministériels étant peu occupés à l'époque de l'année où nous nous trouvons, ne pourraient se plaindre.

On vous a dit : S'il s'agit d'une matière civile, on n'a qu'à s'adresser aux tribunaux pour obtenir un délai de paiement. Mais si vous êtes certains que les tribunaux ne refuseront pas un délai de paiement, pourquoi ne pas l'accorder dans la loi que vous avez à voter ? Vous éviterez ainsi des frais au débiteur.

Dans mon amendement, je remplace les mots « *promulgation de la loi* » par ceux-là : « *le vote de la loi.* »

En effet, la promulgation peut n'avoir lieu que plusieurs jours après le vote de la loi, et dans une question comme celle qui nous occupe, il importe que la mise à exécution soit le plus rapprochée de la discussion et du vote.

M. Chagot : Je remercie la Commission d'avoir donné satisfaction à la partie de mon amendement qui concerne les sociétés civiles.

Il ne reste donc que deux questions sur lesquelles je suis en opposition avec notre commission : celle de l'échéance, celle du mode employé pour procurer cette échéance, et enfin celle du remboursement des fonds en dépôts.

Sur la première question, celle des échéances, le délai de quinze jours n'est pas suffisant. Un délai de quarante-cinq jours au moins est nécessaire.

Maintenant, je ferai remarquer que le système de délais du protêt et des paiements, substitué à celui des délais appliqués à l'échéance, laissera le négociant ou le banquier qui voudra profiter des délais accordés par la loi dans la situation d'une suspension de paiement. On n'a pas besoin d'un protêt pour faire déclarer un négociant en faillite. Si au lieu de reculer le délai du protêt; vous reculez la date de l'échéance, le négociant profitera de cet axiome de droit : « Qui a terme ne doit rien. » Vous le placerez dans une situation régulière, au lieu de le mettre dans celle extrêmement grave d'une suspension de paiement.

Sur le troisième point, je crains que l'on ne fasse confusion entre le compte courant et le compte de fonds en dépôt.

Je comprends que vous ne vouliez pas étendre aux comptes courants les délais et effets de commerce, mais je crois que si vous n'accordez pas ces mêmes délais aux dépôts versés en compte, vous verrez trop promptement les plus grands désastres frapper nos départements.

M. Werlé, président de la Commission : Je viens, au nom de la Commission, exposer les motifs qui lui ont fait choisir parmi les deux systèmes proposés celui qui figure dans le projet de loi.

Les deux projets ont un même but : Venir en aide à l'industrie souffrante.

J'entre tout de suite en matière.

La prorogation des échéances change complétement les termes du contrat qui est intervenu entre le tiré, le tireur et le bénéficiaire. Ce contrat indique deux choses invariables, la somme à payer et l'époque du paiement. En prorogeant la date de l'échéance, vous porteriez atteinte à un contrat qui a été fait en dehors de vous, et à une époque antérieure à votre nouvelle loi.

Vous pouvez parfaitement, en prorogeant les délais qui sont indiqués par notre loi française, dire que la formalité du protêt, au lieu d'être remplie dans vingt-quatre heures, ne le sera que dans un délai d'un mois ; vous établirez une loi obligatoire pour l'étranger comme pour vous, car tout le monde est obligé de respecter la loi du pays où le protêt se fait. Si, au contraire, vous dites que les échéances sont prorogées, tous les tribunaux du monde vous diront : Vous n'avez pas le droit de changer le contrat et le recours n'est plus possible.

Qu'avons-nous voulu? Nous avons voulu mettre à l'abri des poursuites et des protêts ceux qui ne peuvent pas payer, mais nous n'avons pas entendu paralyser, en prorogeant les échéances, les meilleurs effets, même ceux dont la provision existe. Or, avec la disposition de l'amendement, les détenteurs ne pourront plus en encaisser aucun. C'est là le résultat de la disposition de l'amendement qui dit que toutes les échéances sont prorogées. Rien ne serait exigible avant un mois, ce serait amener la paralysie complète du commerce.

Nous voulons assurer le paiement des valeurs qui sont non seulement exigibles, mais pour lesquelles la provision existe et qu'on paiera sans résistance. Le nombre en sera grand, soyez-en convaincu. Ce n'est pas seulement la crainte du protêt qui détermine le débiteur à payer, c'est le sentiment d'une obligation contractée.

M. Planat : Si vous dites vrai, votre loi est absolument inutile.

M. Werlé : Je réponds à l'interruption qu'à côté de celui qui est solvable et qui peut payer, il y a celui qui est momentanément gêné, et celui-là nous avons voulu le mettre à l'abri, non-seulement de la poursuite, mais de cette espèce de stigmate du protêt. C'est tout ce que nous avons pu faire.

J'arrive à la distinction que M. Chagot a voulu faire, et je lui demande comment il a pu distinguer entre ce que doit le banquier comme compte courant, et comme dépôt. Nous avons entendu les chefs des principaux établissements de crédit, et ils nous ont dit : « Ce que nous ne voulons pas, c'est la dispense de payer les comptes courants, parce que notre crédit serait à jamais détruit. »

On nous a présenté d'autres objections. M. de Damas voudrait voir étendre la faveur du délai accordé aux valeurs commerciales, à la matière civile. Je lui ferai remarquer qu'il y a une immense différence entre les deux valeurs. La valeur commerciale est assujettie à la juridicrtion expéditive du tribunal de commerce, qui procède momentanément ; tandis que, pour les dettes civiles, la loi civile prévoit des formalités qui vont au-delà du délai d'un mois.

Nous avions à nous occuper non de la qualité des hommes, mais des titres.

M. Chagot demande que le délai de trente jours soit étendu à soixante.

Le délai de trente jours est une mesure exceptionnelle dans l'intérêt du débiteur. Il y a d'autres intérêts engagés. Il y a non-seulement pour le détenteur d'une lettre de change l'ennui d'attendre un mois la rentrée, mais la crainte de voir la garantie s'effacer. Une personne solvable aujourd'hui peut l'être moins au bout d'un mois.

En outre, l'endosseur s'engage à répondre de la solvabilité du principal obligé pendant le temps que doit courir la lettre de change. Vous prolongez cette responsabilité de trente jours, c'est déjà un acte qui peut paraître presque arbitraire.

Nous persistons donc dans nos conclusions.

Son Exc. M. Clément Duvernois, ministre de l'agriculture et du commerce : Le commerce et l'industrie subissent une crise grave ; il faut leur venir en aide par des moyens prompts et efficaces.

Le Gouvernement a présenté un projet de loi portant prorogation des effets de commerce pour une durée de trente jours. La commission n'a pas été d'avis que le projet du Gouvernement fût satisfaisant, et au lieu d'une prorogation d'échéance, elle a désiré qu'on accordât seulement une sorte de sursis aux négociants qui se trouvaient hors d'état de payer.

On a fait des objections au projet de la commission. On a dit : Ce qui est inquiétant dans le protêt, c'est l'atteinte portée au crédit du négociant qui n'a pas pu payer.

On a dit encore : Si le négociant souscripteur demande un délai, le banquier endosseur et escompteur, qui légalement n'est pas tenu de rembourser, y sera forcé moralement ; car, s'il ne rembourse pas, il ne sera pas l'objet d'une poussuite, mais il perdra son crédit.

Pour satisfaire à ces réclamations, la commission vous a proposé un article additionnel déclarant que, pendant les trente jours de sursis, il n'y aurait pas de remboursement auprès des endosseurs.

La clôture de la discussion générale est mise aux voix et prononcée.

M. le président Schneider : Je vais donner lecture de l'amendement de M. Chagot, qui est ainsi conçu : « Porter à soixante jours les échéances des effets de commerce et étendre cette faculté aux remboursements des fonds déposés en compte, ainsi qu'aux engagements des sociétés civiles,

M. Germain : La commission pense qu'il suffit de deux ou trois mesures pour que les grandes difficultés de paiement puissent être écartées dès la semaine prochaine :

1° En permettant à la Banque d'escompter tout ce qu'elle escomptait il y a quelques jours ;

2° En appliquant les lois de 1848 et de 1858, qui permettent à tout homme qui détient une marchandise de la déposer dans les magasins généraux, et avec sa signature et celle des magasies de faire accepter cet engagement par la Banque. Avec ces mesures, les suspensions de paiement auront bientôt disparu, car il y a autant de richesse aujourd'hui qu'il y en avait il y a quinze jours.

M. Laroche-Joubert : Je trouve dans la proposition de la commission une lacune importante.

Il est indispensable que la loi donne aux banquiers et autres détenteurs de fonds confiés à titre de dépôt, sur simple récépissé, mais avec intérêt débattu, la même latitude qui est accordée pour le remboursement des valeurs négociables.

Quant au délai de trente jours, je le trouve un peu court ; celui de soixante me paraît un peu long. Si on fixait un délai d'un mois et demi, on serait dans le vrai.

En outre, on devrait, à mon sens, excepter de la loi ce qu'on appelle les chèques, car on n'a pas le droit de créer un chèque sans que la somme destinée à le couvrir soit au moment même de la création entre les mains de la maison qui doit le payer.

Enfin, il serait juste de ne pas permettre les poursuites en expropriations forcées pendant les délais accordés par la loi aux effets de commerce.

M. Martel : Deux points principaux sont discutés ; le premier est celui de savoir si on ajournera les échéances ou si on ajournera les poursuites ; le second est celui de savoir, d'après l'amendement de M. Chagot, si on accordera le bénéfice de l'ajournement aux engagements résultant des dépôts faits en compte.

Sur le premier point, je me rallie à la proposition de M. Chagot, c'est-à-dire que je demande l'ajournement des échéances, et non pas seulement l'ajournement des poursuites. Autrement on viendrait au secours des débiteurs de mauvaise foi, et on frapperait les débiteurs de bonne foi.

Sur le second point, M. Chagot vous a soumis des observations si justes, que je n'ai pas à y revenir.

Vous voulez que le commerce et l'industrie puissent trouver des ressources chez les banquiers, et vous croyez mettre les banquiers à même d'échapper à la nécessité de suspendre leurs paiements en permettant la prorogation des échéances.

Mais cela ne suffit pas, car à part les banquiers qui sont ici près de la Banque de France, qui négocient avec elle pour faire de larges emprunts, il y a les banquiers de province. Ces banquiers seront obligés de suspendre leurs paiements, si pendant un mois ils ne peuvent recevoir le paiement des billets qui arrivent à échéance, et alors le bénéfice que vous voulez trouver dans la loi, c'est-à-dire un secours apporté au commerce, pourra se trouver à Paris pour les grands établissements et pour certaines villes où il y a des succursales de la Banque de France; mais soyez sûr qu'il manquera souvent ailleurs.

Dans ces conditions, nous ne pouvons accepter la loi qui nous est présentée.

M. le président Schneider : Je vais mettre aux voix l'amendement de M. Chagot. Il y a dans cet amendement trois parties : La première consiste à appliquer la prorogation aux poursuites et non pas aux échéances; la deuxième à proroger à soixante jours au lieu de trente jours proposés par la commission. La troisième à étendre le bénéfice de la prorogation aux fonds déposés en compte.

Le Corps législatif consulté sur la prorogation des échéances n'adopte pas.

M. le président Schneider : On vient d'écarter la prorogation des échéances, mettons maintenant aux voix la prorogation des poursuites.

La Chambre consultée admet la prorogation des poursuites.

M. Schneider donne lecture de l'article premier du projet de la commission.

M. Thiers : La rédaction ne me semble pas claire.

Le porteur d'un effet qui ne proteste pas en temps utile perd son recours contre les autres débiteurs.

La seule chose raisonnable qu'on puisse vouloir c'est que le créancier porteur d'un effet puisse ménager le débiteur dans lequel il a confiance sans perdre son recours.

On a fait l'objection suivante : Mais les endosseurs étrangers ne sont pas obligés de subir la loi de votre territoire et peuvent dire: Vous prétendez accorder un délai, je n'admets pas cela.

Il faut donc admettre que lorsqu'un créancier voudra accorder un délai à son débiteur il pourra user de votre loi, mais que s'il croit au contraire qu'il est exposé à perdre son recours à l'égard de l'endosseur étranger, il ne sera pas obligé d'accorder cette faculté à son débiteur.

M. Mathieu : La loi que vous allez rendre n'intervient pas seulement dans des circonstances de force majeure, elle est la force majeure elle-même. Eh bien, la force majeure est un principe du droit des gens qui se trouve dans toutes les législations, et un français pourra dire à celui qui prétendra échapper au recours en garantie, je n'ai pas fait le protêt dans les vingt-quatre heures de l'échéance de la traite parce que je n'étais pas libre de le faire, parce qu'une loi que je devais respecter qui était pour moi la force majeure m'imposait l'obligation de ne point le faire. Ma conviction est qu'il n'y aurait pas un seul tribunal qui établisse que l'absence du protêt suffise pour que le porteur français ne soit pas dans les termes du droit.

M. Thiers retire son amendement.

M. Schneider : Je mets aux voix l'amendement qui consiste à porter le délai de la prorogation des poursuites à soixante jours au lieu de trente.

L'amendement mis aux voix n'est pas adopté.

M. Schneider : Je mets aux voix l'amendement de M. Quesné sur les comptes courants.

L'amendement n'est pas adopté.

L'amendement de M. Chagot mis aux voix n'est pas adopté.

M. Schneider lit l'article premier.

Le § 2 de l'article 1er est modifié par M. le rapporteur qui ajoute les mots « et autres obligés » — Par suite le texte se trouve ainsi conçu : « Le remboursement ne pourra être demandé aux endosseurs et autres obligés pendant le même délai.

L'article 1er mis aux voix est adopté.

M. le president Schneider : Nous passons à l'article 2.

M. le rapporteur : Après ces mots : « Aucune poursuite ne pourra être exercée pendant la durée de la guerre contre les citoyens appelés au service militaire en vertu de l'article 2 de la loi du 11 août 1870 », je suis chargé au nom de la commission, de présenter l'addition suivante. « et aux gardes mobiles présents sous les drapeaux. »

Un amendement de M. Millet ainsi conçu : « Aucune poursuite ne pourra être exercée pendant la durée de la guerre contre les citoyens appelés à la défense de la patrie, ni contre leurs ascendants en ligne directe » est mis aux voix et n'est pas adopté.

L'article 2 mis aux voix est adopté.

La loi est ensuite votée par 246 voix contre 1.

TABLE CHRONOLOGIQUE.

TABLE ALPHABÉTIQUE

A

B

C

D

E

H

I

L

M

N

O

P

R

S

T

DÉCRETS du Gouvernement de la Défense Nationale abrogés ou modifiés par l'Assemblée Nationale ou par le Gouvernement, jusqu'au 11 juin 1871.

Cour de cassation. — 2 mars 1871, — Arrêté du garde des sceaux, qui déclare que la section temporaire de la Cour de cassation réunie à Pau, cessera ses fonctions, le 12 mars 1871. — (Voir n° 176. — Décret du 25 octobre 1870).

Effets de commerce. — La loi du 13 août 1870, et les décrets du gouvernement de la défense nationale, sur les effets de commerce ont été modifiés par les lois des 10 mars, — 24 mars, — et 26 avril 1871.

Magistrats. — 25 mars 1871. — Loi qui abroge les décrets des 28 janvier et 3 février 1871, qui ont prononcé la déchéance de 15 magistrats. — (Voir n° 259).

Commissions départementales. — 29 mars 1871. — Loi qui abroge l'art. 2 du décret de la délégation de Bordeaux, du 25 décembre 1870, et qui supprime toutes les commissions départementales. — (Voir n° 204).

Conseil d'État. — 1er avril 1871. — Arrêté qui modifie les décrets des 15 et 19 septembre 1870, relatifs à la commission chargée de remplacer le Conseil d'État. (Voir n° 35).

Membres des Tribunaux de commerce. — 4 avril 1871. — Loi qui abroge le décret rendu à Tours, le 17 octobre 1870, par le gouvernement de la défense nationale, relativement à l'élection des membres des Tribunaux de commerce. (V. N° 84).

Commissions municipales. — 14 avril 1871, — Loi qui supprime les commissions municipales.

Taxe sur les lettres. — 21 avril 1871. — Arrêté qui abroge le décret du 21 décembre 1870. — (Voir n° 198).

Cour de cassation. — 25 avril 1871. — Arrêté qui décide que la Chambre de cassation criminelle siégera à Versailles.

Notaires et officiers ministériels. — 22, 27 avril, 2 mai 1871. — Loi qui déclare que les notaires et les officiers ministériels qui se sont faits suppléer, conformément à la loi du 14 août, et des décrets des 25 octobre et 4 décembre 1870, seront tenus de reprendre leurs fonctions. — (Voir nos 95 et 157).

Budget de l'Algérie. — 6 mai 1871. — Arrêté qui rapporte le décret du gouvernement de la défense nationale, du 4 février 1871. — (Voir n° 282).

Contingent classe de 1871. — 17 mai 1871. — Arrêté qui rapporte le décret de la délégation de Bordeaux, du 5 janvier 1871, qui avait interdit le remplacement. — (Voir n° 244).

Saisies immobilières. — 12, 17 et 21 mai 1871. — Loi qui abroge le décret du 2 novembre 1870, concernant les saisies immobilières. — (Voir n° 110).

Prescriptions et péremptions en matière civile. — 26 mai 1871. — Loi qui abroge le décret du 9 septembre 1871, relatif aux prescriptions et péremptions en matière civile. — (Voir n° 20).

TABLE

GÉNÉRALE DES MATIÈRES

CONTENUES

dans le premier volume.

BORDEAUX. — Imp. A. PÉREY, rue Porte-Dijeaux, 43.

www.ingramcontent.com/pod-product-compliance
Ingram Content Group UK Ltd.
Pitfield, Milton Keynes, MK11 3LW, UK
UKHW021855190726
13855UKWH00001B/328